승자와 패자의 갈림길 (21)

제 21대 총선이야기 上
(2020. 4. 15)

장 맹 수 편저

선 암 각

| 승자와 패자의 갈림길(21) |

제 21대 총선이야기 上

(2020. 4. 15)

초판인쇄 : 2024년 2월

편저자 : 장맹수

발행처 : 선암각

등록번호 : 제 25100-2010-00037호

주소 : 서울특별시 노원구 마들로 31

전화번호 : (02) 949 -8153

값 20,000원

승자와 패자의 갈림길 (21)

제 21대 총선이야기 上
(2020. 4. 15)

장 맹 수 편저

선 암 각

목 차

승자와 패자의 갈림길(21)

제21대 총선 이야기 上

(2020. 4. 10)

책을 펴내며

[제1부] 정당의 변천과 제20대 총선

제1장 집권여당의 변천사와 야당의 용트림   12
1. 제2공화국 시절까지 정당의 생성과 소멸   13
2. 군부정권 시절의 집권여당의 변천사   21
3. 문민정부 시절의 정당형태의 변천   35
4. 박근혜 대통령의 새누리당이 미래통합당으로   46

제2장 새누리당이 심판받은 제20대 총선   53
1. 헌법재판소의 결정으로 선거구 조정이 불가피   54
2. 국민들을 우롱한 새누리당 공천파동   57

3. 적진으로 옮겨와 뿌리를 내린 김종인 비대위원장　70
4. 새누리당, 더민주당, 국민의당의 선거 전략　75
5. 다야구도에서도 제1당을 차지한 더민주당　80
6. 새누리당 총선 참패는 박근혜 대통령 때문　86
7. 제20대 총선에서 당선된 영광의 얼굴들　91

제3장 재·보궐선거로 당세를 부풀린 더민주당　104
1. 비례대표 승계와 3번의 재·보궐선거　105
2. 재·보궐선거 15곳 불꽃 튀는 격전의 현장으로　108

[제2부] 제21대 총선을 향한 주요 변수들

제1장 박근혜 대통령의 탄핵과 구속　125
1. 최순실 게이트가 박근혜 대통령 탄핵으로　126
2. 박영수·윤석열 특검이 탄핵을 부추겨　137
3. 새누리당 의원들의 배신으로 탄핵안 가결　144
4. 박근혜 대통령 구속과 신데렐라 정유라　149

제2장 더민주당 문재인 후보 대통령 당선　156
1. 반기문 유엔사무총장이 대선후보로 급부상　157
2. 방향 잃은 보수진영은 세 갈래로 분열　160

3. 더민주당 후보 경선과 여론조사 추이 　　　　　166
4. 지역과 진영대결, 대형이슈 없는 三無대선　　　170

제3장 현란한 외교전을 펼쳤으나 비핵화는 여전 　176
1. 남북회담 징검다리인 평창올림픽 　　　　　　177
2. 북-미, 남-북 정상회담을 펼쳤으나 　　　　　183

제4장 더민주당이 압승을 거둔 지방선거 　　　　188
1. 광역지방단체장에 출전을 준비한 후보들 　　　189
2. 광역지방단체장 14곳을 더민주당이 싹쓸이 　　197
3. 더민주당은 기초단체장 151곳(67%)을 석권 　　210
4. 친전교조 교육감 후보들이 이번에도 압승을 　　223

제5장 세상을 들썩거린 사건들의 모음 　　　　　229
1. 박근혜 정권의 아킬레스건인 사드배치 　　　　230
2. 정략적으로 제안됐다 무산된 개헌론 　　　　　233
3. 문재인 정권 몰락에 일조한 조국 　　　　　　　237
4. 적폐청산의 미명으로 보수 정권을 단죄 　　　　253
5. 문재인 정권의 실정으로 남겨진 유산 　　　　　259
6. 문재인 정부의 검찰개혁은 빈 수레만 요란 　　　266

제6장 역사 흐름 속의 4년간의 정치 상황일지　　277
1. 촛불집회가 박 대통령 탄핵안 가결로 (2016)　　278
2. 촛불집회로 탄생된 문재인 정부는 적폐청산에 (2017) 281
3. 남북정상회담으로 평화 분위기가 절정에 (2018)　　284
4. 조국 블랙홀로 한 해가 저물어가고 (2019)　　287
5. 더민주당이 압승을 거둔 제21대 총선 (2020)　　290

[제3부] 제21대 국회의원 선거의 이모저모

제1장 연동제 실시로 위성비례정당 대거 출현　　294
1. 위성정당인 미래한국당·더불어시민당 출범　　295
2. 주요정당의 변천과 군소정당들의 발버둥　　308
3. 34개 정당에서 1,410명의 후보들이 등록　　320

제2장 미래통합당과 더민주당의 공천난맥상　　326
1. 김형오 공천관리위원장의 활약과 낙마　　327
2. 황교안 대표의 공천 개입과 낙천에 대한 반발　　332
3. 더민주당 컷오프와 지역구 총선 주자 선정　　337

제3장 코로나와 문 정부 실정에 대한 공방　　344
1. 코로나 사태로 정치와 경제가 위축　　345

2. 적장 김종인을 영입하여 문 정부를 공격　　　349

3. 문재인 정부 실정에 대한 날카로운 공격　　　353

4. 여론조사 추이와 전국적인 판세 전망　　　361

5. 21대 총선에서 잊혀져가는 낙수(落穗)모음　　　368

제4장 진보진영이 사상 최대인 190석을 석권　　　379

1. 리더십 부재, 공천 잡음, 막말 겹쳐 패배　　　380

2. 이번 총선에서 쏟아져 나온 화제들의 모음　　　393

3. 제21대 국회에 등원하는 영광의 얼굴들　　　405

승자와 패자의 갈림길(21)

제21대 총선 이야기 下

　(2020. 4. 10)

[제4부] 지역별 불꽃 튀는 격전의 현장들

제1장 역대 최대의 더민주당 수도권 싹쓸이　　　11

1. 더민주당 텃밭으로 자리잡은 수도권　　　12

2. 수도권 121개 지역구 불꽃 튀는 격전의 현장으로　　　17

제2장 미래통합당의 영원한 텃밭인 영남권　　　265

1. 더욱 견고해진 지역주의 준봉투표　　　　　　　　266

2. 영남권 65개 지역구 불꽃 튀는 격전의 현장으로　　270

제3장 더민주당이 대승을 거둔 비영남권　　　　　415

1. 국민의당을 대체하여 호남권을 석권한 더민주당　　416

2. 비영남권 67개 지역구 불꽃튀는 격전의 현장으로　　420

제4장 꼼수 위성정당 논란을 일으킨 비례대표　　　　572

1. 미래한국당에 이어 더불어시민당 창당　　　　　　573

2. 정당별 비례대표 당선자와 후보자 현황　　　　　　576

책을 펴내며

경상도 출신인 문재인 대통령이 집권하고 있는 21대 총선에서도 경상도에서는 미래통합당 후보 86%가 당선된 반면, 전라도에서는 더민주당 후보가 97% 당선된 현상을 어떻게 설명할 것인가.

나는 전라남도 순천에서 태어나서 고등학교 시절까지 보내고 부산에서 15년 동안 살아오면서 뼈저리게 느껴온 것은 지역적 소외감에서 오는 지역감정이었다.

70년대 강원도 휴전선 인근 군대 생활에서, 80년대 해태와 롯데의 프로야구에서, 90년대 DJ와 YS의 정치적 대립에서 지역 갈등과 지역 감정의 골은 더욱 더 깊어져만 갔다.

나의 부산대학교 행정대학원의 석사학위 논문인 '지방 행정구역의 역사적 고찰과 개편방안'도 지역감정 해소의 관점에서 서술했고. 큰 아들 승주(순천의 고려시대 명칭)와 작은아들 진주(고려시대 12목)도 영·호남의 화합과 우리 국민의 단합을 기원하는 염원을 담아 작명한 것이다.

우리나라 정치의 요체(要諦)적 상수(常數)로 자리 잡고 있는 지역감정과 지역갈등이라는 업보를 우리의 후손들에게 남겨주지 않도록 지방행정구역을 과감하게 재편(再編)하여 지역주의를 종식(終熄)시키는 계기가 만들어지기를 염원하면서 18대 총선이야기(승자와 패자의 갈림길 18)를 발간한 것이 2010년 11월이었다.

그러나 정치계에서나 출판계로부터 크게 주목을 받지 못했으나 1960년대부터 50년 이상 경상도 출신들이 집권하여 오면서 영남패권주의를 조장하여 온 엄연한 사실을 적시(摘示)하고 곡학아세한 정치인이나 학자들의 그럴 듯한 지역갈등 해소 방안은 뜬구름 잡기에 불과하다는 것을 환기(喚起)시켜 주기 위해 발간을 이어가기로 결단을 내렸다.

지역감정의 궁극적인 해소방안은 지방행정구역의 재편밖에 없다는 명제 아래 그동안 9대 총선에서 20대 총선까지 11,847 페이지에 달하는 22권의 총선 이야기를 발간했으나 지역감정의 골과 폐해는 깊어만 갔다.

그리하여 이번에는 제헌의원 선거에서 8대 총선까지 그리고 21대 총선 이야기를 완성하여 1945년 해방 이후 우리나라 정치와 선거에 대한 숨겨진 역사를 면밀하게 고찰하여 1만 8천여 페이지에 달하는 총선이야기 33권을 완성하여 발간하였으며 과감하고 전면적인 지방행정구역 재편(再編)의 계기가 마련되기를 바랄 뿐이었다.

영남 패권주의와 지역갈등 해소라는 목표의식이 내면에 녹아 있는 제21대 총선이야기 제1부에서는 해방 이후 우리나라 집권여당인 자유당, 민주공화당의 변천사와 새누리당이 심판을 받은 제20대 총선의 개황과 결과를 개설했고, 더민주당의 당세를 부풀린 재·보궐 선거에 대해서도 기술했다.

제2부에서는 제21대 총선의 주요변수인 제20대 국회의 여소야대가 빌미가 되어 박근혜 대통령의 탄핵과 구속이 이뤄지고, 촛불 집회에 의해 더민주당 문재인 후보가 제19대 대통령에 당선됐다.

평창 동계올림픽이 연결고리가 되어 백두산과 판문점에서 펼쳐진 화려한 대북과 대미의 외교활동은 평화무드에 환호하는 국민들의 지지 속에서 지방 선거의 압승을 가져왔다.

소득주도성장과 폐원전정책 더구나 적폐청산의 정책 목표를 설정한 문재인 정부의 실정과 문재인 정부의 몰락을 재촉한 조국 사태에 대해 객관적인 시각에서 고찰하고자 했다.

제3부에서는 제21대 총선의 이모저모를 약술했다. 더민주당과 정의당 야합에 의한 연동제 실시로 위성비례정당이 대거 출현하고 미래통합당과 더민주당의 공천 난맥상도 살펴봤다.

문재인 정부 실정과 코로나 대응에 대한 치열한 공방과 진보 진영이 사상 최대인 190석을 확보하는 보수 진영의 괴멸에 대해서도 상술했다.

별권인 제4부에서는 문민정부가 태동한 13대 총선 이후의 지역구의 역사적 흐름을 개설하면서 수도권, 영남권, 비영남권으로 대별하여 253개 지역구에 뛰어든 후보들의 면모, 지역구별 판세 점검, 승패의 갈림길과 득표 상황을 정리했다.

사회의 다양한 목소리를 국정에 반영하기 위한 비례대표가 정당의 추종 세력들의 국회 진입 통로로 변해버린 비례대표 의원들의 면모도 살펴봤다.

아무쪼록 지역 갈등이라는 업보가 우리의 후손들에게 유산으로 남겨지지 않도록 과감하고 전면적인 지방 행정구역 재편(再編)의 계기가 마련되기를 바랄 뿐이다.

2024. 1월 장맹수

[제1부] 정당의 변천과 제20대 총선

제1장 집권여당의 변천사와 야당의 움직임

제2장 새누리당이 심판을 받은 제20대 총선

제3장 재·보궐선거로 당세를 부풀린 더민주당

제1장 집권여당의 변천사와 야당의 움직임

1. 제2공화국 시절까지 정당의 생성과 소멸

2. 군부정권시절의 집권여당의 변천사

3. 문민정부 시절의 정당 형태의 변천

4. 박근혜 대통령의 새누리당이 미래통합당으로

1. 제2공화국 시절까지 정당의 생성과 소멸

(1) 해방을 맞이하여 정당·단체들의 난립

정당이란 일정한 정치 이상의 실현을 위해 정치권력의 참여를 목적으로 하는 정치결사를 말한다.

해방 이전까지는 정당보다는 모임의 성격이 짙은 ○○회가 주축을 이뤘지만, 상해임시정부 시절 김구를 중심으로 한국독립당이 결성됐고 1924년에는 박헌영을 중심으로 조선공산당이 출범했다.

그리고 여운형의 건국동맹이 비밀 결사조직으로 결성됐다가 건국준비위원회로 탈바꿈했다.

해방 이후 정당이 난립한 것은 일제 치하에서 정치 활동을 억압받던 조선인들이 해방과 함께 정치에 대한 관심과 독립국가 수립에 대한 의욕이 넘쳤고, 미군정에서 정당 설립을 권유하며 정당설립 요건을 3인 이상이면 정당을 설립할 수 있도록 완화했기 때문이다.

미군 군정 시절 조선국민당, 민중공화당, 사회민주당, 자유당, 조선민족당, 한국국민당, 한국민주당, 조선인민당, 신한민족당, 한국독립당, 조선신민당, 조선혁명당, 조선공산당, 조선인민당, 사회노동당, 민주독립당, 민주통일당, 남조선노동당, 북조선노동당, 민주독립당, 신진당, 국민당 등이 생성되고 소멸됐다.

60여 개의 정당, 단체가 난립됐으나 김성수가 주도한 우익의 한국민주당, 안재홍이 주도한 중간 우파인 국민당, 여운형이 주도한 중간 좌파인 조선인민당, 박헌영이 주도한 좌익인 조선공산당이 4대 정당으로 군림했다.

1945년 9월 16일 우익의 대동단결이라는 대의명분 하에 한국민주당이 송진우, 김성수, 김준연, 서상일, 김병로, 백관수, 원세훈, 조병옥, 이인, 허정, 김도연, 윤보선 등에 의해 창당되어 수석총무에 송진우를 선출하고 이승만, 김구, 이시영, 서재필, 권동진, 오세창, 문창범 등을 중앙당 간부로 추대했다.

1946년 4월 한국독립당이 국민당과 신한민족당을 통합하여 한국독립당의 당세가 확장됐으며 위원장에 김구, 부위원장에 조소앙이 선출됐다.

1946년 8월 김두봉의 조선신민당과 김일성의 북조선공산당이 통합하여 북조선노동당이 결성되어 위원장에 김두봉, 부위원장에 김일성이 선임됐다.

1946년 11월에는 조선공산당이 조선인민당, 남조선신민당을 통합하여 남조선노동당을 창당했다.

남조선노동당은 위원장 허헌, 부위원장 박헌영, 이기석을 선출했다. 이에 반발하여 여운형이 사회노동당을 창당했으나 소련의 원격조종으로 와해 수순을 밟았다.

1948년 5월에 실시한 제헌의원 선거엔 한국독립당의 김구, 중간파인 김규식 등이 불참하여 우익 진영 간의 경쟁에 머물렀다.

제헌의원 선거에서는 이승만을 추종하는 단체들의 연합체인 대한독립촉성국민회가 55석을, 압승을 기대했던 한국민주당이 29석을, 무소속 후보들이 85석을 차지했다.

이청천의 대동청년단이 12명의, 이범석의 조선민족청년단이 6명의 의원을 배출했을 뿐이다.

대한독립촉성농민총연맹, 대한노동총연맹, 조선민주당, 한국독립당, 조선공화당, 단민당에서는 의원 배출에 성공했으나 32개 정당·단체에서는 의원 배출에 실패했다.

초대 대통령 선거는 196명의 의원들이 투표에 참여하여 이승만 의원이 180표를 득표했고 김구 13표, 안재홍 2표, 무효 1표 등 압도적으로 이승만 의원이 당선됐다.

이승만 대통령의 정당 설립의 시기상조 발언으로 대한독립촉성국민회가 정당으로 발전하지 못하고 해체 수순을 밟게 되어 제헌의원들의 정치적 방황으로 이어졌다.

1948년 10월 조소앙이 한국독립당을 탈당하고 사회당을 창당했고, 1948년 11월 대한독립촉성국민회의 세력이 대한국민당을 창당했으나 일부가 민주국민당으로 이탈했다.

1949년 1월 한국민주당과 신익희가 주도한 대한국민당이 합당하여 민주국민당이 출범했다.

민주국민당은 위원장에 신익희, 부위원장에 김도연, 이영준을, 고문에는 백남훈, 서상일, 조병옥을 추대했다.

1949년 6월에는 북조선노동당과 남조선노동당이 합당하여 조선노동당이 출범했다.

대한독립촉성국민회 의원들이 대한국민당과 국민회로 양분된 상태에서 실시된 제2대 총선에서는 무소속 후보가 과반이 넘는 126명 당선됐고, 한때는 89명의 의원들이 결집한 민주국민당이 24석, 대한국민당 24석으로 양분됐다.

국민회 14석, 대한청년단 10석, 대한노동총연맹 3석, 일민구락부 3석으로 집권여당 세력이 야권세력보다 앞섰다. 조소앙의 사회당 2석은 야권으로 활동했다.

(2) 자유당이 출범하여 이승만 집권기반으로 활용

1951년 8월 25일 이승만 대통령이 신당조직에 관한 담화 발표에 부응하여 대한독립촉성국민회, 대한농민조합총연맹, 대한노동조합총연맹, 대한청년단, 제헌동지회, 대한부인회 등이 참여하여 자유당을 1951년 12월 결당하여 당수에 이승만, 부당수에 이범석을 선출했다.

원내에서도 공화민정회의 양우정, 조경규, 이재형 등이 주도하여 93명의 의원들을 포섭하여 자유당을 결성했다.

원내자유당은 1951년 12월 창당대회를 개최하여 의장을 비워둔 채 부의장에 이갑성, 김동성, 깅승환을 선출했다.

원외자유당, 원내자유당이라는 이란성 쌍둥이가 탄생됐고, 원외자유당이 주도하여 대통령직선제인 발췌개헌을 통과시켰다.

발췌개헌에 의한 대통령 직선제로 실시한 제2대 대통령 선거에서 이승만 대통령이 지명도(知名度)를 활용하여 74.6%인 523만 8,769표를 득표하여 당선됐다.

조봉암 79만 7,504표, 이시영 76만 4,715표, 신흥우 21만 9,696

표였다.

부통령은 예상을 뒤엎고 자유당 공천을 받은 이범석 후보를 꺾고 심계원장 출신인 70대의 함태영 후보가 당선됐다.

1953년 5월 자유당 제4차 전당대회에서 원내자유당과 원외자유당이 합당했다.

1954년 실시된 제3대 총선에서 자유당은 114석을 차지한 반면, 민주국민당은 15석을 차지하는 데 머물렀다.

국민회와 대한국민당이 각각 3석을 차지했고 조선민주당, 여자국민당, 독립노농당, 제헌의원동지회에서도 의원을 배출했다.

개헌선을 확보한 자유당은 이승만 대통령의 종신집권을 위한 4사5입 개헌을 단행했다.

4사 5입 개헌에 대한 논란으로 여론이 악화되자 손권배, 현석호, 김영삼, 민관식, 성원경, 유옥우, 김홍식, 김재황, 황남팔, 한동석, 이태용, 김재곤, 신태권, 신정호, 도진희 의원 등 14명이 탈당하여 이들을 중심으로 호헌동지회가 결성됐다.

민주국민당이 해체되고 호헌동지회 의원들을 규합하고 흥사단 세력을 흡수하여 1955년 9월 민주당을 창당했으며, 대표 최고위원에 신익희, 최고위원에 조병옥, 장면, 곽상훈, 백남훈을 선출했다.

1956년 5월 15일 실시한 제3대 대통령 선거는 민주당 신익희 후보의 서거로 이승만 대통령이 70.0%인 504만 6,437표를 득표하여 당선됐고, 조봉암 후보가 216만 808표를 득표했다.

부통령 선거에서는 민주당 장면 후보가 자유당 이기붕 후보를 꺾고 당선됐다.

자유당과 민주당이 자웅을 겨룬 제4대 총선에서는 자유당이 126석, 민주당 79석으로 양분했다. 통일당이 1석을 차지했고 무소속이 27석이었다.

제4대 대통령 및 제5대 부통령 선거가 1960년 3월 15일 실시되어 조병옥 후보의 서거로 단일후보가 된 자유당 이승만 후보가 유효투표의 88.7%인 963만 3,376표를 얻어 당선됐다.

부통령 선거에서도 자유당 이기붕 후보가 민주당 장면, 통일당 김준연, 여자국민당 임영신 후보들을 꺾고 압도적인 표차로 당선됐다.

선거 과정에서 자유당은 5만여 명의 경찰을 동원하여 야당참관인을 몰아내는 등 광범위한 선거 부정행위, 불법행위를 자행했다.

최인규 내무부장관의 지휘 아래 경찰들이 선거 간섭에 극성을 부려 국회의원 보궐선거를 석권한 자유당은 1950년 3.15 정·부 대통령 선거에서 부정으로 4.19 혁명을 가져왔고, 이승만 대통령 하야로 자유당 의원들은 목자 잃은 양떼가 됐다.

자유당은 정당 형성 후 스스로 권력을 창출한 것이 아니라 이승만 대통령의 권력 강화 및 유지의 필요성에 의해 창당되었듯이, 우리나라의 주요 정당들은 국민의 의사를 대변하고 국민의 이익을 지키기 위해 자발적으로 발생한 조직이 아니라 대통령의 추종 세력과 집권 기반으로 활용됐을 뿐이다.

이승만의 자유당, 박정희의 민주공화당, 전두환의 민주정의당, 김영삼의 신한국당, 김대중의 새천년민주당, 노무현의 열린민주당,

박근혜의 새누리당으로 이어져 왔다.

(3) 175석의 민주당도 5.16 군부쿠데타로 종말을

4.19 혁명으로 자유당이 몰락하고 민주당 전성시대에 돌입하자, 자유당 의원들은 대부분 자유당을 탈당했지만, 일부 의원들이 자유당으로 결집되어 5대 총선에 참여했다.

진보당의 등록 취소로 위축됐던 혁신 세력들도 호기를 맞아 양대 세력으로 급신장 할 수 있었으나 사회대중당, 한국사회당, 혁신동지총연맹으로 분열하여 주도 정치세력으로 부상하지 못했다.

1960년 7월 29일 실시된 5대 총선에서는 민주당이 175석을 차지했고, 자유당은 2석에 불과했지만 무소속으로 위장하여 49명이 당선됐다. 혁신세력은 사회대중당 4석, 한국사회당 1석에 불과했다.

참의원도 민주당 31석, 무소속 20석으로 양분했고 자유당 1석, 혁신세력은 3석일뿐이었다.

민의원과 참의원의 간접선거로 실시된 제4대 대통령 선거는 민주당 윤보선 후보가 208표를 얻어 당선됐고, 김성숙 의원이 29표를 읽있고 변영태, 김도연, 허정, 김병로, 박순천, 이철승 등의 산표도 있었다.

이어 실시된 국무총리 인준에서는 김도연 의원은 과반 미달로 부결되었고, 민주당 대표 최고위원인 장면 후보는 과반에서 2표의 초과로 인준을 받아 국무총리에 취임했다.

19

과대한 의석을 주체하지 못한 민주당은 1961년 2월 민주당 구파 중심의 신민당을 창당했고 위원장에 김도연, 부위원장에 신각휴, 안동원, 간사에 유진산, 전당대회 의장에 백남훈이 추대됐다.

선거에서 참패한 사회대중당, 한국사회당, 혁신동지총연맹과 한국독립당, 독립노농당의 합당 시도가 있었으나 결렬되어 진보 진영이 단일정당 체제에 실패했고, 조경규 의원을 중심으로 한 자유당 잔류파가 공화당을 창당하여 김준연의 통일당과 합당되었으나 장기간 존속하지 못했다.

2. 군부정권 시절의 집권여당의 변천사

(1) 군부 쿠데타 세력이 대통령과 국회의원 선거에서 승리

1961년 5월 16일 박정희 육군 소장이 주도한 군부 쿠데타가 발생하여 민주당 정부를 무너뜨리고 정권을 탈취했다.

군부정권 2년이 경과되자 박정희는 군정을 연장하라는 군 내부의 압력, 민정으로 복귀시키라는 미국의 압력, 그리고 군정을 종식하라는 야당의 압력 속에서 자신의 권력 기반을 군부에서 정당으로 옮김으로써 궁지로부터의 탈출을 시도했다.

그리하여 국가재건최고회의는 정치활동정화법을 제정하여 구정치인의 정치활동을 규제하는 정당법을 제정하고 무소속 출마를 금지하여 정당이 난립할 수 있는 여건과 자유당, 민주당 구파, 민주당 신파의 분열과 대립을 조장했다.

국가재건최고회의는 정치활동정화법을 제정하여 4,374명의 규제대상을 발표했고, 이에 반발하여 군부정권의 얼굴마담으로 군부정권을 옹호했던 윤보선 대통령이 대통령직을 사임했다.

김종필 중앙정보부장은 정치활동이 허용되기 이전에 재건동지회, 구정치인들을 포섭하여 민주공화당 조직을 결성했다.

자유당의 김성곤, 김진만, 구태회와 민주당의 민관식, 박준규, 김재순 등을 포섭한 민주공화당은 윤보선의 민정당, 박순천의 민주당, 김도연의 자유민주당, 허정의 국민의당으로 4분 5열된 야권과의 대결은 불가피했다.

1963년 10월 15일 실시한 제5대 대통령 선거는 국민의당 허정 후보가 선거운동 기간 중에 야권 대통령 후보 단일화에 호응하여 대통령 후보를 사퇴했다.

선거 결과는 민주공화당 박정희 후보가 470만 2,640표, 민정당 윤보선 후보가 454만 6,614표로 15만 6,026표차로 승리했다.

추풍회 오재영 후보는 40만 8,664표, 정민회 변영태 후보는 22만 4,443표, 신흥당 장이석 후보는 19만 8,837표를 득표했다.

1963년 11월 26일 실시한 제6대 국회의원 선거에서는 민주공화당이 전국구 22석을 포함하여 전체 175석의 62.9%인 110석을 획득했고 민정당 41석, 민주당 13석, 자유민주당 9석, 국민의당 2석으로 야권 세력은 65석을 차지했다.

(2) 민주공화당의 압승과 3선개헌 동력 마련

한일협정 타결과 월남파병을 단행한 민주공화당 정권과 단일화에 성공한 신민당이 맞대결을 펼친 제6대 대통령 선거는 민주공화당 박정희 후보와 신민당 윤보선 후보가 재격돌하여 박정희 후보가 568만 8,666표를 득표하여 452만 6,541표 득표에 머문 윤보선 후보를 116만 2,125표차로 꺾고 재선됐다.

통한당 오재영 후보는 26만 4,533표, 민중당 김준연 후보가 24만 8,369표, 한국독립당 전진한 후보가 23만 2,179표, 정의당 이세진 후보가 9만 8,433표를 득표했다.

국민의당이 민주당에, 자유민주당이 민정당에 각각 흡수통합됨으로써 야권이 2개의 정당으로 정비되었으나 재야 세력의 단일화 여론이 고조되면서 야당 통합운동이 전개되어 민중당이 발족했다.

전당대회 전의 양당의 의석수는 민정당 47석, 민주당 15석이었으나 대표최고위원 경선에서 박순천 후보가 513표를 득표하여 460표 득표에 머문 윤보선 후보를 꺾고 대표에 선출됐다.

한일회담 비준 반대 명분으로 윤보선 등 일부 의원들이 민중당을 탈당했고, 이들은 1966년 2월 수석대표에 윤보선, 대표에 김도연, 정일형 체제의 신한당을 발족시켰다.

민중당과 신한당은 제6대 대통령 선거를 앞두고 전격적으로 합당하여 신민당을 결성했다.

1967년 6월 8일 실시한 제7대 국회의원 선거에서는 민주공화당이 73.7%인 129석을 차지하여 박정희 대통령의 3선개헌을 추진할 수 있는 동력을 확보했다.

신민당은 45석, 대중당은 1석을 점유했다.

박정희 대통령은 제7대 국회의원 선거의 일부 타락상에 대하여 분개하고 이를 규탄하는 담화를 발표하고 권오석(화성), 양달승(보성), 이윤용(평택), 이원장(서천-보령), 신용남(고창), 기세풍(화순-곡성), 이원우(영천) 당선자를 제명조치했다.

민주공화당과 신민당은 전권 대표자회담을 개최하여 14개 항목에 합의하고 국회 개원 142일 만에 신민당이 등원했다.

신민당의 등원 전에 신민당 김용성, 대중당 서민호 의원들이 등원하는 촌극도 빚어졌다.

(3) 3선개헌과 피할 수 없는 영·호남의 지역대결

김종필 공화당 의장의 자유당 이승만 대통령의 종신 개헌의 반면교사로 개헌은 생각할 수 없다는 강한 부정과 이효상 국회의장의 3선개헌은 불가능할 것이라는 소극적인 부정을 뒤로 한 채 민주공화당의 비주류인 백남억 당의장, 길재호 사무총장, 김성곤 재정위원장, 김진만 원내총무는 은밀하게 개헌 추진 공작을 벌였다.

민주공화당은 1969년 9월 14일 야당 의원들이 국회 본회의장을 점거, 농성하는 가운데 헌법개정안과 국민투표법안을 국회 제3별관 회의실에서 야당 측이 모르게 박정희 대통령의 계속 집권이 가능하기 위한 3선 금지 규정을 개정하는 헌법 개정안을 122명(민주공화당 107명, 정우회 11명, 무소속 4명)의 의원들이 찬성하여 의결했다.

10월 17일 실시한 국민투표는 찬성 755만 3,655표(65.1%), 반대 363만 6,369표(34.9%)로 나타나 새 헌법이 확정됐다.

신민당은 개헌안 저지 실패와 유진오 총재의 와병으로 1970년 1월 26일 임시전당대회를 개최하여 이재형, 정일형 부총재를 물리치고 유진산 부총재가 327표(재석 606명의 53.9%)를 득표하여 대표에 선출됐다.

1970년 2월 윤보선 신민당 고문이 탈당과 동시에 제2신당 운동을 표면화시켰다.

신민당은 1970년 9월 3일 대통령 후보 지명대회를 갖고 1차 투표에서 김영삼 421표, 김대중 382표, 백지투표 82표로 김영삼 후보가 1위를 했으나, 과반수에 미달하여 이튿날 실시된 결선투표에서 김대중 후보가 458표를 얻어 410표 득표에 머문 김영삼 후보를 꺾고 신민당 대통령 후보로 지명됐다.

이는 반유진산 세력의 결집, 이철승의 김대중 지지에 연유됐지만 일부에서는 박정희 대통령이 영·호남 갈등을 유발하면 보다 쉽게 승리할 수 있다는 전술에 의해 중앙정보부가 공작을 펼쳤다는 설이 유포되기도 했다.

1971년 1월 국민당은 창당대회를 열고 총재에 윤보선을 선출하여 제7대 대통령 선거와 제8대 국회의원 선거에 매진했으나 1석을 확보하는 데 머물렀다.

1971년 4월 27일 실시된 대통령 선거에서 민주공화당 박정희 후보가 634만 2,828표를 득표하여 579만 5,900표를 득표한 신민당 김대중 후보를 94만 6,928표차로 꺾고 3선 대통령에 등극했다.

정의당 진복기 후보는 12만 2,914표, 국민당 박기출 후보는 4만 3,753표, 자민당 이종윤 후보는 1만 7,823표를 득표했다.

경상도 유권자들은 박정희 후보에게 78%를, 전라도의 유권자들은 김대중 후보에게 66%를 득표하여 유권자의 수와 표의 응집력에서 김대중 후보는 박정희 대통령의 적수가 되지 못했다.

제8대 총선을 앞두고 갑작스럽게 유진산 신민당 총재가 자신의 지역구인 영등포 갑구를 포기하고 전국구 1번에 등재하여 진산파동을 야기하여 신민당은 김홍일 대표 권한대행 체제로 제8대 총선을 진두지휘했다.

1971년 5월 25일 실시한 제8대 총선에서 민주공화당이 113석을 차지했고, 신민당이 89석을 점유하여 개헌저지선을 확보했다.

국민당 조재봉, 민중당 김재춘 후보들도 당선됐다.

(4) 유신체제 구축과 영구 총통집권체제 확립

동서 냉전체제의 해빙 분위기와 강대국 간의 평화공존과 상호협력 모색으로 이어지자 이를 체제 존립과 국가 안보가 우려된다는 허울 좋은 미명(美名)아래 박정희 대통령은 1971년 12월 6일 비상사태를 선언했고, 구태회 의원 외 110명의 민주공화당 의원들은 비상사태 시 대통령에게 긴급조치권을 부여하는 '국가 보위에 관한 특별조치 법안'을 제출하여 전격 처리했다.

국가보위에 관한 특별조치법안이 가결됨으로써 대통령은 이때부터 사실상 비상대권을 행사하여 노동쟁의와 시위를 철저히 봉쇄했다.

박정희 대통령은 1972년 10월 17일 특별선언을 발표하여 국회를 해산하고 전국에 비상계엄을 선포하고, 헌법 개정을 위한 국민투표를 11월 21일 실시하여 찬성률 81.5%로 확정되었고 12월 27일 유신헌법이 공포되었다.

유신헌법은 통일주체국민회의를 설치하고, 국회의원의 무소속 출마를 허용하되 대통령에게 긴급조치권, 국회해산권, 법률안 거부권, 국회의원 3분의 1 추천권을 주어 대통령의 권한이 강화되고 사실상 국회의 기능과 역할이 무력화되었다.

제8대 대통령 선거는 통일주체국민회의 대의원 2,359명이 투표에 참가하여 박정희 대통령이 99.9%인 2,357표를 득표하여 대통령에 당선되어 장충체육관에서 제8대 대통령에 취임했다.

유신체제 이후 반유진산계인 양일동, 김홍일 등이 유진산 총재의 정무위원 선임에 반발하여 탈당해 민주통일당을 창당하여 양일동 대표를 선임했다.

2인 동반 당선제인 유신(維新)체제 하에서 1973년 2월 27일 실시한 제9대 국회의원 선거는 민주공화당 73석, 신민당 52석, 민주통일당 2석, 무소속 19석으로 나뉘었으나 박정희 대통령이 추천한 73명의 통일주체국민회의 의원들이 추가되어 박정희 대통령 추종 세력들이 국회를 좌지우지 할 수 있었다.

유진산 총재의 사망에 따라 실시된 1974년 8월 23일 실시한 신민당 총재 선거에서 40대의 김영삼 후보가 김의택, 정해영, 고흥문, 이철승 후보들을 꺾고 324표(44.8%)를 득표하여 당선됐다.

김영삼 총재가 유신헌법 반대 원외 투쟁을 선언하고 신민당 의원 55명이 국회에서 무기한 농성에 들어가는 등 개헌투쟁의 강도를 높여가자, 박정희 대통령은 유신헌법에 대한 찬반여부를 묻는 국민투표를 실시하여 73.1%의 찬성율로 국민들의 승인을 받았다며 개헌투쟁을 묵살했다.

박정희 대통령은 반대가 많으면 즉시 대통령직에 물러나겠다는 협박을 국민투표에 결부시켰고, 국민투표는 정부·여당이 독단적으로 강행한 불법투표가 자행됐다.

부산의 전 투표구는 찬성표가 많았으나 400여개의 투표구 가운데 부산 서구 동대신1동 제2 투표구에서 유일하게 반대표가 찬성표를 앞섰다.

이 투표구는 영축산 산비탈 구역으로 밀가루 수백포를 배포하여 찬성표를 유도했으나 당일 오후 5시가 넘어 민주공화당으로 활동하다가 동사무소 직원으로 특채된 공무원이 3명의 어깨들을 대동하고 주민등록증을 대조하고 투표권을 배부하고 있는 나에게 자리를 비워줄 것을 요구했으나 강하게 거절하고 몸싸움까지 벌여 사수하고서 투표를 마쳤기 때문이었다.

김옥선 의원의 국회 강경 발언 후 제명 조치되는 파동을 겪은 후 실시된 1976년 신민당 전당대회에서 김영삼 후보가 이철승, 이기택 후보들을 꺾고 총재에 재선임됐다.

제2대 통일주체국민회의 선거가 1978년 5월 18일 실시됐고, 1978년 7월 6일 실시된 제9대 대통령 선거에서는 박정희 대통령이 99.9%인 2,577표를 득표하여 대통령에 5선 되어 1984년까지 임기가 보장됐다.

1978년 12월 12일 실시한 10대 총선에서는 민주공화당이 68석, 신민당이 61석, 민주통일이 3석, 무소속이 22석을 확보했다.

1976년 제2기 통일주체국민회의 3년 임기의 국회의원 73명이 추천됐고, 이번 총선 후에도 제3기 통일주체국민회의 국회의원 77명이 추천됐다.

1979년 10월 26일 중앙정보부 궁정동 식당에서 김재규 중앙정보부장이 박정희 대통령을 암살하여 유신(維新)체제가 종식되는 계기가 마련됐다.

만약 박정희 대통령이 암살되지 아니하고 유신체제가 계속되었다면 우리나라도 북한처럼 김일성-김정일-김정은 세습체제가 유지되었듯이 박정희-박근혜 세습체제가 유지될 수도 있었다는 가설이 성립될 수도 있었다.

1976년 12월 6일 통일주체국민회의에서 제10대 대통령 선거를 실시하여 최규하 후보가 2,465표(96.7%)를 득표하여 제10대 대통령에 당선됐다.

(5) 5.17 쿠데타 세력의 7년 동안의 철권통치

최규하 대통령은 1979년 12월 7일 유신헌법을 반대하는 사람을 구속하는 긴급조치 9호를 해제하고 구속자들을 석방했다.

긴급조치가 해제되자 헌법개정 논의가 허용됐고 정부와 국회가 헌법개정에 대한 주도권을 놓고 대립과 갈등이 심각했다.

국회 헌법개정심의 특별위원회가 헌법개정안을 확정지으려는 찰나인 5월 17일 전두환 세력의 쿠데타로 정당 활동이 중지되면서 헌법 개정을 위한 위원회는 자동 소멸됐다.

박정희 대통령 시해 사건을 수사 중이던 전두환 합동수사본부장은 육군 병력을 동원하여 12월 12일 정승화 계엄사령관을 연행하고, 4월 14일 보안사령관직을 겸임하면서 중앙정보부장에 취임했다.

이어 5월 17일에는 최규하 대통령에게 압력을 행사하여 전국에 비상계엄령을 공표 하도록하고, 김영삼 신민당 총재를 연금하고, 김대중 대통령 후보를 내란 혐의로, 김종필 공화당 총재를 부정축재 혐의로 긴급 구속했다.

전두환 보안사령관은 국가보위비상대책위원회를 설치하여 상임위원장에 취임하여 새 헌법을 제정토록하고 모든 정당들을 해산시켰다.

또한 '정치풍토 쇄신을 위한 특별조치법'을 공포하여 정치적, 사회적 부패나 혼란에 책임이 있는 835명을 정계에서 추방했다.

전두환 중심의 신군부가 정권을 장악하게 되자 과도정부를 이끌어 오던 최규하 대통령은 1980년 8월 16일 하야했고, 8월 27일 실시한 제11대 대통령 선거에서 전두환 후보가 통일주체국민회의 대의원 99.9%인 2,524표를 득표하여 당선됐다.

전두환 대통령이 제안한 새 헌법은 대통령 간선제와 임기 7년으로 10월 22일 국민투표에서 91.6%의 찬성을 얻어 확정됐고, 국회는 국가보위입법회의가 대행토록 했다.

새 헌법 규정에 따라 1981년 2월 11일 실시한 대통령 선거인 5,277명을 선출했고, 2월 25일 선거한 제12대 대통령 선거에서 민주정의당 전두환 후보가 4,755표(90.2%)를 득표하여 당선됐다. 민주한국당 유치송 후보는 404표, 한국국민당 김종철 후보는 85표, 민권당 김의택 후보는 26표를 득표했다.

전국구 의원 정수는 지역구 의원 정수의 2분의 1로 하되 지역구 의원은 2인 동반 당선으로 하고 전국구 의원 배분은 지역구에서 5석 이상 획득한 정당으로 하되 제1정당에게 의원 정수의 3분의 2를 할애하는 국회의원 선거법이 개정됐다.

전두환 대통령이 주도하는 민주정의당과 전두환 대통령이 정치규

제대상자를 해금시켜 1, 2, 3 중대를 나뉘어 만들어진 민주한국당, 한국국민당, 민권당이 주요 정당으로 자리 잡았다.

1981년 3월 25일 실시된 12개 정당이 참여한 11대 국회의원 선거에서 민주정의당이 지역구 90석, 전국구 61석으로 54.7%인 151석을 점유했고, 민주한국당이 81석(지역구 57석, 전국구 24석), 한국국민당이 25석(지역구 18석, 전국구 7석)을 차지했다.

무소속 후보 11명이 당선됐고 민권당, 민주사회당, 신정당은 각각 2석을, 안민당과 민주농민당도 각각 1석을 차지했다.

5월 17일 광주사태 당일 구속된 김대중 대통령 후보는 광주사태 배후 조종 및 내란음모 혐의로 군법회의에서 사형 선고를 받았고, 김종필 공화당 총재는 부정부패 혐의로 구속됐다가 재산 일부를 헌납하고 석방됐다.

정치활동 피규제자 555명 중 1차로 1983년 2월 25일 250명이 해금되었고, 1984년 2월 25일 2차로 202명이 해금되었고, 김영삼과 김대중이 민주화 추진협의회(민추협)를 5월 18일 발족했다.

11월 30일 정치활동 피규제자 99명 중 15명을 남겨두고 84명이 해제되어 이들이 대부분 합류한 신한민주당이 1985년 1월 18일 창당되어 총재에 이민우, 부총재에 김녹영, 이기택, 조연하, 노승환을 선출했다.

1985년 2월 12일 실시한 제12대 국회의원 선거에서는 신한민주당이 67석(지역구 50석, 전국구 17석)을 차지하는 돌풍을 일으켜 35석(지역구 26석, 전국구 9석)을 확보한 민주한국당을 밀쳐내고 제1야당으로 솟아올랐다.

민주정의당 148석(지역구 87석, 전국구 61석), 한국국민당 20석(지역구 15석, 전국구 5석), 신정사회당 1석, 신민주당 1석, 무소속 4석으로 나뉘었다.

민주한국당 의원들이 대거 탈당하고 신한민주당에 입당하여 67석의 신한민주당이 102석을 확보하여 단독으로 임시 국회 소집을 요구할 수 있게 됐다.

1985년 3월 6일 80년 민주화의 봄을 구가했던 김대중, 김영삼, 김종필이 본격적인 정치 개화 시기를 맞이했다.

신한민주당이 1986년 12월 12일 대통령 직선제 개헌 서명에 본격 돌입하여 정부와 대치하여 정국이 경색되자, 이민우 총재가 내각제 개헌 협상을 검토할 수 있다는 이민우 구상을 발표했다.

김영삼과 김대중이 '이민우 구상'을 거부하고 통일민주당 창당을 구체화하자, 신한민주당 소속 의원 90명 중 78명이 탈당하여 신한민주당은 소수 정당으로 전락했다.

통일민주당은 용팔이 사건으로 지칭되는 창당 방해 사건에도 불구하고 1989년 5월 1일 창당대회를 개최하여 총재에 김영삼, 부총재에 이중재, 박용만, 양순직, 최형우, 노승환, 김동영, 이용희를 선출했다.

통일민주당이 주도하는 직선제 개헌 국민 서명운동이 전개되자, 전두환 대통령은 개헌 논의를 유보하고 현행 헌법하에서 정부를 이양하겠다는 4.3 호헌(護憲)조치를 단행했다.

그러나 박종철군 고문치사 은폐 조작 사건의 폭로를 계기로 민주헌법쟁취국민운동본부가 결성되어 호헌철폐 및 민주헌법 쟁취를 위한 공세를 벌이자, 민주정의당 대통령 후보로 지명된 노태우 후보가 대통령 직선제 개헌, 김대중 사면 복권 등 6.29 선언을 전격적으로 발표했다.

전두환 대통령은 호헌 조치를 폐기하고 임기중에 새 헌법에 따라 제13대 대통령 선거를 실시하고 1988년 2월 15일 후임 대통령에게 평화적으로 정부를 이양하겠다는 정치 일정을 제시했다.

1987년 10월 12일 국회에서 가결된 대통령 직선제 헌법개정안이 국민투표에서 93.1%의 찬성률로 확정되어 12월 16일 13대 대통령 선거가 실시됐다.

김대중의 평화민주당, 김종필의 신민주공화당이 급조 창당되어 실시한 대통령 선거에서는 대구·경북을 석권한 민주정의당 노태우 후보가 828만 2,738표를 득표하여 633만 7,581표를 득표한 통일민주당 김영삼 후보를 194만 5,157표차로 꺾고 당선됐다.

단일화를 끝내 무산시켰던 평화민주당 김대중 후보가 611만 3,375표를, 충청권에서 1위를 한 신민주공화당 김종필 후보가 182만 3,067표를, 한주의통일한국당 신정일 후보가 4만 6,650표를 득표했다.

선거구 조정과 선거 실시 시기로 진통을 겪은 국회는 민주정의당의 날치기로 소선거구제를 채택하는 국회의원 선거법 개정안을 통과시켜 1988년 4월 26일 실시된 13대 국회의원 선거 결과 민주정의당이 125석(지역구 87석, 전국구 38석)을 확보하여 제1당이 됐다.

평화민주당이 70석(지역구 54석, 전국구 16석)을, 통일민주당이 59석(지역구 46석, 전국구 13석), 신민주공화당이 35석(지역구 27

석, 전국구 8석), 한겨레민주당 1석, 무소속 9석으로 나뉘었다.

이러한 결과는 전국이 민주정의당의 대구·경북권, 통일민주당의 부산·경남권, 평화민주당의 호남권, 신민주공화당의 충청권으로 사분오열되어 빚어낸 지역의식의 참사였다.

또한 집권당인 민주정의당이 전국구 과반 의석(38석) 할애에도 불구하고 과반 의석에 미달하는 헌정사상 최초의 여소야대 정국을 맞이했다.

정치 발전을 가로막은 지역 정서의 발현으로 4강 구도가 정립되었으나 과반 의석을 확보한 야당들은 연합하여 정부·여당을 견제하고 국정을 주도할 수 있는 환경을 조성해갔다.

5공 청문회에서 곤혹을 치룬 노태우 대통령은 김영삼의 통일민주당과 김종필의 신민주공화당을 통합하여 민주자유당을 출범시켰다.

경상도와 충청도가 연합하여 전라도를 외톨이로 만들고 정국을 주도하는 연합체를 결성한 것이다.

3당 합당은 한 정당이 선거에서 압도적으로 승리하지 않고서도 합당을 통하여 계속해서 집권할 수 있거나 집권세력에 합류할 수 있음을 보여주었다.

3. 문민정부 시절의 정당 형태의 변천

(1) 김영삼 대통령은 민주자유당을 신한국당으로

민주정의당, 통일민주당, 신민주공화당의 3당 합당은 어느 정당을 선택해도 유권자의 의사가 국정에 반영되지 않거나 왜곡될 수 있을 것이라는 정치적 허무주의와 정치에 대한 시민들의 불신을 증폭시켰다.

또한 정치세력 구도를 호남 대 비호남으로 몰고 갔다는 부정적인 측면도 있었다.

평화민주당은 3당 합당에 합류하지 않은 통일민주당의 일부 세력으로 형성된 민주당과 합당을 시도했으나 당 지도권 문제가 발목을 잡아 성사되지 않았다.

그러나 평화민주당은 '범민주통합 주권정당촉구를 위한 추진회의(통추회의)'의 일부 인사들이 결성한 신민주연합당과 합당하여 평화민주당을 버리고 당명을 신민주연합당으로 개칭했다.

김대중의 신민주연합당과 이기택의 민주당이 통합하여 김대중, 이기택의 공동 지도체제의 민주당이 1991년 9월 16일 출범했다.

현대그룹의 조직과 자금력을 배경으로 정주영 회장이 통일국민당을 창당하고 김동길, 이종찬의 새한당을 흡수통합하여 14대 국회의원 선거에 참여했다.

1992년 3월 24일 실시한 14대 총선에서 민주자유당은 합당 당시 219석(민주정의당 125석, 통일민주당 59석, 신민주공화당 35석)이 149석(지역구 116석, 전국구 33석)으로 축소됐고 민주당은 97석 (지역구 75석, 전국구 22석)으로 대폭 신장했다.

통일국민당이 31석(지역구 24석, 전국구 7석)으로 교섭단체를 구성했고, 박찬종의 신정개혁당 1석, 무소속 21석으로 나뉘었다.

특이한 것은 제1당에 주어진 프리미엄이 사라졌고 3% 이상 득표한 정당에게는 득표율에 따라 전국구를 배분토록 했다.

선거 이후 민주자유당의 야당 및 무소속 당선자 영입이 활발했고 통일국민당에 대한 정부·여당의 견제가 극심했다.

14대 대통령 선거를 앞두고 민주 자유당은 대통령 후보 경선을 실시하여 민주계 김영삼 후보가 민정계 이종찬 후보의 경선 불참으로 4,418표(66.3%) 득표로 대통령 후보로 확정됐고, 총재에는 노태우, 최고위원은 김영삼, 김종필, 박태준이 추대됐다.

민주당도 경선을 실시하여 김대중 후보가 1,413표(60.2%)를 득표하여 925표(39.4%)를 득표한 이기택 후보를 꺾고 후보가 됐다.

민주당 최고위원은 김상현, 김영배, 조세형, 박영숙, 정대철, 김원기, 김정길, 이부영 후보들이 선출됐다.

부산 복집 회식 사건과 현대중공업 비자금 유입 사건이 이슈가 된 14대 대통령 선거에서 민주자유당 김영삼 후보가 997만 7,332만 표를 득표하여 804만 1,284표 득표에 머문 민주당 김대중 후보를 193만 6,048표차로 꺾고 당선됐다.

통일민주당 정주영 후보는 388만 67표를, 신정치개혁당 박찬종 후보는 151만 6,047표를, 무소속 백기완 후보는 23만 8,648표를, 대한정의당 이병호 후보는 3만 5,739표를, 무소속 김옥선 후보는 8만 6,292표를 득표했다.

부산 복집 회식사건이 폭로된 후 위기감을 느낀 부산지역 유권자들이 김영삼 후보를 더욱 강하게 지지하여 지역 정서가 선거 결과에 크게 영향을 미쳤다.

선거 이후 김대중 후보는 정계를 은퇴하여 이기택 후보가 민주당 최고위원이 되고 통일국민당은 김영삼 정부의 집요한 공격으로 쇠퇴했다가 신정치개혁당과 합당하여 신민당으로 재출범했다.

김영삼 대통령의 문민정부는 '한국병 치유', '신한국 건설', '역사 바로 세우기'를 목표로 세우고 개혁을 단행하는 데 걸림돌이 된 김종필의 출당이 거론되자, 김종필은 민주자유당을 탈당하여 자유민주연합을 결성했고, 김영삼 대통령도 자유민주당의 구각을 벗고 신한국당을 창당하여 자유민주당은 역사 속으로 사라졌다.

(2) 김대중 대통령은 새천년민주당을 창당

군정 종식을 외치며 대권에 다다른 것으로 보였으나 선거 막판의 관권 선거에 휘둘려 대선에서 패배하고, 13대 총선에서도 통일민주당을 이끌고 선전을 기대했으나 제1야당의 자리를 평화민주당에 넘겨주고 와신상담한 김영삼 후보가 30년간 지속해온 민주화 투쟁을 접고 군부 독재세력, 유신(維新) 잔재(殘滓)세력들과 손을 잡고 3당 합당을 감행할 때 호랑이를 잡기 위해 호랑이 굴에 들어간다는 자기 합리화로 상황을 설명했다.

소수계파인 민주계를 이끌고 최대계파인 민정계를 누르고 거대야당인 민주자유당 대권후보에 오른 김영삼 후보는 방대한 집권여당의 조직과 관권의 엄호, 영남 유권자들의 결집에 힘입어 민주당 김대중, 통일국민당 정주영 후보들을 꺾고 14대 대통령에 당선됐다.

대통령에 당선된 김영삼 대통령은 민주자유당 김종필 대표를 토사구팽하고 "우리가 변하지 않으면 역사도 우리를 버릴 것"이라며 민주자유당을 신한국당으로 탈바꿈했다.

김영삼 대통령은 14대 총선을 앞두고 서울시장 후보로 출전하여 33.6% 득표력을 과시한 박찬종과 전 국무총리 이회창을 삼고초려의 정성을 기울여 영입했다.

역사 바로세우기라는 개혁 명분과 집권여당의 프리미엄을 지닌 신한국당은 방송인, 연예인, 변호사, 기업인 등의 대거 영입에 성공하여 총선 승리에 매진했다.

3당 합당에 반대하고 민주자유당 합류를 거부한 의원들을 중심으로 한 민주당과 온갖 시련을 극복하고 통합을 이룬 평화민주당 김대중은 민주당으로 14대 대선에 도전했으나 김영삼 후보에게 패배하고서 정계를 은퇴하고 영국 유학길에 올랐다.

1995년 6월 지방선거에서 조순 한국은행 총재를 영입하여 서울시장 당선을 일궈낸 김대중 아태재단 이사장은 이기택 총재가 이끌어가고 있는 민주당과 결별하고 새로운 정당의 창당을 선언했다.

1995년 9월 새정치국민회의를 창당하여 총재로 추대된 김대중은 이종찬, 김근태, 박상규, 유재건 등을 부총재로 임명했다.

김대중 국민회의 총재 계열의 의원들이 대거 빠져나간 민주당은 홍성우 변호사, 장을병 성균관대 총장, 서경석 목사를 중심으로 창당한 개혁신당과 통합하여 통합민주당을 출범시켰다.

김영삼 대통령이 김종필 대표의 당직에서 배제의 원칙을 밝히자 김종필 대표는 "이제와서 용도 폐기 운운하는 것은 어불성설"이라 며 박준규, 구자춘, 정석모 등을 규합하여 자유민주연합(자민련)을 창당했다.

영남권의 신한국당, 충청권의 자민련, 호남권의 국민회의가 후 3김시대를 펼쳐 지역감정의 그늘 속에서 전개된 15대 총선에서는 신한국당이 139석(지역구 121, 전국구 18), 국민회의가 79석(지역구 66, 전국구 13), 자민련 50석(지역구 41, 전국구9)이 균점한 가운데 통합민주당은 15석(지역구 9, 전국구 6)에 머물렀고 무소속 후보 16명이 원내에 진출했다.

신한국당은 이회창, 이인제, 이한동, 김덕룡, 이수성, 최병렬 후보들이 대통령 후보 경선을 벌여 대법관 출신으로 국무총리를 지낸 이회창 후보가 6,922표(60.0%)를 득표하여 4,622표(40.0%)를 득표한 이인제 후보를 꺾고 대통령 후보로 확정됐다.

이에 불복한 이인제 후보가 신한국당을 탈당하고 국민신당을 창당했다.

국민통합추진회의 김원기, 김정길, 김민석, 노무현 등이 야권연대를 모색하여 국민회의에 합류했다.

IMF 사태로 국가 위기상태에서 실시된 1997년 12월 18일 대통령 선거에서 새정치국민회의 김대중 후보가 1,032만 6,275표를 득표하여 993만 5,718표를 득표한 신한국당을 한나라당으로 탈바꿈한 이회창 후보를 39만 557표차로 꺾고 제15대 대통령에 당선됐다.

국민신당 이인제 후보가 492만 5,591표를, 국민승리21 권영길 후보가 30만 6,026표를, 바른나라정치연합 김한식 후보는 4만 8,717표를, 공화당 허경영 후보는 3만 9,055표를 득표했다.

표의 동서 현상은 변함이 없었고 외환위기와 국민신당 이인제 후보의 등장이 김대중 후보의 당선에 중요한 변수로 작용했다.

DJP 공조에 힘입어 대통령에 당선된 김대중 국민정부는 자민련과 공동정부를 출범하여 1998년 6월에 실시된 지방선거에서 수도권, 호남권, 충청권 등 서부 10개 지역을, 한나라당은 영남권과 강원 등 동부 6개 지역을 승리하여 여서야동(與西野東)의 양상으로 집권기반을 확보했다.

이인제 대선 후보가 창당한 국민신당을 통합한 국민회의 김대중 대통령은 국민회의를 해체하고 내각제를 주장한 자민련과 합당론이 물 건너가자 새천년민주당을 출범시켰다.

한나라당 공천에서 탈락한 김윤환, 박찬종, 이수성 등 영남권의 주요 인사들이 한나라당 이회창 총재에 대항하여 민주국민당(민국당)을 창당하여 영남권에서 돌풍을 기대했다.

총선시민연대의 낙천과 낙선 대상자 선정, JP의 DJ가 지역감정 원조라는 발언, 민주국민당의 초조함이 영남정권 창출론으로 분출된 16대 총선에서 한나라당이 133석(지역구 112, 비례대표 21)을 차지하여 여소야대를 만들어내며 제1당의 자리를 지켜냈다.

새천년민주당이 115석(지역구 96, 비례대표 19)으로 선전했으나 자민련은 17석(지역구 12, 비례대표 5)으로 원내 교섭 단체 의석 수 확보에도 실패하는 참패를 당했다.

영남권을 싹쓸이한 한나라당과 새천년민주당이 신라와 백제의 고토를 차지하여 양당 구도를 구축했고, 민국당은 2석의 군소정당으로 몰락했다.

(3) 노무현 대통령의 열린우리당 창당과 소멸

새천년민주당 경선에서 예상을 뒤엎고 노무현 후보가 절대 강자로 자타가 공인하는 이인제 후보를 꺾고 당선됐으나, 여론의 악화로 후보 교체설이 난무한 가운데 정몽준 후보와 단일화에 성공했다가 결렬되는 우여곡절을 겪었다.

2002년 대통령 선거에서 부산상고 출신인 새천년민주당 노무현 후보가 서울법대, 대법관 출신인 한나라당 이회창 후보를 57만여 표차로 꺾고 당선되는 기적을 만들어냈다.

변방의 노무현이 대통령에 당선됐으나 다수당인 한나라당과 일부 새천년민주당으로부터 대통령으로서의 존경과 대우를 받지 못했다.

노무현 대통령을 추종하는 천정배, 신기남, 정동영 의원들이 주축이 되어 열린우리당을 창당하자 이에 반발한 조순형 새천년민주당 대표의 옹고집이 탄핵으로 치달아 한나라당의 전폭적 지지를 받아 노무현 대통령의 탄핵안이 의결되어 대통령의 권한이 정지된 와중에 실시한 17대 총선에서 탄핵의 폭풍이 모든 정치적 변수들을 잠재웠다.

17대 총선에서 신생정당인 열린우리당이 172석(지역구 149, 비례대표 23)을 확보하여 과반 의석을 차지했고, 한나라당은 영남권을 지켜내어 121석(지역구 100, 비례대표 21)을 차지하여 체면치레는 했으나 호남권에 기대를 걸었던 새천년민주당은 9석(지역구 5, 비례대표 4)으로 위축되었고 충청권을 기반으로 한 자민련은 4석(지역구 4, 비례대표 0)으로 추락하여 43년간 풍운아였던 JP의 정치인생을 마감하여 드디어 3김 패거리와 보스정치 시대의 막을 내렸다.

과반 의석을 확보한 열린우리당은 사학법 등 4대 입법 개혁안을 추진했으나 한나라당의 집요한 반대와 언론의 냉소적인 비협조로 소기의 성과를 거두지 못하고 재·보궐선거 등에서 44전 44패라는 성적을 올리는 등 불임정당으로 추락했다.

국민의 불신임을 받은 열린우리당은 창당되어 3년을 지탱하지 못하고 소멸되어 민주신당 등을 맴돌다가 대통합민주신당으로 집결했다.

그러나 노무현 대통령의 영향력은 위축됐으며 한나라당에 대항하는 소수 야당의 명맥만을 유지하는 데 급급했다.

(4) 이명박 대통령의 한나라당 전성시대

2007년 12월 19일 실시된 17대 대선은 한나라당 이명박 후보가 1987년 직선제 이후 최대의 표차인 530만 표차로 승리했다.

대통합민주신당 정동영, 무소속 이회창, 창조한국당 문국현, 민주노동당 권영길, 민주당 이인제 후보들을 가볍게 제압했다.

서울을 비롯한 수도권에서 이명박 후보의 압승을 이끌었고, 영·호남의 지역 분할은 여전했으나 충남에서는 이명박, 이회창 후보 간의 접전이 이뤄졌다.

노무현 정권의 심판론에 도덕성 검증이 힘을 잃은 이번 선거전은 정치사회화 과정을 거친 30, 40대가 본격적인 경제주체가 되면서 실용적 관점으로 돌아섰으며 이명박 후보의 '경제성장론', '뉴라이트', '기독교', '보수언론의 활용' 등이 압승의 요인으로 작용했다.

40대 0의 재보궐선거와 2006년 지방선거 참패를 겪으면서 유권자들은 도덕만 갖고 살 수 없다와 이 사람들이 싫다는 정서가 반영된 것이라고 평가되기도 했다.

18대 총선을 앞두고 한나라당은 현역의원 128명 중 78명이 공천을 받고 50명이 탈락했으며 10년 만에 정권을 되찾아온 직후라는 점에서 정권교체의 동지들이 대거 탈락한 것이 심리적으로 훨씬 큰 물갈이로 인식됐다.

박근혜 전 대표는 "여론조사 결과로 보거나 의정 활동에 전혀 하자가 없었음에도 불구하고 나를 도왔다는 이유 하나만으로 공천에시 탈락시켰다"고 비난 수위를 높였다.

공천 탈락은 정치 보복이라며 친박연대가 결성됐고, 일부 의원들은 친박 무소속 후보로 참전했다.

재·보궐 선거에서 40대 0의 참패를 맛본 노무현의 열린우리당은 해체 수순을 밟게 됐고 대통합민주신당 등을 돌고 돌아 통합민주당으로 헤쳐모였으나 상도동과 동교동의 그림자까지 사라졌고, 그 많던 영남권 인사들의 얼굴은 아무 데에서도 찾을 길이 없었다.

18대 총선에서 저조한 수도권 투표율은 한나라당 압승으로 연결되어 이명박 대통령이 "이제 우리는 영남당이 아니라 수도권 당이다"라는 기염을 토해냈다.

자민련은 해체되어 이회창 한나라당 총재가 자유선진당을 창당하여 18대 총선에 참여했다.

18대 총선에서 한나라당은 112석(지역구 90, 비례대표 22)을 차지하여 수도권과 영남권을 휩쓸었고, 통합민주당 80석(지역구 65, 비례대표 15)은 호남권에서 기반을 구축하고 수도권에서 이삭줍기에 성공한 결과였다.

영남권에서 기반을 구축한 친박연대가 14석(지역구 6, 비례대표 8)을, 충청권을 회복한 자유선진당이 18석(지역구 14, 비례대표 4)을 확보했다.

진보 성향의 민주노동당도 5석(지역구 2, 비례대표 3석)을 차지했고 창조한국당도 비례대표 2석을 확보하여 기염을 토해냈다.

뉴타운 광풍과 보수화 바람에 민주당 안방인 수도권이 한나라당 텃밭으로 돌변했고, 여의도의 풍향이 진보진영에서 보수진영으로 회귀했다.

지난 17대 총선에서 열린우리당 152석, 민주노동당 10석으로 진보진영이 162석인 반면, 한나라당 131석, 자민련 4석을 묶은 보수진영은 135석으로 과반 의석에 훨씬 미달했다.

그러나 18대 총선에서는 통합민주당 81석, 민주노동당 5석, 친야

무소속 9석을 합쳐도 진보진영은 95석인 반면, 보수진영은 한나라당 153석, 자유선진당 18석, 친박연대 14석, 친여 무소속 19석으로 204석을 차지하여 중심축이 좌에서 우로 급선회했다.

4. 박근혜 대통령의 새누리당이 미래통합당으로

(1) 박근혜 정부 출범과 새누리당 탄생

2012년 실시된 대통령 후보 경선에서는 '실패한 경선', 후보 추대식으로 폄하된 한나라당 전당대회에서 84%의 압도적인 지지로 박근혜 후보를 선정했고, 손학규, 김두관, 정세균 등 군웅을 잠재우고 노무현 대통령 비서실장을 지낸 문재인 후보가 56.5%의 득표율로 민주당 대선후보로 우뚝 솟아올랐다.

새누리당의 다운계약서 의혹 제기 등 검증 홍역을 치른 안철수 후보가 "새누리당의 집권 연장을 단호하게 반대하며 정권교체를 위해서는 야권 단일화가 필요하다"고 제의하여 문재인 후보와 야권 단일화 협상에 들어갔다.

협상 중에 안철수 후보가 돌연 "정권교체를 위해 백의종군 할 것을 기대한다"고 협상을 포기하여 아름다운 단일화를 이룩하여 시너지 효과를 기대한 단일화가 일방적인 양보로 단일화가 이뤄져 단일화의 효과가 급감했다.

박근혜 후보는 "문재인 후보는 실패한 노무현 정권의 최고 실세"라고 공격하여 이명박 정부의 실정에 대한 덤터기를 최소화하여 정권교체를 외치는 민심까지도 아우른다는 전략에 성공했다.

TV 토론에서 통합진보당 이정희 후보의 튀는 막말 행보와 후보직 사퇴가 먹튀 논란과 색깔 논쟁으로 인해 박근혜 후보의 승세를 굳혀줬다.

박근혜 후보는 50, 60년대 노년층의 압도적 지지와 영남권에서 313만여 표 앞서 승리할 수 있었다.

국가정보원 여직원의 감금, NLL 문제의 부각, '나만 옳다'는 무리한 주장의 반복이 50대의 신보수층의 반발로 정권교체를 다음 기회로 미뤄야만 했다.

(2) 새누리당은 자유한국당을 거쳐 미래통합당으로

19대 총선을 앞두고 새누리당은 지역구 후보 공천 신청자가 973명이 쇄도하여 4대 1의 경쟁률을 기록했다.

현역의원 25%가 탈락하여 새누리당 공천은 친이명박계 진영의 학살이라는 풍문이 나돌았다.

19대 새누리당 공천은 친박계의 공천이란 비난 속에 회전문으로 얼룩진 공천이라는 혹평을 받았고, 호남지역 13곳을 무공천한 것은 영남정당임을 확인한 것으로 알려졌다.

손학규, 정동영, 정세균의 민주당과 문재인, 이해찬의 '혁신과 통합'이 연대하여 한명숙 대표에게 권력을 위임한 민주통합당이 출범했다.

문성근, 박지원, 박영선, 이인영, 김부겸이 최고위원에 선출됐고 임종석이 사무총장으로 활약했다.

민주통합당의 공천은 친노무현계의 약진이 두드러진 반면, 호남권 중진의원들의 무덤으로 돌변했다.

민주통합당의 한명숙 대표와 통합진보당의 이정희 대표가 대타협을 통한 역사적인 연대를 발족시켜 통합진보당은 30개 지역에서 야권연대 단일 후보로 등록하여 교섭단체 구성에 부푼 꿈을 갖게 됐다.

그러나 이정희 대표의 부정 경선이 폭로되어 야권연대가 흔들거리고 새누리당은 종북주의와 경기동부연합을 부각(浮刻)시켜 야권연대를 무력화시켰다.

19대 총선 선거전은 이슈가 이슈를 집어삼킨 반전이 거듭됐고 여론조사에 의한 당선자 예상은 어처구니없이 빗나갔다.

새누리당은 박근혜 비대위원장 마케팅에 올인했고, 야권단일화 효과를 차단하기 위해 종북 때리기에 매달렸다.

민주통합당은 이명박 대통령의 레임덕과 실정, 민간인 사찰 등의 호재를 살리지 못하고 김용민 후보의 막말 파문, 주사파 문제의 논란 부각 등으로 과반 의석 확보라는 기대가 물거품이 됐다.

새누리당은 야권연대 패배를 딛고 기지개를 폈으며, 지역 연고주의에 의존한 동서분할은 깊어만 갔다.

19대 총선에서 새누리당은 174석(지역구 149, 비례대표 25)으로 과반 의석을 훌쩍 넘겼고, 민주통합당은 127석(지역구 106, 비례대표 21)에 머물렀다.

통합진보당은 13석(지역구 7, 비례대표 6)으로 교섭단체의 꿈이 무산됐고, 자유선진당은 5석(지역구 3, 비례대표 2)으로 존재 자체가 희미해졌다.

헌법재판소는 20대 총선에 적용할 인구편차 상한기준을 현재의 3대 1의 인구 편차에 대해 헌법 불합치 판정을 내림으로 선거구 조정이 불가피하게 됐다.

19대 총선이 끝나고 한명숙 체제가 무너지고 손학규 체제가 징검다리 역할을 하다가 문재인이 전당대회에서 승리하자 민주통합당이 더불어민주당으로 개명하고 20대 총선을 겨냥했다.

새누리당은 김무성 대표의 상향식 공천과 박근혜 대통령의 전략공천이 맞대결을 펼쳐 국민들을 우롱하는 공천 파동을 일으켰다.

하늘 높은 줄 모르고 날뛴 이한구 공천심사위원장의 행동과 유승민 파동으로 20대 총선은 누가 뭐래도 새누리당의 심판대가 되었고, 패배한 새누리당 후보들은 패배의 원인을 박근혜 대통령 탓으로 돌렸다.

교차투표로 의외의 의석 배분이 이뤄진 20대 총선에서는 김무성 대표의 대표직인 날인 거부와 부산으로 나르샤는 친박계와 비박계의 권력투쟁으로 비춰졌다.

한나라당 출신인 김종인이 민주통합당을 더불어민주당으로 개명한 문재인 대표의 간청으로 더민주당 비대위원장으로 발탁되어 적진으로 옮겨 뿌리를 내렸다.

김종인 대표는 25명의 현역의원 공천 탈락을 주도하여 쇄신의 모습을 보여주었으나 친박, 비박계의 공천 갈등만을 보여준 새누리당은 패배를 자초했다.

안철수 의원이 드디어 국민의당을 결성하여 교섭단체 구성을 목표로 진군나팔을 불었다. 안철수 대표는 더민주당의 야권 통합론에 단호하게 맞서 대성공을 거두었다.

더민주당이 122석(지역구 109, 비례대표 13)으로 제1당으로 올라섰고, 새누리당이 121석(지역구 104, 비례대표 17)으로 제2당으로 밀려났다.

국민의당이 호남권의 묻지마 몰표에 힘입어 38석(지역구 25, 비례대표 13)으로 교섭단체 구성에 성공했으나, 정의당은 6석(지역구 2, 비례대표 4)석에 머물렀다.

제1당으로 올라선 더민주당은 기세가 등등하여 2017년 대선에서 승리를 쟁취하기 위해 투쟁 의지를 북돋았으며, 제1당 공신인 김종인 비대위원장을 토사구팽하고 문재인 체제로 복원됐다.

예상을 뛰어넘어 38석을 차지한 국민의당은 더민주당과 새누리당의 균형추 역할을 하며 존재감을 부각시켰으나, 안철수 대표와 호남 중진의원들과의 갈등의 골은 깊어만 갔다.

(3) 박근혜 대통령과 함께 새누리당도 소멸

제2당으로 전락한 새누리당은 김무성 대표가 사직하여 비대위원장 시대를 맞게 되었고 박근혜 대통령의 장악력은 현저하게 떨어졌다.

새누리당 장악력의 저하는 박근혜 대통령의 탄핵으로 직결됐고, 새누리당 의원들 일부의 찬동으로 박근혜 대통령의 탄핵이 국회에서 의결되고, 촛불집회의 영향으로 헌법재판소는 박근혜 대통령의 파면을 결정하게 됐다.

박근혜 대통령이 탄핵되자 새누리당 의원들은 목자 잃은 양떼처럼 우왕좌왕하다가 김무성, 유승민 의원들의 탈당이 봇물처럼 터졌다.

새누리당 잔류의원들은 새누리당을 해체하고 자유한국당으로 결집하여 홍준표 경남도지사를 대표로 추대했고, 탈당 의원들은 유승민 의원을 대표로 선출한 바른정당을 창당했다.

그리하여 2017년 대선에는 더민주당 문재인, 자유한국당 홍준표, 국민의당 안철수, 바른정당 유승민, 정의당 심상정 후보들의 대결장이 됐다.

2017년 5월 10일 대통령 선거에서 14명의 후보들을 꺾고 문재인 후보가 1,342만 4,800표를 득표하여 당선되고, 홍준표 후보는 785만 2,849표를 득표했다.

안철수 후보는 699만 8,342표를, 유승민 후보는 220만 8,771표를, 심상정 후보는 210만 7,458표를 득표했다.

문재인 정부는 적폐 청산이라는 명목으로 박근혜, 이명박 전 대통령을 구속하고 국정원장 3명과 김기춘 비서실장, 우병우 민정수석 등도 구속했다.

더민주당은 정의당 등과 야합하여 연동제 비례대표제의 선거법 개정안과 공수처법을 강행 처리했다.

바른정당의 유승민과 국민의당 안철수가 바른미래당 창당을 전격적으로 합의하자, 호남권 국민의당 의원들의 반기와 탈당이 지속됐다.

그리하여 바른미래당은 소수정당으로 전락하여 손학규 대표 체제가 됐다.

자유한국당이 바른미래당 의원들을 영입하여 미래통합당을 출범시키고 황교안 대표 체제로 21대 총선을 대비했다.

21대 총선에서 더민주당은 더불어시민당을 합하여 180석으로 대승을 거두었고 미래통합당은 미래한국당을 합쳐도 104석에 머물렀다.

총선에서 패배한 미래통합당은 비대위원장 체제를 유지하다가 국민의힘으로 당명을 바꾸고 이준석 대표 체제로 2022년 대선을 준비했다.

제2장 새누리당이 심판받은 제20대 총선

1. 헌법재판소의 결정으로 선거구 조정이 불가피

2. 국민들을 우롱한 새누리당 공천파동

3. 적진으로 옮겨와 뿌리를 내린 김종인 비대위원장

4. 새누리당, 더민주당, 국민의당의 선거전략

5. 다야구도에서도 제1당을 차지한 더민주당

6. 새누리당 총선 참패는 박근혜 대통령 때문

7. 제20대 총선에서 당선된 영광의 얼굴들

1. 헌법재판소의 결정으로 선거구 조정이 불가피

(1) 비례대표 7석을 줄여 지역구 7석을 늘리고

헌법재판소가 현행 선거구 간 인구 편차 3대 1에 대해 헌법불합치 결정으로 선거구 조정은 불가피했다.

1995년 15대 총선을 앞두고 헌법재판소가 4대 1에 대해 헌법불합치 결정 이후 19년 만에 '2대 1' 원칙을 관철시키게 됐다.

헌재의 결정에 따라 인구 상한선을 초과하는 선거구가 37개구, 하한선에 미달하는 선거구가 25개구로 62개 선거구가 영향을 받게 됐으며, 권역별로는 영·호남은 줄어들고 수도권은 늘어날 수밖에 없는 상황이다.

새누리당 김무성 대표와 더민주당 김종인 비대위원장이 지역구 의석을 7석 증가하여 253석으로 하고, 비례대표 의석을 7석 감축하여 54석에서 47석으로 하는 선거구의 확정안을 전격 합의했다.

서울은 강남구와 강서구를 분구하되 중구를 성동구와 병합하여 1개구가 증설되고, 인천도 연수구를 분구하여 1개구가 증구됐다.

경기도는 수원, 남양주, 화성, 군포, 용인, 김포, 광주가 1개구씩 늘어나고, 경기도 북부의 3개구를 4개구로 재편성하여 8개구가 증구됐다.

강원도는 홍천-횡성 선거구가 해체되어 1개구가 줄어들고, 충청권은 대전 유성, 충남 천안과 아산을 분구하되 공주와 부여-청양이 병합되어 2개구가 증구됐다.

호남권은 전북의 임실-순창과 전남의 장흥-강진-영암 선거구가 해체되어 인근 선거구에 병합되어 2개 선거구가 감축됐다.

영남권은 부산 기장군이 독립 선거구가 되고 경남 양산이 갑·을구로 분구되지만, 경북의 영주와 문경-예천, 상주와 군위-의성-청송은 통합하고 부산의 중-영도, 경남의 의령-함안-합천을 해체하여 인근 선거구에 병합되어 2개 선거구가 감축됐다.

그리하여 영남권은 65석이 되고 호남권은 28석으로 감축됐다.

(2) 선거구 조정으로 현역의원 간의 대결도 불가피

서울 중구와 성동구가 통합되어 정호준, 최재천, 홍익표 의원 간의 대결이 불가피하고 부산 중-동구는 정의화 국회의장의 불출마 선언으로 정의화, 김무성, 유기준 의원들의 대결은 없게 됐다.

광주 동구가 인구 하한선 미달로 남구와 병합됐으나 갑·을구로 분구되어 박주선, 장병완 의원들은 갑·을구로 나뉘어 출전하게 됐다.

강원도 홍천-횡성의 황영철 의원은 철원-화천-양구-인제의 한기호 의원과 새누리당 내의 예선전 결투가 불가피하게 됐다.

충남의 공주와 부여-청양의 선거구 통합으로 더민주당 박수현, 새누리당 김근태 의원들의 당운을 건 한판 승부가 예상됐다.

전북 김제-완주의 최규성 의원과 고창-부안의 김춘진 의원의 더 민주당 예선전이 불가피하고, 선거구 조정으로 장흥-강진-보성-고흥에서 강진의 황주홍 의원과 고흥의 김승남 의원 간의 당내 경선도 불가피하게 됐다.

경북 영주와 문경-예천이 통합되어 장윤석 의원과 이한성 의원이 맞붙게 됐다.

상주와 군위-의성-청송의 통합으로 김종태, 김재원 의원 간의 대결도 피할 수 없게 됐다.

경남에서도 밀양-창녕-함안-의령의 선거구 출범으로 의령의 조현룡 의원과 밀양의 조해진 의원 간의 새누리당 내의 결전이 예상됐다.

2. 국민들을 우롱한 새누리당 공천파동

(1) 새누리당 공천 막장극의 주역은 김무성 대표

이번 총선에서 새누리당 공천의 핵심은 김무성 대표의 상향식 공천과 박근혜 대통령의 '진실한 사람'에 대한 전략 공천이 대치된 상황이었다.

김무성 대표의 살생부 파동과 윤상현 의원의 막말 파문으로 서막을 장식한 새누리당은 유승민 의원에 대한 최고위원회와 공천관리위원회의 핑퐁게임이 전개되다가 김 대표가 날인을 거부하는 소동으로 막장극의 정점을 이뤘다.

새누리당 공천의 핵심은 김무성 새누리당 대표가 지금껏 주장해왔던 상향식 공천과 '진실한 사람'이라는 진짜 박근혜 대통령의 측근들에 대한 전략 공천이 극렬하게 대립된 상황이었다.

김무성 대표는 새정치연합 문재인 대표와 안심번호 여론조사에 의한 상향식 공천을 합의했다가 친박계 최고위원들로부터 호된 질책을 받고서 후퇴한 뼈아픈 추억도 갖고 있다.

박근혜 대통령은 새누리당 비상대책위원장 시절인 2012년 19대 총선 당시 현역의원 25%를 공천 탈락시키는 인위적 물갈이를 단행했다.

당시 현역의원 교체율은 41%에 달했으며 이번 총선에도 박 대통령의 의중을 앞세워 비박계에 대한 선별적 물갈이에 나서는 것이 아니냐는 의구심이 휘몰아쳤다.

대통령의 '진실한 사람들' 발언 이후 여권에서 청와대가 친박계가 진박(진짜 친박)과 가박(가짜 친박)의 선별 작업에 나섰다는 소문까지 나돌았다.

국회 주변에서도 '사단법인 진실한 사람들'이라도 만들어 박 대통령에게 충성심을 보여야 하는 것 아니냐는 우스갯소리가 회자됐다.

비박계에서는 "전략공천은 절대 없다고 하던 김무성 대표가 결국 박 대통령의 공천 지분을 일정 부분 인정하는 것 아니냐"는 불안한 시선도 있었다.

물갈이론이나 전략 공천의 군불을 지피는 일부 친박계 의원들은 박 대통령의 '진실한 사람들'에 편승해 호가호위하는 친박의원들이 위세를 펼치는 기현상도 발생했다.

새누리당 이한구 공천관리위원장은 김 대표의 철칙인 상향식 공천에 대해 "지성파괴자나 비인기자는 현역의원이라도 공천에서 배제하겠다"면서, 상향식 공천을 국회 선진화법에 비유하며 "법과 제도의 취지가 아무리 좋아도 악용하는 것을 막지 못하면 엉뚱한 결과를 초래하지 않느냐"고 일격을 날렸다.

서청원, 이인제, 김태호 의원 등 친박계 의원들에 둘러싸인 김무성 대표와 박 대통령의 의중을 현기환 정무수석을 통해 전해 듣고 충실하게 이행하려는 이한구 공천관리위원장의 싸움이 역사상 유례가 없는 공천 막장극을 향해 달려갔다.

김무성 대표가 친박계인 이재만(대구 동구을), 유재길(은평을), 유영하(송파을), 정종섭(대구 동구갑), 추경호(대구 달성) 후보 등 5개 선거구에 대해 공천을 하지 않겠다고 선언하자, 친박계인 서청원 최고위원은 "이런 식으로 할 거면 최고위원회를 해체해야 한다"고 김 대표를 압박했다.

김무성 대표는 공천 보류 지역 5곳을 무공천하겠다고 밝히며 대표 직인을 들고 부산으로 내려가는 막장극을 연출했다.

김무성 대표는 이한구 공천관리위원장을 독재정권이 하던 짓을 했다고 매도했고, 친박계에서는 김 대표가 사퇴할 각오를 해야한다고 엄포했다.

이인제 최고위원이 "정치라는 게 시대 상황이 있는데 일일이 다 따질 수 있느냐"고 반박하자, 김 대표는 "그런 것은 독재정권에나 하는 거다. 그래서 상향식 공천을 하자는 것 아니냐"며 공천에서 배제된 이재오, 주호영, 유승민 의원 등 3인방에 대해서는 지역구 후보자의 공천을 거부하며 결사 항전할 태세였다.

김무성 대표는 부산으로 내려가면서 "정치하는 사람이라면 오직 국민만 두려워하는 마음으로 정치를 해야 한다"면서 비박계 의원들을 특별한 기준이나 원칙 없이 공천을 배제시킨 건 친박계의 패권주의라고 비판했다.

이에 이한구 공천관리위원장은 "당 대표로서 도대체 맞는 사람인지 아닌지 의문이 들 정도"라고 목소리를 높였다.

친박계 의원들은 "당 대표의 날인 거부는 한마디로 선거를 치르지 말자는 무책임의 극치"라며 "당 대표가 막장드라마로 깽판을 부린 것"이라고 비판 수위를 높였다.

송파 을구 유영하 후보는 "공천 절차가 잘못됐으면 진작 바로 잡았어야 하는 것 아니냐"고 반박했고, 은평 을구 유재길 후보는 "김무성 대표가 나의 피선거권을 원천 봉쇄했다"고 반박했다.

김 대표의 옥쇄 파동이 벌어지자 수도권 후보들은 "대체 선거를 어떻게 치르자는 것이냐"며 분통을 터뜨리고 목소리를 높였다.

김무성 대표의 뒤늦은 승부수가 오히려 부메랑이 돼, 김 대표를 벨 수 있다는 관측도 없지 않았다.

그러나 김 대표는 "5석을 얻자고 민심의 역풍에 50석을 날릴 판인데 어떻게 도장을 찍겠나"라고 항의했다.

청와대는 김무성 대표 행동에 대해 "박근혜 대통령에 대한 정면 도전"이라며 부글부글했다.

청와대는 "김 대표가 이제 각자 갈 길을 가자고 한 것으로 보이는데 시점이 황당하다"며 "총선이 코앞인데 당 대표가 선거를 포기한다는 것이냐"고 성토했다.

김무성 대표가 "5곳의 공천은 당헌·당규에 위배된다"고 문제를 제기하자, 이한구 위원장은 "웃기는 소리, 바보 같은 소리"라고 코웃음 쳤다.

결국 김무성 대표는 대구 동구갑(정종섭), 달성(추경호) 지역은 공천을 추인하고 대구 동구을(이재만), 서울 은평을(유재길), 송파을(유영하)를 무공천하는 쪽으로 친박계와 타협했다.

이리하여 유승민(대구 동을), 이재오(은평을), 김영순(송파을) 후보들에게 재기의 기회가 주어졌다.

김무성 대표 측은 "쥐도 궁지에 몰리면 고양이를 문다"면서 이한구 공천관리위원장과 친박 최고위원(서청원, 이인제, 김태호, 원유철, 김정훈)들이 김 대표에게 공천안을 추인하라는 압박으로 벼랑 끝으로 몰아 결국 파국을 맞게 됐다고 주장했다.

(2) 거친 독설에 공천학살 주역으로 지목된 X맨 이한구

친박계인 이한구 의원은 자신의 지역구를 친박 대선주자를 표방한 김문수 전 경기도지사에게 물려주고 불출마를 선언했다.

친박 최고위원들의 강력한 추천으로 일주일을 버티다 마지못해 김무성 대표의 승인을 받아낸 이한구 공천관리위원장은 친박계가 눈엣가시로 여겨온 비박계 의원들을 차근차근 컷오프 시켜나갔다.

이한구 위원장은 "김무성 죽여 버려"라는 발언 파문으로 여론이 악화된 윤상현 의원을 컷오프 하면서 이재오, 진영, 조해진 등 비박계 의원 7명을 묶어 함께 날려보냈다.

김무성 대표의 주장을 "바보 같은 소리"라고 평가 절하해 구설수에 오른 이한구 위원장은 현기환 정무수석과 만났느냐고 확인하는 기자들에게 "기자들이 왜 이렇게 바보같냐"고 훈계하기도 했다.

한 친박계 중진위원은 "유승민 의원의 경우는 죽이든 살리든 빨리 결정했어야 하는데 이 위원장이 듣지 않았다"면서 유승민 의원이 탈당 기자회견을 할 때까지 방치해 비판 여론을 더욱 키웠다고 주장했다.

한 새누리당 공천위원은 "큰 틀에서 분명 이 위원장이 친박계의 의견을 대변하는 듯하지만 가끔은 청와대에서도 '저렇게 하면 안 되는데'라는 생각이 들 정도로 독단적이었다"고 털어놓았다.

비박계 정두언 의원은 "진짜 책임져야 할 쪽은 청와대인데 이제 와서 이한구 위원장을 욕을 하는 게 무슨 의미가 있느냐"고 반문했다.

이한구 위원장은 "잃어버린 20년을 거친 일본의 전철을 밟지 않으려면 일하는 국회가 필요하다고 생각했을 뿐이다", "일단 당 내부에서 총질하는 사람들을 걸러내는 게 옳다고 봤다", "그래도 새누리당이 150석을 넘을 것"이라는 자기합리화 발언도 했다.

총선 전후에는 국무총리설이 나돌기도 했지만 총선 결과가 나온 뒤에는 새누리당 인사들은 대부분 이 위원장을 공적(公敵)으로 지목했고, 친박계조차 같은 편인 것 같지만 결국은 해가 되는 역할을 한 X맨으로 전락시켰다.

이한구 위원장은 최고위원회의 소환령에 "최고위가 공천위에 압력을 넣은 것은 용납할 수 없다", "이번엔 처음이라서 예의 차원에서 왔으나 앞으로는 부르지 말라"고 소환령 재발동을 원천 봉쇄했다.

"제발 정신 좀 차려라", "찌라시 가지고 이야기 좀 하지 말자", "기자들이 왜 이렇게 바보 같으냐"고 짜증스러운 반응을 보였다.

새누리당이 공천 과정에서 최고 권력자의 눈치만 보는 '청와대 2중대' 행태를 보였다는 지적도 적지 않았다.

이한구 위원장은 유승민 의원을 향해 "꽃신을 신고 꽃길만 걸어오다 우리 당을 모욕하고 침을 뱉으며 자기 정치를 위해 떠난 것"이라고 독설을 퍼부었다.

이 위원장은 "정치적 희생양 행세를 하는 것도 시급히 청산해야 할 구태정치"라며 "유승민 의원은 버려진 것이 아니고 스스로가 국민이 부여한 집권여당의 무거운 책임을 던져버렸다"고 비난했다.

김용남 의원은 "국민에게 큰 실망을 안긴 이 위원장은 중대한 해당을 했다"면서 "야당의 발목을 잡기보다 새누리당이 보여주는 상황이 국민의 기대 수준에 미치지 못한다는 것"이라고 덧붙였다.

서울대 박원호 교수는 "공천 작업이 늦어지는 것 자체가 유권자들에 대한 예의를 지키지 않은 것"이라며 "집권 여당의 친박계, 비박계가 모두 청와대 눈치를 보며 결정을 최대한 뒤로 미루는 결정장애를 보이는 것 같아 안타깝다"고 비난했다.

최고위원회와 공천관리위원회가 핑퐁게임을 했고 김무성 대표도 친박계 최고위원들에 둘러싸여 아무런 영향력을 행사하지 못했다.

서울대 강원택 교수는 "공당이 정치적 부담을 최소화 하는 데만 혈안이 돼 짜인 각본에 따라 비겁한 공천을 했다"고 꼬집었다.

(3) 살생부 파문과 권력투쟁의 산물인 새누리당 공천

정두언 의원이 "김무성 대표가 친박 해신으로부터 현역의원 40명의 물갈이 명단을 받았는데 당신 이름도 들어있다"는 말을 들었다고 발언하여 살생부소동이 벌어졌다.

최경환 의원은 "당 대표라는 사람이 자작극을 만들어 청와대와 우리 친박계를 부도덕한 사람들인 양 만들었다"고 직격탄을 날렸고, 이한구 위원장은 "공정한 공천을 해야 되는 사람이 찌라시 작가 비슷한 식으로 의혹을 받는 것은 그냥 놔둘 수 없다"며 의혹을 조사하자고 주장했다.

친박계의 행동대장인 윤상현 의원은 "김무성 죽여 버려, 내가 당에서 '가장 먼저 그런 XX부터 솎아내서 공천에서 떨어뜨려 버려'라고 한 거야"라는 녹음이 공개됐다.

윤 의원은 사과하는 대신 "취중의 사적 대화까지 녹음해 언론에 전달한 행위는 의도적인 음모"라고 반발했다.

새누리당은 여론에 굴복하여 윤상현 의원을 탈락시키면서 비박계인 이재오, 진영, 안상수, 조해진, 이종훈, 김희국, 류성걸 의원들을 함께 날려버렸다.

새누리당은 180개 지역에서 경선을 실시하고, 70개 지역은 중앙당이 공천을 확정짓는 전략 공천으로 결정했다.

그러나 새누리당의 상향식 공천은 253개 지역구 중 141개 지역구(55.7%)에서만 실시하여 김무성 대표의 "국민에게 공천권을 돌려주겠다"는 약속은 이뤄질 수 없는 정치 실험이었다.

서울대 강원택 교수는 "상향식 공천이라고 선전했지만 결국 새누리당 여론조사 경선은 지지도 조사가 아닌 인지도 조사에 불과했다"며 "4년 내내 지역을 훑어 온 현역의원들이 힘을 발휘할 수밖에 없는 구조"라고 설명했다.

비례대표 의원 중 이상일(용인정), 이재영(강동을) 의원이 경선을 통과했지만 신의진, 민현주 의원 등 9명은 경선에서 패배했다.

김무성 대표가 영입한 인사 중 변환봉(성남 수정) 후보만 경선을 통과했을 뿐, 김태현, 배승희, 최진영, 박상헌 후보들은 모두 탈락했다.

친이계의 이재오, 임태희, 이동관, 진수희 후보들도 탈락했고 유승민계인 조해진, 권은희, 김희국, 이종훈, 민현주 의원 등도 탈락했다.

이원종 전 정무수석은 "박 대통령은 자신의 뜻이 강력히 전달되는 정당을 만들고 싶어 할 것"이라며 "이재오 의원 등이 포함된 180석보다는 같은 목소리로 뭉친 150석이 낫다고 느낀 것"이라고 평가했고, 당 안팎에서 "유일한 공천 기준은 박 대통령에게 덤볐는지 아닌지의 여부"라고 꼬집었다.

공천이 정책, 이념의 장이 아닌 권력 투쟁의 수단으로 전락하면서 총선이 끝나면 다시 계파가 만들어지고 다투는 상황이 반복됐다.

컷오프에 반발해 탈당한 김태환, 진영 의원에 이어 주호영 의원도 "당헌·당규를 고의로 위반한 이한구 위원장은 물러나야 하는 것 아니냐"고 항변하며 탈당했다.

고려대 이내영 교수는 "친박계가 130여 석을 챙기고 김무성계가 70여 석을 챙기는 식으로 정당 공천이 권력 투쟁의, 전략 투쟁의 전리품으로 전락했다"고 비판했다.

(4) 진박과 가박의 대결장으로 변모한 대구지역 선거전

새누리당 이한구 공천관리위원장은 유승민 의원에게 "당의 상황을 신경 써달라"며 탈당을 종용했다.

박근혜 대통령이 배신의 낙인을 찍은 것을 신호로 친박계가 압박에 나서며 고립무원의 처지에 놓인 유승민 의원은 "당이 공천 절차를 포기하고 스스로 거취를 결정해야 하는 상황으로 내모는 게 협박이 아니고 무엇이냐"고 항변했다.

공천위원회와 최고위원회는 공천을 주지 않겠다는 의지를 확인하고서 서로 악역을 맡지 않기 위해 46일 동안 공 떠넘기기를 반복했다.

김무성 대표는 "공천위에서 합당한 결정을 내리지 못한다면 유 의원의 지역구를 무공천 지역으로 남기는 것이 합당하다고 생각한다"고 주장했다.

두 기관의 핑퐁게임에 대해 "당이 이성을 잃었다", "당당하지 못했다"며 여기저기서 불평불만이 쏟아졌다.

청와대 참모는 "정체성에 문제가 있다는 결론을 내렸으면 당당하게 컷오프 시키든 공천을 주든 빨리 결론을 내렸어야 했다"면서 "당이 오히려 표를 깎아먹고 있다"고 비판하면서 "유 의원이 탈당해서 무소속으로 출마하는 건 유 의원의 미래에 바람직하지 않은 것"이라고 주장했다.

친박계 의원들은 "비박계 의원들의 공천 탈락으로 몇 석을 잃더라도 임기 말을 감안할 때 일사불란한 당 체제가 총선 후 더욱 절실할 수 있다"고 분석했다.

이한구 위원장은 유 의원의 "증세 없는 복지는 허구다"는 발언을 언급하며 당의 정체성에 맞지 않는다고 지적했다.

유 의원은 "공천에 대해 지금까지 보여준 모습은 정의와 상식, 원칙이 아니라 부끄럽고 시대착오적인 정치 보복이었다"며 새누리당을 탈당하고 무소속 출마를 선언했다.

강원택 서울대 교수은 "공당이 정치적 부담을 최소화하는 데만 혈안이 돼 짜진 각본에 따라 비겁한 공천을 했다"고 꼬집었다.

가상준 단국대 교수는 "박근혜 대통령이 18대 총선 당시 친박계가 공천 학살당했을 때 '국민도 속고 나도 속았다'라고 했는데 지금은 반대로 친박계가 유 의원을 쳐내기 위해 주변부를 가지치기 식으로 탈락시키고 있다"고 비판했다.

새누리당의 안방으로 막대기를 꽂아도 당선이 보장된 대구 지역은 진박과 가박의 대결장으로 돌변했다.

박근혜 사람들이 대구 지역을 평정한다면 TK를 기반으로 박근혜 대통령의 정치적 영향력이 퇴임 이후에도 지속될 가능성이 높지만 반대로 완패할 경우 국회 장악력이 급속히 약화될 거라는 관측도 나돌았다.

가박인 김희국 의원에게는 곽상도 의원이, 류성걸 의원에게는 정종섭 전 행정자치부장관이 도전하여 접수했다.

가박인 권은희 의원에게는 정태욱 전 대구부시장이, 홍지만 의원에게는 이인선 전 경북부지사가 도전하여 출전했다.

진박이란 이유로 현역의원을 물리치고 공천장을 받아낸 양명모, 김문수, 이인선 후보들과 김무성 대표의 몽니로 공천을 받지 못한 이재한 전 동구청장들은 국회 등원에 실패했다.

곽상도 의원에게 지역구를 물려받은 추경호, 무소속으로 도전한 유승민, 주호영 의원들은 오뚝이 기질을 발휘하여 등원에 성공했다.

(5) 새누리당 비례대표 공천의 희비쌍곡선

새누리당 비례대표는 611명이 신청하여 북새통을 이뤘으며 신청비가 400만원으로 24억 원에 달하는 짭짤한 수익을 올렸다.

새누리당 최고위원회가 세월호 막말 논란에 휩싸인 김순례 대한여약사회장 등 2, 3명의 자격을 문제 삼아 후보 명단의 재의를 공천관리위원회에 요청했다.

김순례 후보는 "신중하지 못한 처신으로 물의를 빚어 유감스럽게 생각하며 죄송스럽다"고 사과하고서 안정권에 배치되는 행운을 잡았고, 32번에 배치된 허정무 전 축구 국가대표팀 감독은 신청을 철회했다.

KT 전무인 송희경 후보가 11번에, 비무장지대 수색작전 중 전우를 구하려다 두 다리를 잃은 이종명 예비역 육군대령이 상징적 의미에서 2번에 배치됐다.

19대 총선에서 낙선한 최연혜 전 한국철도공사 사장이 뒤늦게 여의도행 열차에 탑승했고, 유민봉 전 청와대 국정기획수석도 행운의 열차에 탑승했다.

역사교과서 전도사인 전희경 자유경제원 사무총장, 임이자 한국노총 여성위원장, 조훈현 프로바둑 기사, 강효상 조선일보 편집국장도 배려를 받았다.

그러나 탈북자인 김규민 통일교육 위원, 몇 차례 국회의원에 도전했던 김철수 양지병원장, 김본수 치과의사, 신원식 합동참모본부 차장 등은 후순위로 밀렸다.

3. 적진으로 옮겨와 뿌리를 내린 김종인 비대위원장

(1) 더민주당은 김종인 전 의원을 영입하여 전권을 위임

더민주당 문재인 대표는 노태우 대통령의 경제특보 출신으로 박근혜 정권 탄생에 결정적 기여를 한 김종인 전 의원을 경제민주화 가치의 아이콘이라며 삼고초려하여 비상대책위원장으로 영입했다.

이상돈 중앙대 명예교수를 영입하려다 친노 486 의원들이 반대한 더민주당 내에서는 "경제민주화라는 시대적 과제를 추진하기 위해 대선 후보들을 찾아간 것이기 대문에 권력을 쫓아간 것과 다르지 않겠느냐라는 평가를 갖고 있다"는 우호적 입장에서 영입에 찬성했다.

김무성 새누리당 대표는 "대어(大魚)를 가져간 것"이라면서도 "어쨌든 선수들이다. 선거 때 자신을 알아주는 사람들에게 가서 뭐"라며 김종인 전 의원의 과거 행적을 에둘러 비판했다.

권성동 새누리당 의원은 "김종인 위원장의 정치 이력은 신군부의 국보위로부터 민주정의당, 민주자유당, 새천년민주당, 한나라당, 새누리당을 거치는 동안 집권 정당을 오가며 4차례 비례대표 국회의원, 장관과 경제수석 등 정권에 기생하며 요직을 역임했다"면서 "권력의 양지(陽地)만 쫓는 철새 정치인이며 청와대 경제수석 당시 뇌물 수수 혐의로 구속된 전형적인 구시대 부정부패, 비리 전력자"

라고 비난했다.

김종인 비대위원장은 가인 김병로 대법원장의 손자로서 할아버지가 전북 순창에서 낙선했듯이, 13대 총선에서 관악 을구에서 평화민주당 이해찬 후보에게 5선 의원인 민주당 김수한 후보와 함께 낙선했다.

문재인 대표는 "우리 당이 유능한 경제정당으로 거듭나고 경제민주화를 실현하기 위해선 김 전 의원의 지혜과 경륜이 필요하다"고 역설했고, 김종인 비대위원장은 "문 대표가 수락 조건으로 나에게 전권을 넘기고 대표직을 내려놓기로 약속했다"고 밝혔다.

(2) 김종인 비대위원장이 주도한 현역의원 공천 탈락

더민주당 김종인 비대위 대표가 비대위를 떠날 수 있다며 배수진을 펼쳐 20대 총선 공천권한을 확보했다.

더민주당은 친노패권, 무능 486을 심판 대상으로 현역의원의 하위 20%를 공천 배제하여 25명 의원에게 낙천을 개별 통보했다.

더민주당은 불출마하거나 탈당을 선언한 문재인, 최재성, 김성곤, 신학용 의원을 비롯히어 정청래, 강동원, 윤후덕, 최규성, 부좌현 의원들을 추가로 공천에서 탈락시켰다.

홍창선 공천관리위원장은 정청래 의원은 재주는 있지만 과격한 표현으로 부담이 되기도 했다고 평가했고, "컷오프는 과거에 만든 것인데 재량권이 없는 나에게 책임을 물으면 어떻게 하느냐"고 반박했다.

김종인 대표는 전병헌, 오영식, 강기정, 신기남, 노영민 의원은 물론 이해찬 의원을 정무적 판단에서 탈락시켰다.

또한 이미경, 정호준, 유대운, 김기준, 이상직, 김우남 의원들은 경선에서 패배하여 낙오됐다.

김종인 대표는 "이해찬 의원의 퇴장은 제1야당에서 귀족운동권의 시대가 몰락하고 있음을 보여줬다", "과거 민주화운동을 했다는 이유로 요직을 차지하고 있는 것은 더 이상 불가능하다"고 탈락 이유를 밝혔다.

이에 이해찬 의원은 "공천 배제 이유와 근거가 없다"며 "잠시 제 영혼 같은 더민주당을 떠나려 한다", "김종인 비대위는 정무적 판단이라고 어물쩡 넘기려 하지만 정치는 그렇게 하는 게 아니다", "이해찬은 불의에 타협하는 인생을 살지 않았다"며 무소속 출마를 강행했다.

반면 더민주당은 표창원, 김병관, 이수혁, 양향자, 오기형, 김빈, 하정열, 유영민, 이철희, 권미혁 등의 영입에 성공했다.

그러나 김종인 대표가 영입한 김현종 후보가 경선에서 패배하고 지원했던 이윤석, 김광진, 이목희 의원들도 경선에서 패배했다.

더민주당은 경선에서 패배한 최명길, 한병도를 송파을과 익산을에 전략공천하는 등 공천 막바지에 재활용, 재배치 전략을 구사했다.

(3) 중앙위가 비대위 결정을 뒤엎어버린 비례대표 후보

더민주당 중앙위원회가 김종인 대표의 비례대표 공천안을 뒤흔들어 놓자 김종인 대표는 사퇴 의사를 밝히고 칩거에 들어갔다.

김 대표는 "현재와 같은 일부 세력의 정체성 문제를 해결하지 않으면 수권정당으로 가는 길이 요원하다"고 반발했다.

정성호 의원도 "내가 속한 집단, 정파의 이익만 앞세우는 80년대식 운동권 정치론 국민의 실망만 부를 뿐"이라고 동조했다.

서울대 박원호 교수는 "그간의 김종인 대표가 정무적 판단을 내세워 민주적 절차를 외면한 것도 구 주류세력들에게 반기를 들 명분을 제공한 측면이 있다"고 반기(叛起)의 당위성을 설파했다.

주진형 총선공약단 부단장은 "김종인 대표에게 민낯(정체성)을 고치고 싶지 않다며 화장만 주문했는데 수술을 하자고 해 파국 직전까지 갔다. 여전히 오월동주, 불안한 동거"라고 쓴소리를 했다.

김종인 대표는 셀프 공천에 대해 "비례대표 순번은 이미 내 손에서 떠난 것이므로 중앙위에서 이렇게 하든 저렇게 하든 마음대로 하라"고 당무를 거부했다.

정청래 의원은 "염치가 있어야지. 좌시하지 않겠다", 김광진 의원은 "김 대표의 셀프 공천은 정의롭지도 상식적이지도 않다", 문성근 씨는 "후안무치도 유분수"라고, 정봉주 전 의원도 "떠난다는 사람은 떠나세요"라고 비판에 앞장섰다.

양산에 칩거 중인 문재인 전 대표가 급거 상경하여 김종인 대표 댁을 방문했고, 김 대표의 복귀로 파국은 일단 모면했다.

김 대표를 군주적 리더십이라 비판했던 조국 교수도 "김 대표의 비례 2번을 받아들일 수 있어야 한다"고 한발짝 물러났다.

더민주당 비대위에는 하위 그룹의 송옥주, 심기준, 이덕환, 이수진, 이수혁, 이재서, 이재정, 이철희, 정은혜, 정춘숙 후보들을 상위 그룹에 포함하여 비례대표를 발표했다.

더민주당은 우여곡절 끝에 박경미 교수, 김종인 대표, 최운열 서강대 부총장, 김성수 대변인을 포함하되 비대위가 10위 안에 넣었던 후보의 40%가 교체됐다.

비대위에서 21위 이하였던 권미혁, 김현권, 제윤경 후보 등은 중앙위 투표로 안정권에 배치됐고 11위 이하였던 송옥주, 이재정, 이철희, 정춘숙 후보 등은 당선의 영광을 누릴 수 있었다.

김종인 대표는 "중앙위원회에서 정체성 운운했지만 비례대표 공천 관련 표결 결과를 보면 말과 일치하지 않고 아직도 더민주당은 구습에서 벗어나지 못하고 있다"고 질타했다.

4. 새누리당, 더민주당, 국민의당 선거전략

(1) 집권여당으로 180석을 목표로 설정한 새누리당

새누리당은 단일보수 정당이라는 상징성과 영남권의 콘크리트 지지층이란 자산을 가진데다 야권분열로 인한 1여다야 구도로 개헌선인 180석을 목표로 설정하고 선거전에 돌입했다.

김무성 대표는 선거는 구도싸움이라며 "분열하지 않는다면 선거전에서 이길 수 있다"는 자신감을 보여 왔다.

김무성 대표는 "더민주당 후보 30%는 운동권 출신으로 운동권 정당의 머릿속에는 반기업 정서밖에 없다"고 더민주당 공격의 선봉장을 맡았다.

김 대표는 이준석 후보 지원 유세에서 "제가 정치를 은퇴한다 하더라도 이준석을 대통령으로 만드는 데 모든 힘을 쏟도록 하겠다"고 이준석 후보를 띄웠다.

그는 이번 총선에서 새누리당 압승만이 국민들의 경제 활성화 열망을 실현하고 우리 청년들에게 일자리와 희망을 주는 유일한 길이라고 강조했다.

새누리당은 이번 총선에서 차기 대선주자로 확실하게 자리매김한 당내 구심점이 없다는 약점에다 공천파동으로 공천 배제되고 탈당한 무소속 출마자들이 새누리당 후보들과 맞붙었다.

박근혜 정부가 집권 4년차에 접어들면서 국정을 강하게 추진할 동력이 약해지고 있다는 점도 위협요인으로 꼽힌다.

수도권에 올인하고 있는 김무성 대표는 "운동권 정당은 입만 열면 대기업에 족쇄를 채워야 한다고 하면서 물 발린 독약 같은 포퓰리즘 정책만 내놓고 있다"고 더민주당을 공격했다.

(2) 130석을 목표로 고된 길을 걷고 있는 더민주당

더민주당은 개헌저지선인 130석을 목표로 설정하고 고된 여정을 걷고 있다.

새누리당을 견제할 수 있는 제1야당이라는 정치적 위상이 최대의 강점이지만 호남권에서 국민의당과 힘겨운 싸움을 벌이고 있다.

전남 강진에 칩거하고 있는 손학규 전 대표에게 지원을 간청했지만 손사래만 쳤고, 비례대표 공천 파동 후 '차르'라는 별명이 잊혀질 정도로 예전 같은 리더십을 보여주지 못한 김종인 대표는 "국민의당은 통합과 연대를 거부하고 새정치를 하겠다고 하는데 이번에 여당에게 과반의석을 허용하면 새정치는 없다"면서 "안철수 대표는 높은 지지율이 아른거리니까 통합이 안 된다"고 푸념했다.

더민주당은 "부자, 재벌들을 위한 "나홀로 경제"를 서민과 중산층 등 다수를 위한 '더불어 경제'로 가는 것이 더민주당의 목표"라고 강조했다.

비노무현 진영은 상당수가 탈당했거나 국민의당으로 옮겨 위축됐지만 문재인 전 대표가 지원 유세에 나서고 있지만 부담스러운 측면도 있고 성과에도 한계가 있을 것으로 전망됐다.

김종인 비대위 대표는 정의당에 대해 정체성이 달라 연대하는 것은 불가능하다고 했지만, 문재인 전 대표는 옛 통합진보당 출신과의 연대하여도 무방하다는 행보를 보였다.

더민주당은 "격양된 호남 민심을 감안하면 문 전 대표가 낙동강 벨트 이외 지역에 지원 유세를 나가는 것은 제한적"이라고 전망했다.

김종인 대표는 "새누리당은 대한민국 경제를 벼랑 끝으로 내몰고 불평등과 사회 양극화를 심화시킨 불량 정치세력, 경제 무능 세력"이라며 정권 심판론을 꺼내 들었고, 국민의당을 겨냥하여 "한국정당사를 보면 제3당은 결국 여당에 흡수되건 야당에 흡수되건 사라지는 것이 운명"이라며 제3당 소멸론을 꺼내들었다.

문재인 전 대표도 "새누리당의 독주에 맞설 당으로 표를 몰아달라"며 "국민의당에 투표하는 것은 새누리당을 돕는 것이고 정권교체와 멀어지는 길"이라고 주장했다.

김종인 대표는 "호남 민심은 호남을 대표하는 인물이 없다는 것을 걱정하고 있다"라며 "새로운 인물들을 국회로 보내시면 여러분의 소망을 달성할 수 있도록 최선의 노력을 기울이겠다"면서 문재인 대세론을 일축했다.

(3) 야권통합론으로 곤혹을 치른 국민의당 안철수

국민의당 최대 강점은 안철수라는 간판이 있지만 호남 이외에선 지역구 후보 경쟁력이 약해 어려움을 겪고 있다.

창당한지 갓 두 달을 넘긴 신생정당으로 전체적으로 정치신인들이 많다보니 후보들의 인지도가 상대적으로 떨어지지만, 안철수의 정치혁신과 반기득권 이미지가 유권자들에게 호소력이 있다는 평가가 나온다.

안철수 대표는 과거 세력과 미래 세력의 프레임으로 양당과 차별화를 시도하고 플랫폼정당을 만들어 문호를 넓히겠다는 의지다.

국민의당은 이번 총선에서 목표 의석은 40석 이상이라며 "호남에서 20석, 수도권과 충청권에서 8석, 비례대표 10석 이상이 목표"라고 했다.

천정배 공동대표는 "야권이 공멸해 새누리당에 어부지리를 주게 되면 역사에 죄를 짓는 것"이라며 "통합은 국민회의와 합당 당시의 약속"이라고 강조했다.

수도권에서 야권후보 간의 단일화 바람이 불었지만 찻잔 속의 미풍에 머물러 기대만큼의 성과는 없었고 단일화 진행도 지지부진했다.

김종인 더민주당 비대위 대표의 야권통합의 전격적인 제안에 안철수 국민의당 공동대표는 "광야에서 죽을 수도 있다", "김종인 대표의 제안은 한 손에 칼을 들고 악수를 청하는 명백한 협박이고 화유 정치공작"이라고 단호하게 거절했다.

안철수 공동대표의 결연한 반대에 천정배 공동대표가 당무를 거부했다가 선거 막바지에 복귀했다.

안철수 대표와 천정배 대표가 2대 1의 비율로 추천한 비례대표는 신용현 한국표준과학연구원장, 오세정 서울대 교수, 박선숙 사무총장, 채이배 경제개혁연구소 연구위원, 이상돈 최고위원, 김수민 브랜드호텔 대표, 이태규 선대위 전략홍보본부장이 추천받은 것으로 알려졌다.

5. 다야구도에서도 제1당에 오른 더민주당

(1) 승패의 갈림길은 유권자들의 교차투표

이번 총선의 개표 결과 새누리당은 920만 690표(38.3%)를 득표해 105석을 차지한 반면, 더민주당은 880만 1,369표(37.0%)을 얻었음에도 110석을 차지했다.

이는 더민주당 지지표 중에는 사표(死票)가 적었다는 것이며 비례대표를 뽑는 정당 투표와 지역구 투표를 뽑는 1인 2표제에서 교차투표의 효과를 많이 본 것으로 분석됐다.

실제 253개 선거구별로 정당투표 1위와 지역구의 당선자의 소속이 다른 경우가 138개 지역구로서 이는 유권자들의 상당수가 교차투표를 했다는 의미이다.

더민주당은 지역구에서 110명의 당선자를 배출했지만 정당투표에서 1위를 차지한 선거구는 15개 지역구에 불과했다.

반면 새누리당은 정당투표에서 1위를 한 곳이 180개 선거구였지만 지역구 당선자는 더민주당보다 5명이 적었다.

교차투표로 47석의 비례대표 의원을 결정하는 투표보다 지역구에서 선전한 더민주당의 이익이 컸던 셈이다.

권순정 리얼미터 조사분석실장은 "이번 총선은 전국적으로 교차투표의 효과가 극명하게 나타났다"고 분석했고, 한국리서치 김준석 이사는 "이번 총선에서 당초 예상했던 야권분열 대신 여권 지지층의 이반(離叛)현상이 두드러졌다"고 말했다.

현역의원 292명 중 이번 총선에서 당선된 의원은 50.7%인 148명이며, 새누리당은 146명 중 77명(52.7%)이 국회 입성에 실패했지만, 더민주당은 102명 중 41명(40.2%)만이 탈락했다.

거대양당에 대한 실망으로 지역구 후보는 다른 후보를 지지하더라도 정당 투표에서는 제3당인 국민의당을 찍겠다는 유권자들이 여론조사에서 급증했다.

기존정치 불신계층은 물론이고 새누리당과 더민주당의 공천 과정에서 실망한 양당 지지층도 일부 국민의당 지지로 돌아섰고, 국민의당이 야당의 적자이며 더민주당은 만년야당으로 몰아붙이는 선거전략도 교차투표에 영향을 미쳤다.

(2) 정치에 대한 불신 풍조가 빚은 민심의 심판

이번 총선은 정치권에 대한 불신 풍조가 빚은 민심의 심판으로 누가 뭐래도 새누리당의 심판대였다.

새누리당 참패, 더민주당 수도권 압승, 국민의당 호남권 석권으로 요약된 이번 총선에서는 여론조사 기관들이 전혀 예측하지 못한 상황이 벌어졌다.

새누리당(122석)이 무소속(11석)과 합쳐도 과반이 안 되고 더민주당(123석) 역시 국민의당 협조 없이는 과반이 안 된다.

새누리당은 당초 야권 분열 속에서 180석을 목표로 내세울 정도로 승리를 자신했지만, 극심한 계파 갈등과 공천 내홍에 휩싸이면서 지지층 이탈이 가속화됐다.

이번 총선에서 국민들은 박근혜 대통령이 거듭 제기해 온 '국회와 야당 심판론'보다 '정부와 여당 심판론'의 손을 사실상 들어줬다.

세간에서 '박근혜 없는 박근혜 선거'라는 평가가 나올 정도였다. 하지만 결과적으로 박근혜 효과는 새누리당의 기대에 미치지 못했고, '선거의 여왕'으로 불려온 박 대통령의 정치적 영향력도 상당한 타격을 입었다.

친박계는 무리한 공천으로 수도권 민심을 악화시켰다는 책임론에 직면할 것이며, 과반의석 확보의 실패로 박근혜 정부가 막아내지 못한 책임에서도 자유로울 수 없을 것이다.

민중이 선거혁명에 나선 건 국민은 안중에도 없고 계파 패권주의에 빠진 박근혜 정부와 새누리당 오만에 분노했기 때문으로 풀이된다. 야당 탓만 하는 독선과 불통에 대한 심판이기 때문이다.

총선 참패의 책임을 지고 대표직에서 물러난 김무성 대표는 "총선거에서 이렇게 크게 질 줄 몰랐다. 그동안 썩고 곪았던 것이 터진 거다"라며 "친박계가 나를 공격할 수도 있지만 그건 자기들 스스로 깎아먹는 일이며 지금은 민심을 무서워하고 두려워할 때"라고 변명했다.

더민주당의 승리는 정권심판론과 유권자들의 반새누리당 바람이 영향을 미친 것으로 보이지만, 더민주당이 잘해서 유권자들이 지지를 보냈다고 생각한다면 오산이다.

새누리당이 국민의당 지지율이 빠지자 '국민의당 띄우기' 전략까지 펼친 것은 완전한 오판이었다.

국민의당이 공천파동에 염증을 느낀 여권성향의 이탈표와 부동층을 대거 흡수할 수 있다는 생각을 하지 못했다.

이번 총선에서는 여야 텃밭에서 이변이 속출했다. 견고했던 지역주의 벽이 무너지기 시작했다. 텃밭의 반란이 일어난 지역의 정당득표율을 보면 지역구의 균열현상이 더욱 뚜렷하게 나타났다.

충격적인 것은 부산에서 더민주당과 국민의당 지지율을 합치면 41.2%로 새누리당 득표율보다 5.8% 포인트 앞섰다는 것이다.

야당 텃밭인 전남 순천과 전북 전주에서 새누리당 이정현, 정운천 후보들이 당선되었지만, 새누리당의 정당득표율은 한 자릿수를 벗어나지 못했다.

(3) 국민의당 약진으로 20년 만에 3당체제 정립(鼎立)

국민의당은 지역구 25석, 비례대표 13석으로 정당투표율에서는 더민주당을 제치고 제2당으로 발돋움했다.

정당득표율에서 새누리당이 33.5%, 국민의당이 26.7%, 더민주당이 25.5%, 정의당이 7.2%를 득표하여 17석, 13석, 13석, 4석으로 배정됐다.

국회가 20년 만에 3당 체제로 전환했다. 1996년 15대 총선에서 신한국당, 국민회의, 자민련이 원내교섭단체를 구성한 이래 처음이다.

18대 국회가 쇠망치와 최루탄으로 상징되는 몸싸움 국회였다면, 19대 국회는 국회 선진화법을 빌미로 대립과 교착이 점철된 식물국회였다.

이번 총선에서의 무서운 민심은 정치를 이대로 둘 수 없다는 준엄한 심판이자 청와대와 여야 모두에게 정치 회복을 명령한 것이라는 지적이 나온다.

오세훈 서울시장의 돌출행동에 의한 사퇴로 야기된 서울시장 보궐선거의 후보로 혜성처럼 등장한 안철수 의원은 박원순 서울시장과의 후보 단일화 이후 우리나라 정치권의 주요 인물로 자리매김됐다.

대선 출마 선언 후 야권 유력 후보로 부상했으나 문재인 민주당 후보와의 단일화 협상 중 사퇴했다가 노원 병구 보궐선거를 통해 원내에 진입했다.

안철수 의원은 신당 추진 중 민주당과 합당하여 새정치연합으로 개명하고 김한길 의원과 공동대표에 취임했으나 2014년 7월 재·보궐선거 패배로 대표직을 사퇴했다.

혁신 전당대회 개최 여부를 놓고 문재인 대표와 핑퐁게임을 하다가 결국 새정치연합을 탈당했다.

새정치연합으로 총선 승리와 정권교체가 불가능하다고 진단한 안철수 의원은 2016년 2월 국민의당을 창당하여 안철수, 천정배 공동대표에 주승용, 박주선, 김성식, 박주현 최고위원 체제를 출범시켰다.

국민의당은 안철수 공동대표가 주장해온 정치혁신과 반기득권 이미지가 유권자들에게 호소력이 있어 최대의 강점이 되고 있다.

김종인 더민주당 비대위 대표 야권후보 단일화 제안에 대해 "안철수만 빼고 다 오면 받겠다는 막말, 갑질 정치"라고 비난하고, "김종인 대표는 당의 주인이 아니고 임사 사장(社長)"이라며 "더민주당은 총선이 끝나면 패권주의적 만년 야당으로 다시 돌아갈 것"이라고 주장했다.

안철수 대표는 "김종인 대표의 야권통합 제안은 한 손에 칼을 들고 악수를 청하는 명백한 협박"이라고 단호히 거절했다.

6. 새누리당 총선 참패는 박근혜 대통령 때문

(1) 2004년 17대 총선보다 수도권에서 더욱 부진

새누리당의 과반의석 붕괴와 제2당으로의 추락, 더민주당의 원내 제1당 등극, 국민의당 약진으로 요약되는 이번 총선에서의 무서운 민심은 "청와대를 이대로 둘 수 없다"는 준엄한 심판이자, 청와대와 여·야 모두에게 정치복원을 명령한 것이라는 지적이다.

민중이 선거혁명에 나선 것은 1차적으로 국민은 안중에도 없고 계파 패권주의에 빠진 박근혜 정부와 새누리당의 오만에 분노했기 때문이다. 야당 탓만 하는 독선과 불통에 대한 철저한 심판이다.

새누리당은 이번 총선에서 지역구의 절반에 가까운 122석이 걸린 수도권에서 참패했다.

서울 49곳 중 12곳, 인천 13곳 중 4곳, 경기 50곳 중 19곳 등 35석을 얻는 데 그쳤다. 민심의 바로미터로 불리는 수도권의 표심이 여권에 철퇴를 내린 셈이다.

노무현 전 대통령의 탄핵열풍이 있었던 2004년 17대 총선보다도 처참한 결과였다. 당시 한나라당은 서울 지역 48석 가운데 16석을, 열린우리당은 32석을 차지했었다.

새누리당은 지역구에서 38.3%를 득표했지만, 비례대표에선 26.7%의 지지를 얻어 더민주당(25.5%)를 앞섰다.

결국 지역구에서 새누리당 후보를 뽑은 유권자 124만여 명과 더민주당 지지자 281만여 명이 비례대표에서 교차투표를 하여 국민의당에게 몰표를 던진 것으로 나타났다.

이번 총선에서는 여·야 텃밭에서 이변이 속출했다. 견고했던 지역의 정당 득표율을 보면 지역주의 균열 현상이 더욱 뚜렷하게 나타났다.

더민주당 김종인 대표는 총선 승리의 기쁨 대신 '과거로의 회귀'를 극도로 경계하는 모습이었다.

호남에서의 참패에 대해 "당에 대한 호남의 감정을 정당화하기 위해 평소 모습을 바꿔보려 노력했지만, 중앙위원회에서 싸움판이 벌어지니 호남 민심이 돌아오지 않았다"고 안타까워했다.

손봉호 서울대 명예교수는 "박 대통령이 일방적인 국정운영에서 벗어나 야당대표를 직접 찾아가는 등 국정 기조를 새로 설계해야 한다"면서 일방통행식 당·청관계와 소통 없는 대야관계를 근본적으로 바꿔야한다고 주문했다.

(2) 박 대통령 배신의 정치적 발언이 총선 참패를 불러

새누리당이 총선 참패 이후에 내놓은 국민백서에서 "박근혜 대통령은 자신을 따른 친박과 따르지 않는 비박의 한 가운데에서 계파 갈등의 원인을 제공했다"며 총선 패배의 원인으로 계파 갈등, 불통, 자만, 무능, 공감부재, 거짓쇼, 진정성 부재, 선거구도 등을 거론했다.

"대통령의 배신의 정치 발언으로 불통의 이미지가 각인됐고, 친박과 비박 간의 공천 갈등은 막장 드라마로 비춰졌다", "청와대와 새누리당의 관계가 상명하달이라는 문제가 제기됐고 새누리당은 청와대의 거수기라는 비판까지 나왔다"고 백서에서 밝힘으로써 패배의 원인을 계파 갈등의 원인을 제공한 박 대통령의 탓으로 돌렸다.

"세월호 사건, 메르스 사태, 역사교과서 국정화 등 주요 정책과 국정 현안에 대해 국민들의 공감을 얻지 못해 반감의 원인이 됐고 중도 세력의 등을 돌리게 만들었다"며 정부, 여당의 무능과 정책의 공감 부재를 패배의 원인으로 내놓기도 했다.

김병준 전 대통령정책실장은 "유권자의 눈에는 대통령이 친박정당을 만들어 퇴임 후 당권을 장악하려는 것처럼 비춰졌다"고 지적했다.

이원종 전 청와대 정무수석은 "박근혜 마케팅은 지역주의 표심을 자극하는 전략이었다"며 "이번 공천 과정에서 실망하면서 그런 전략도 효력이 사라진 것"이라고 분석했다.

박관용 전 국회의장은 "유승민 의원으로 대표되는 배신의 정치에 지나치게 집착한 여당의 공천 과정이 국민에게 엄청나게 실망을 줬다"고 지적했다.

정치원로와 전문가들은 박 대통령의 재임 동안 야당과의 소통 부족, 수직적 당청관계와 공천 내분, 대표 브랜드 정책의 부재를 3대 실책으로 꼽았으며 이번 총선 결과에 고스란히 반영됐다고 평가했다.

박정희 대통령 시절에 생긴 호남 배제라는 부도덕한 정치적 지역주의를 박근혜 대통령의 실정을 통해 영남의 민주 세력을 부활시

켜주는 아이러니한 현상을 이번 총선에서 보여줬다.

박근혜 대통령은 대통령이 된 것도 결정적으로 박정희 대통령의 덕분이었다. 박정희의 딸이 아니라면 국회의원도 되지 못했을 것이다. 그러나 적어도 아버지에게 해를 끼치진 말았어야 했다는 아쉬움을 남겼다.

(3) 전통적인 지역주의 그늘을 걷어낸 용감한 후보들

지역주의 장벽이 무너지고 그늘이 걷히자 동토(凍土)에도 꽃이 활짝 폈다. 영·호남과 서울 강남 벨트에서 그리고 경기도 성남 분당에서 텃밭이라는 말이 무색한 결과가 속출했다.

새누리당의 텃밭인 부산-경남에서 더민주당은 8명의 당선자를 배출했다. 부산에서 김영춘, 박재호, 전재수, 최인호, 김해영 등 5명과 경남에서 김경수, 민홍철, 서형수 등 3명을 배출했다.

재선의원으로 고향인 부산에 내려와 지난 총선에서 패배한 설욕전에서 승리한 김영춘 당선자는 "지역주의를 극복하고 일할 기회를 주신 여러분께 감사드린다. 더 낮은 자세로 주민 여러분께 봉사하겠다"고 다짐했다.

박근혜 대통령의 정치적 고향인 대구에서도 김부겸(수성갑), 홍의락(북구을) 후보들이 값진 열매를 맺었다.

김용철 부산대 교수는 "김해와 양산 등 낙동강 벨트의 둑이 무너지면서 야권 바람이 영남 전체에 불었다"고 평가했다.

호남에서도 새누리당 이정현, 정운천 후보들이 당선됐다는 것은 국민의당이 23석을 석권한 것에 못지않은 의미를 지녔다.

역전극을 펼친 이정현 당선자는 "순천시민들이 제 당선을 통해 대한민국 정치가 바뀌어야 한다고 엄중하게 말하고 있다. 제가 앞장서서 발로 뛰며 이를 실천하겠다"고 약속했다.

"세상을 바꾸겠다"며 장닭 울음소리인 '꼬끼오'를 선거 구호로 외친 정운천 후보도 새벽을 맞게 됐다.

새누리당은 19대 총선에서 싹쓸이했던 강남 벨트에서 민주당 전현희(강남을), 최명길(송파을), 남인순(송파병) 후보들에게 빼앗겼다.

천당아래 분당이라고 불렸던 분당에서도 새누리당 권혁세, 전하진 후보 모두 1만 표가 넘는 표차로 더민주당 김병관, 김병욱 후보들에게 패배했다.

분당 전체가 야권으로 넘어간 것은 지역구가 생긴 15대 총선 이후 처음이다.

7. 20대 총선에서 당선된 영광의 후보들

(1) 수도권(서울, 인천, 경기): 122명

수도권은 전국 253개 선거구의 48.2%인 122개 선거구를 지니고 있으며, 서울이 49개, 인천이 13개, 경기가 60개 선거구를 갖고 있다.

이번 선거구별 인구 편차를 3대 1에서 2대 1로 조정하면서 10개 선거구가 증설됐다.

전국적으로 다양한 지역 출신들이 운집되어 있고 강북은 호남, 강남은 영남의 지역색을 띠고는 있지만 거대한 용광로에 용해되어 우리나라의 정치적 방향을 결정지은 방향타 역할을 해주고 있는 수도권의 승리가 곧 제1당을 차지하는 관건이 되어왔다.

더민주당은 야권단일화를 위해 국민의당을 윽박지르거나 회유코자 노력했으나 안철수 대표의 거절로 30석 이상을 새누리당에게 어부지리를 안겨줘 헌납할 것이라는 예상을 뒤엎고 67.2%인 82개 지역구를 휩쓸었다.

야권이 더민주당, 국민의당, 정의당으로 분열된 일여다야(一與多野) 구도를 즐기며 낙승이 예상됐던 새누리당은 28.6%인 35개 지역구에서 승리했을 뿐이다.

국민의당이 안철수(노원병), 김성식(관악갑) 후보들이 값진 승리를 거뒀고, 정의당 심상정(고양갑) 후보가 유일한 당선자가 됐다.

새누리당 공천 탈락에 무소속으로 출전한 안상수(중-동-옹진-강화) 후보와 막말 파문으로 새누리당에서 축출당한 윤상현(인천 남을) 후보들이 새누리당 공천 후보들을 꺾고 오뚝이처럼 귀환하는 데 성공했다.

'이명박 정권 심판론'과 민주통합당과 통합진보당이 야심차게 준비한 야권연대 '단일후보론'이 기세를 올린 지난 19대 총선에서는 통합민주당이 58.0%인 65석을 차지했고, 새누리당이 38.4%인 43석에 불과하여 새누리당의 텃밭이 민주통합당의 안방으로 회귀했다.

통합진보당이 3.6%인 4석을 차지했다.

민주당: 82명

◆ 서울(35명): 정세균(종로), 홍익표(중-성동갑), 진영(용산), 전혜숙(광진갑), 추미애(광진을), 안규백(동대문갑), 민병두(동대문을), 서영교(중랑갑), 박홍근(중랑을), 유승희(성북갑), 기동민(성북을), 박용진(강북을), 인재근(도봉갑), 고용진(노원갑), 우원식(노원을), 박주민(은평갑), 강병원(은평을), 우상호(서대문갑), 김영호(서대문을), 노웅래(마포갑), 손혜원(마포을), 황희(양천갑), 금태섭(강서갑), 한정애(강서병), 이인영(구로갑), 박영선(구로을), 이훈(금천), 김영주(영등포갑), 신경민(영등포을), 김병기(동작갑), 전현희(강남을), 최명길(송파을), 남인순(송파병), 진선미(강동갑), 심재권(강동을)

◆ 인천(7명): 박찬대(연수갑), 박남춘(남동갑), 윤관석(남동을), 홍영표(부평을), 유동수(계양갑), 송영길(계양을), 신동근(서구을)

◆ 경기(40명): 이찬열(수원갑), 백혜련(수원을), 김영진 (수원병), 박광온(수원정), 김진표(수원무), 김태년(성남 수정), 김병관(성남 분당갑), 김병욱(성남 분당을), 문희상(의정부갑), 이종걸(안양 만안), 이석현(안양 동안갑), 김경협(부천 원미갑), 설훈(부천 원미을), 김상희(부천 소사), 원혜영(부천 오정), 백재현(광명갑), 이언주(광명을), 전해철(안산 상록갑), 김철민(안산 상록을), 정재호(고양을), 유은혜(고양병), 김현미(고양정), 신창현(의왕-과천), 윤호중(구리), 조응천(남양주갑), 김한정(남양주을), 안민석(오산), 조정식(시흥을), 김정우(군포갑), 이학영(군포을), 김민기(용인을), 표창원(용인정), 윤후덕(파주갑), 박정(파주을), 김두관(김포갑), 이원옥(화성을), 권철승(화성병), 소병훈(광주갑), 임종성(광주을), 정성호(양주)

새누리당: 35명

◆ 서울(12명): 지상욱(중-성동을), 정양석(강북갑), 김선동(도봉을), 김용태(양천을), 김성태(강서을), 나경원(동작을), 오신환(관악을), 이혜훈(서초갑), 박성중(서초을), 이종구(강남갑), 이은재(강남병), 박인숙(송파갑)

◆ 인천(4명); 홍익표(남구갑), 민경욱(연수을), 정유섭(부평갑), 이학재(서구갑)

◆ 경기(19명); 신상진(성남 중원), 홍문종(의정부을), 심재철(안양

동안을), 원유철(평택갑), 유의동(평택을), 김성원(동두천-연천), 김명연(안산 단원갑), 박순자(안산 단원을), 이현재(하남), 이우현(용인갑), 한선교(용인병), 송석준(이천), 김학용(안성), 홍철호(김포을), 서청원(화성갑), 김영우(포천-가평), 정병국(여주-양평)

국민의당: 2명

◆ 서울(2명); 안철수(노원병), 김성식(관악갑)

정의당: 1명

◆ 경기(1명): 심상정(고양갑)

무소속: 2명

◆ 인천(2명): 안상수(중-동-옹진-강화), 윤상현(남구을)

(2) 영남권(부산, 대구, 울산, 경북, 경남): 65명

새누리당의 영원한 모태(母胎)이자 고향인 영남권은 박정희 대통령의 민주공화당 시절부터 전두환 대통령의 민주정의당, 김영삼 대통령의 신한국당, 이명박 대통령의 한나라당, 박근혜 대통령의

새누리당까지 꾸준하게 준봉투표를 이어왔다.

이번 총선에서도 빛나는 전통을 이어갈 것으로 예상됐으나 영남 출신인 더민주당 문재인 대표와 국민의당 안철수 대표가 진두지휘를 맡고 영남 패권주의와 정권 재창출에 대한 열망이 수그러들면서 65개 지역구 가운데 73.8% 48석을 건져 올리고 17석을 비새누리당 후보들에게 할애했다.

더민주당 공천 후보 9명과 정의당 노회찬 후보가 당선됐고, 새누리당 공천에서 실패한 장제원, 주호영, 강길부, 유승민 후보와 더민주당 공천에서 배제된 홍의락 후보 그리고 해산된 통합진보당 출신들인 김종훈, 윤종오 후보들이 새누리당 공천 후보들을 꺾고 당선을 일궈냈다.

지난 19대 총선에서는 새누리당 후보들이 TK에서 전 지역구를 휩쓸고 영남권 67석 가운데 94.0%인 63석을 석권했다.

새누리당: 48명

◆ 부산(12명): 김무성(중-영도), 유기준(서-동), 이헌승(부산진을), 이진복(동래), 김정훈(남구갑), 김도읍(북-강서을), 하태경(해운대갑), 배덕광(해운대을), 조경태(사하을), 김세연(금정), 유재중(수영), 윤상직(기장)

◆ 대구(8명): 곽상도(중-남), 정종섭(동구갑), 김상훈(서구), 정태옥(북구갑), 곽대훈(달서갑), 윤재옥(달서을), 조원진(달서병), 추경호(달성)

◆ 울산(3명): 정갑윤(중구), 이채익(남구갑), 박맹우(남구을)

◆ 경북(13명): 김정재(포항북), 박명재(포항 남-울릉), 김석기(경주), 이철우(김천), 김광림(안동), 백승주(구미갑), 장석춘(구미을), 최교일(영주-문경-예천), 이만희(영천-청도), 김종태(상주-군위-의성-청송), 최경환(경산), 강석호(영양-영덕-봉화-울진), 이완영(고령-성주-칠곡)

◆ 경남(12명); 박완수(창원 의창), 이주영(창원 마산합포), 윤한홍(창원 마산회원), 김성찬 (창원 진해), 박대출(진주갑), 김재경(진주을), 이군현(통영-고성), 여상규(사천-남해-하동), 엄용수(밀양-의령-함안-창녕), 김한표(거제), 윤영석(양산갑), 강석진(산청-함양-거창-합천)

민주당: 9명

◆ 부산(5명): 김영춘(부산진갑), 박재호(남구을), 전재수(북-강서갑), 최인호(사하갑), 김해영(연제)

◆ 대구(1명); 김부겸(수성갑)

◆ 경남(3명): 민홍철(김해갑), 김경수(김해을), 서형수(양산을)

정의당: 1명

◆ 경남(1명); 노회찬(창원 성산)

| 무소속: 7명 |

- ◆ 부산(1명): 장제원(사상)

- ◆ 대구(3명): 유승민(동구을), 홍의락(북구을), 주호영(수성을)

- ◆ 울산(3명): 김종훈(동구), 윤종오(북구), 강길부(울주)

(3) 비영남권(강원, 충청권, 호남권, 제주): 66명

수도권과 영남권을 제외한 지역은 강원, 충청권, 호남권, 제주 지역으로 26%에 불과한 66개 지역구이다.

일편단심 집권여당의 텃밭인 강원도는 더민주당과 무소속 후보에게 1석씩을 할애하고 6석을 새누리당이 차지했다.

영남 정당과 충청 정당 가운데서 갈지자 행보를 보여 왔던 충청권은 충청권 정당이 없는 이번 총선에서 새누리당이 과반인 14석을 차지했고, 민주당이 12석으로 바짝 뒤쫓았으며 무소속 이해찬 후보가 당선됐다.

30년동안 한결같이 야당의 정치적 고향이 되어온 호남권은 반문재인 성향이 짙게 드러나 더민주당이 3석에 머물고 새누리당에 2석을 할애하고 안철수의 국민의당에게 23석을 몰아줬다.

그러나 제주도 3석은 예상을 뒤엎고 더민주당이 휩쓸었다.

그리하여 비영남권 66석은 새누리당 22석, 더민주당 19석, 국민의당 23석으로 정립되어 국민의당이 제1당으로 솟아올랐다.

지난 19대 총선에서는 새누리당이 21석, 통합민주당 38석, 자유선진당 3석, 통합진보당 3석, 무소속 2석으로 나뉘었다.

새누리당: 22명

◆ 강원(6명): 김진태(춘천), 김기선(원주갑), 권성동(강릉), 염동열(태백-횡성-영월-평창-정선), 이양수(속초-고성-양양), 황영철(홍천-철원-화천-양구-인제)

◆ 대전(3명): 이장우(동구), 이은권(중구), 정용기(대덕)

◆ 충북(5명): 정우택(청주 상당), 이종배(충주), 권석창(제천-단양), 박덕흠(보은-옥천-영동-괴산), 경대수(증평-진천-음성)

◆ 충남(6명): 박찬우(천안갑), 정진석(공주-부여-청양), 김태흠(보령-서천), 이명수(아산갑), 성일종(서산-태안), 홍문표(홍성-예산)

◆ 전북(1명): 정운천(전주을)

◆ 전남(1명): 이정현(순천)

더민주당: 19명

◆ 강원(1명): 송기헌(원주을)

◆ 대전(4명): 박병석(서구갑), 박범계(서구을), 조승래(유성갑), 이상민(유성을)

◆ 충북(3명): 오제세(청주 서원), 도종환(청주 흥덕), 변재일(청주 청원)

◆ 전북(2명): 이춘석(익산갑), 안호영(완주-진안-무주-장수)

◆ 전남(1명): 이개호(담양-함평-영광-장성)

◆ 제주(3명): 강창일(제주갑), 오영훈(제주을), 위성곤(서귀포)

| 국민의당: 23명 |

◆ 광주(8명): 장병완(동-남갑), 박주선(동-남을), 송기석(서구갑), 천정배(서구을), 김경진(북구갑), 최경환(북구을), 김동철(광산갑), 권은희(광산을)

◆ 전북(7명): 김광수(전주갑), 정동영(전주병), 김관영(군산), 조배숙(익산을), 유성엽(정읍-고창), 이용호(남원-임실-순창), 김종회(김제-부안)

◆ 전남(8명): 박지원(목포), 이용주(여수갑), 주승용(여수을), 손금주(나주-화순), 정인화(광양-곡성-구례), 황주홍(고흥-보성-장흥-강진), 윤영일(해남-완도-진도), 박준영(영암-무안-신안)

| 무소속: 2명 |

◆ 강원(1명): 이철규(동해-삼척)

◆ 세종(1명): 이해찬(세종)

(4) 비례대표: 47석

지역구에서는 더민주당 110명, 새누리당 105명, 국민의당 25명, 정의당 2명이 당선됐지만 정당 득표에서는 새누리당이 33.5% 득표율로 17석, 국민의당이 26.7%로 13석, 더민주당이 25.5%로 13석, 정의당이 7.2%로 4석을 배정받았다.

유효 투표의 3%를 득표하지 못한 민중연합당, 기독자유당 등 17개 정당은 의석 배분에서 제외됐다.

새누리당은 20석을 예상했지만 17석에 머물렀고, 더민주당 중앙위원회는 김종인 비대위원장이 제출한 비례대표 공천안을 뒤흔들어 놓았다.

6번을 전후하여 당선권을 예상한 국민의당은 예상외의 선전으로 얼떨결에 금배지를 주운 행운아들이 많았다.

〈 새누리당: 17명 〉

순위	성명	연령	주요 경력
1	송희경(여)	51	KT 전무, KT평창올림픽지원단장
2	이종명	56	육군대령, 이종명리더십사관학교 대표
3	임이자(여)	52	한국노총 여성위원회 위원장
4	문진국	67	한국노총위원장, 전국택시노련위원장
5	최연혜(여)	60	한국철도공사사장, 한국교통대 교수
6	김규환	59	인제대 석좌교수, 국가품질명장
7	신보라(여)	33	청년이여는미래 대표
8	김성태	61	한국정보화진흥위원장, 융합산업연합회장
9	전희경(여)	40	자유경제원 사무총장
10	김종석	60	홍익대 교수, 여의도연구원 원장
11	김승희(여)	62	식품의약품안전처장, 연세대 객원교수
12	유민봉	58	청와대 국정기획수석, 성균관대 교수
13	윤종필(여)	62	국군간호사관학교장
14	조훈현	63	프로바둑기사
15	김순례(여)	60	대한약사회 여약사회장
16	강효상	55	TV조선 보도본부장, 조선일보 편집국장
17	김현아(여)	46	건설산업연구원 연구위원

〈 더민주당: 13명 〉

순위	성명	연령	주요 경력
1	박경미(여)	50	홍익대 교수, 대학수학교육학회 이사
2	김종인	75	청와대 경제수석, 국회의원(4선)

순위	성명	연령	주요 경력
3	송옥주(여)	50	국회정책연구위원, 당 홍보국장
4	최운열	66	서강대부총장, 금융통화위원
5	이재정(여)	41	민변 사무처장
6	김현권	51	의성군 한우협회장
7	문미옥(여)	47	WISET실장, 당 더불어성장본부장
8	이철희	50	당 전략기획본부장
9	제윤경(여)	44	주빌라은행 대표, 에듀머니 대표
10	김성수	59	목포문화방송 사장, 당 대변인
11	권미혁(여)	57	한국여성단체연합 대표
12	이용득	62	당 노동위원장, 당 최고위원
13	정춘숙(여)	52	한국여성의전화 대표

〈 국민의당: 13명 〉

순위	성명	연령	주요 경력
1	신용현(여)	55	한국표준과학연구원장
2	오세정	63	서울대 교수, 한국연구재단 이사장
3	박주현(여)	53	청와대 참여혁신수석
4	이상돈	64	중앙대 명예교수
5	박선숙(여)	55	청와대 공보수석, 환경부차관
6	채이배	41	공인회계사, 경제개혁연구소 연구위원
7	김수민(여)	29	당 홍보위원장, 브랜드 호텔 대표
8	이태규	52	청와대 연설기록 비서관
9	김삼화(여)	53	한국 여성변호사회 회장

10	김중로	65	보병 제70사단장, 동국대 겸임교수
11	장정숙(여)	64	서울시의원, 녹색환경운동 이사
12	이동섭	59	새정치연합 사무부총장
13	최도자(여)	61	전국공립어린이집 연합회장

〈 정의당: 4명 〉

순위	성명	연령	주요 경력
1	이정미(여)	50	당 대변인, 당 부대표
2	김종대	49	국방부장관 정책보좌관
3	추혜선(여)	45	언론개혁시민연대 사무총장
4	윤소하	54	광주전남 진보연대 공동대표

제3장 재·보궐선거로 당세를 부풀린 더민주당

1. 비례대표 승계와 세 번의 재·보궐선거

2. 재·보궐선거 15곳 불꽃 튀는 격전의 현장으로

1. 비례대표 승계와 세 번의 재·보궐선거

(1) 비례대표 의원들의 의원직 상실과 승계

20대 국회에서는 당선 무효와 사망은 없었으나 사직, 탈당, 퇴직 등으로 10명의 비례대표 의원들이 결위됐다.

2020년 제21대 국회의원 선거를 앞두고 민생당의 이태규, 김수민, 김삼화, 김중로, 이동섭 의원들이 탈당했으나 잔여 임기가 짧아 승계가 이뤄지지 않았다.

다만 김종인, 문미옥, 이수혁 의원들의 퇴직과 오세정, 김성수 의원들의 사직으로 의원직 승계가 이뤄졌다.

정당명	상실자			승계자		
	순위	성명	사유	순위	성명	일자
더민주당	2	김종인	퇴직	14	심기준	2017.3.14
더민주당	7	문미옥	퇴직	15	이수혁	2017.6.22
바른미래당	2	오세정	사직	14	임재훈	2018.10.1
더민주당	15	이수혁	퇴직	16	정은혜	2019.10.11
더민주당	10	김성수	사직	17	허윤정	2020.1.30

(2) 지역구 재·보궐선거에서 15명의 의원들이 탄생

20대 국회에서는 세 번에 걸쳐 15개 선거구에서 재·보궐선거가 실시됐다.

경북 상주-의성-군위-청송의 김종태 의원의 당선무효 확정으로 2017년 4월 12일 재선거가 실시되어 자유한국당 김재원 후보가 당선되어 의원직을 승계했다.

시·도지사 선거에 출전하기 위해 서울 노원병 안철수, 부산 해운대을 배덕광, 인천 남동갑 박남춘, 충남 천안병 양승조, 경북 김천 이철우, 경남 김해을 김경수 의원들이 의원직을 사직하여 2018년 6월 13일 실시한 보궐선거에서 더민주당 김성환(노원병), 더민주당 윤준호(해운대을), 더민주당 맹성규(남동갑), 더민주당 윤일규(천안병), 자유한국당 송언석(김천), 더민주당 김정호(김해을) 후보들이 당선됐다.

대법원의 당선무효 판결로 인한 최명길(송파을), 송기석(광주 서구갑), 윤종오(울산 북구), 권석창(제천-단양), 박찬우(천안갑), 박준영(영암-무안-신안) 의원들의 퇴직에 따라 2018년 6월 13일 실시된 재선거에서 더민주당 최재성(송파을), 더민주당 송갑석(광주 서구갑), 더민주당 이상헌(울산 북구), 더민주당 이후삼(제천-단양), 더민주당 이규희(천안갑), 더민주당 서삼석(영암-무안-신안) 후보들이 당선되어 의원직을 승계했다.

노회찬(창원 성산) 의원의 사망과 이군현(통영-고성) 의원의 피선거권 상실로 인한 2019년 4월 3일 실시된 재·보궐선거에서는 정의당 여영국, 자유한국당 정점식 후보들이 당선됐다.

15곳의 지역구 재·보궐선거에서 더민주당 후보들이 12곳에서 당선됐고 자유한국당 후보들이 2곳에서, 정의당 후보가 1곳에서 당선됐다.

현재 119석인 더민주당은 11석을 추가하여 130석이 됐다. 그러나 더민주당은 여소야대 구도로 정책 주도권을 온전히 잡지 못했다.

김이수 헌법재판소장 후보자 임명동의안이 부결되는 등 인사청문회, 추경 등을 할 때마다 제동이 걸렸고 국회는 파행하기 일쑤였다.

최악의 참패를 당한 자유한국당은 대대적인 재편의 회오리에 휘말리게 됐다.

"민심은 지금 야권의 인물과 정책 노선에 철퇴를 가했다"는 탄식과 함께 전면적인 인물 교체와 노선 변화를 피할 수 없게 됐다.

촛불 탄핵과 문재인 정부 출범 뒤 기울어진 운동장으로 평가되는 판세가 이번 재·보선에서도 재현되어 KBS, MBC, SBS가 여론조사 기관에 의뢰해 조사한 결과에 따르면 바른미래당은 대안 야당으로서 존재감을 보여주는 데 실패한 데다 선거운동 과정에서 반목을 거듭했다.

바른미래당 관계자는 "당의 존립이 흔들릴 가능성도 크다"고 전망했다.

더민주당 광주-전남 지역의 의원은 1명이었는데 이번 선거로 2명을 추가하며 광주-전남 지역 진군이 활발하게 진행됐다.

2. 재·보궐선거 15곳 불꽃 튀는 격전의 현장으로

(1) 경북 상주-의성-군위-청송 : 자유한국당원들과 의성군민들의 전폭적인 지지로 김재원 후보가 3선의원에 등극

지난 20대 총선에서는 국군 기무사령관 출신으로 새누리당 재공천을 받은 김종태 의원이 박영문 KBS 미디어 사장, 성윤환 18대 의원, 김재원 19대 의원과의 경선에서 승리한 여세를 몰아 동아일보 기자 출신으로 토리식품 대표인 김영태 후보를 가볍게 제압하고 재선의원이 됐다.

김종태 의원의 당선 무효 확정 판결로 2017년 4월 12일 실시된 재선거에는 군위-의성-청송에서 19대 총선에서 당선됐으나 당내 경선에서 상주의 김종태 의원에게 패배한 김재원 후보가 자유한국당 공천을 받고 재기의 나래를 펼쳤고, 지난 20대 총선에서 낙선한 더민주당 김영태 후보와 18대 의원을 지낸 성윤환 후보가 무소속으로 도전하여 3파전이 전개됐다.

바른정당 김진욱, 코리아 류승규, 무소속 배익기 후보들도 출전했다.

2선의원으로 자유한국당 공천을 받은 김재원 후보가 의성군민들의 전폭적인 지지로 46,022표(47.5%)를 득표하여 상주시민들의 지지를 기대했으나 27,819표(28.7%) 득표에 머문 무소속 성윤환 후보를 꺾고 등원에 성공했다.

동아일보 기자 출신인 더민주당 김영태 후보는 17,026표(17.6%)를 득표했으나 바른정당 김진욱 후보는 5,061표(5.2%), 무소속 배익기 후보는 465표(0.5%), 코리아 류승구 후보는 436표(0.5%) 득표에 머물렀다.

(2) 서울 노원병 : 박근혜 대통령의 은총을 받고 새누리당 비대위원을 지낸 바른미래당 이준석 후보를 가볍게 제압한 더민주당 김성환

지난 20대 총선에서는 노회찬 의원이 선거법 위반으로 낙마하여 실시된 재선거에서 당선된 안철수 의원이 더민주당을 탈당하고 국민의당을 창당하여 박근혜 비대위원장 시절 비대위원으로 전략 공천을 받은 새누리당 이준석 후보와 국회 도서관장을 지낸 더민주당 정창화 후보들을 가볍게 제압하고 재선의원이 됐다.

안철수 의원의 서울시장 출전을 위한 사직으로 실시된 2018년 6월 13일 보궐선거에서는 노원구청장을 지낸 더민주당 김성환 후보와 지난 20대 총선에서 석패(惜敗)한 이준석 후보가 바른미래당으로 옮겨 자웅을 겨루게 됐다.

자유한국당 강연재, 민주평화당 김윤호, 무소속 최장우 후보들노 출전했다.

노원구청장으로 기반을 구축한 더민주당 김성환 후보가 더민주당의 텃밭인 지역적 여건을 활용하여 51,817표(56.4%)를 득표하여 하버드대 출신인 바른미래당 이준석 후보를 26,816표(29.2%포인

트) 차로 꺾고 등원에 성공했다.

자유한국당 강연재 후보는 13,297표(14.5%) 득표에 머물렀고, 무소속 최창우 후보는 1,075표(1.2%), 민주평화당 김윤호 후보는 622표(0.7%)를 각각 득표했다.

(3) 서울 송파을 : 자유한국당 배현진 후보와 바른미래당 박종진 후보의 균열(龜裂)의 틈새를 비집고 어부지리를 챙긴 더민주당 최재성

지난 20대 총선에서 새누리당 공천위원회는 경제부총리로 있는 유일호 의원을 공천에서 배제하고 여론조사에서 수위를 달리고 있는 김영순 전 송파구청장을 탈락시키고 박근혜 대통령 호위무사로 알려진 유영하 후보를 공천자로 확정했다.

경기도 군포에서 17대, 18대, 19대 총선에서 한나라당과 새누리당 공천을 받고도 낙선한 유영하 후보를 김무성 대표가 끝내 공천장에 날인을 거부하여 무공천 지역이 됐다.

무소속으로 출전한 김영순 후보는 새누리당 후보자임을 부각시키기 위해 빨간 점퍼 차림으로 "저희 새누리당이 공천 과정에서 실망시켰지만 반성하고 있는 만큼 믿어달라"고 호소했지만, MBC 뉴스 앵커 출신으로 돌려막기 공천을 받은 더민주당 최명길 후보에게 4,294표차로 무너졌다.

최명길 의원의 당선무효 확정판결로 실시된 2018년 6월 13일 재선거에서는 민주당 사무총장을 지낸 더민주당 최재성 후보와 아나

운서 출신으로 유명세를 탔던 자유한국당 배현진 후보가 격돌을 벌였다.

바른미래당 박종진, 민중당 변은혜 후보들도 참여했다.

친문 핵심인 더민주당 최재성 후보가 홍준표 키즈로 불리며 전략 공천을 받은 배현진 후보를 여론조사에서 39.2% 대 18.2%로 앞섰다.

바른미래당 공천 내홍 끝에 후보로 확정된 박종진 후보가 판세를 흔들 수 있는 것은 보수진영 단일화뿐이었으나 여론조사 열세에도 불구하고 단일화는 끝내 이뤄지지 못했다.

유명 아나운서 출신들인 배현진, 박종진 후보들의 틈새를 더민주당에 우호적인 지역 정서에 힘입어 남양주 출신인 최재성 후보가 58,958표(54.4%)를 득표하여 4선의원에 등극했다.

이전투구를 전개한 자유한국당 배현진 후보는 32,126표(29.6%)를, 바른미래당 박종진 후보는 16,540표(15.3%)를 각각 득표했다.

민중당 변은혜 후보는 732표(0.7%) 득표에 허덕였다.

(4) 부산 해운대을 : 지난 20대 총선에서 낙선한 지명도를 활용하여 지역 정서를 극복하고 정치 신인인 자유한국당 김대식 후보를 꺾고 등원에 성공한 더민주당 윤준호

지난 20대 총선에서는 3기에 걸친 해운대 구청장 출신인 배덕광 의원이 새누리당 재공천을 받고 코렘어학원 대표인 더민주당 윤준

호 후보를 가볍게 제압하고 재선의원이 됐다.

부산시장 출전을 위해 배덕광 의원이 사직함에 따라 실시된 2018년 6월 13일 보궐선거에서는 지난 20대 총선에서 낙선한 더민주당 윤준호 후보가 설욕전을 벼르자 자유한국당 김대식 후보가 대항마로 떠올랐다.

바른미래당 이해성, 민중당 고창권, 대한민국당 한궁형, 무소속 이준우 후보들도 참전했다.

지난 총선에서는 더민주당 공천을 받고 출전하여 30,128표(36.6%) 득표에 머물러 낙선했지만 얻은 지명도를 활용한 윤준호 후보가 44,267표(50.2%)를 득표하여 정치 신인으로 지명도에서 뒤져 30,900표(35.0%) 득표에 머문 자유한국당 김대식 후보를 꺾고 꿈에 그린 등원에 성공했다.

바른미래당 이해성 후보는 5,302표(6.0%), 무소속 이준우 후보도 3,761표(4.3%)를 득표했지만 해운대구 의원 출신으로 19대 총선에도 출전했던 민중당 고창권 후보는 2,844표(3.2%) 득표에 머물렀다.

대한애국당 한근형 후보가 1,188표(1.3%)를 득표하여 탈꼴찌를 벗어나지 못했다.

(5) 인천 남동갑 : 더민주당에 우호적인 지역정서를 업고 자유한국당 윤형모 후보를 가볍게 제압한 더민주당 맹성규

지난 20대 총선에서는 노무현 정부 시절 청와대 인사수석 출신으로 현역의원인 더민주당 박남춘 후보가 태권도 금메달리스트로 부산 사하갑구 현역의원이지만 이윤성 전 국회부의장, 구본철 19대 의원들을 밀쳐내고 새누리당 전략공천을 받은 문대성 의원을 가볍게 제압하고 재선의원이 됐다.

박남춘 의원이 인천광역시장 출전을 위해 사직함에 따라 실시된 2018년 6월 13일 보궐선거에서는 더민주당 맹성규 후보와 자유한국당 윤형모 후보가 자웅을 겨루게 됐다.

정의당 이혁재 후보와 국민의당 공천으로 20대 총선에도 출전했던 바른미래당 김명수 후보도 참전했다.

지역에서 깊게 뿌리를 내린 더민주당 맹성규 후보가 더민주당에 우호적인 지역 정서를 업고 69,786표(61.6%)를 득표하여 29,357표(25.9%)를 득표하는 데 그친 자유한국당 윤형모 후보를 가볍게 제압했다.

산업은행 노조위원장 출신으로 지난 20대 총선에서 16,556표(14.7%)를 득표했던 바른미래당 김명수 후보는 6,863표(6.1%)를 득표하여 3위 자리마저 7,244표(6.4%)를 득표한 정의당 이혁재 후보에게 내어주었다.

(6) 광주 서구갑: 지난 20대 총선에서 국민의당 송기석 후보에게 석패한 더민주당 송갑석 후보가 대승을 거두고 등원

지난 20대 총선에서는 광주 햇불회 재심사건에 대해 무죄를 선고

한 광주고검 부장검사 출신인 송기석 후보가 국민의당 공천을 받고 전남대 총학생회장 출신으로 민주화운동을 주도하다 5년 2개월 수감생활을 한 더민주당 송갑석 현역의원을 꺾고 의원직을 승계했다.

대법원의 송기석 의원 당선무효 판결로 실시된 2018년 6월 13일 재선거에서는 지난 20대 총선에서 석패한 송갑석 후보가 더민주당 공천을 받고 독주 체제를 갖추자, 민주평화당 김명진 후보가 등록하여 무투표 당선을 저지했다.

전남대 총학생회장 출신으로 박혜자 현역의원과의 리턴매치 경선에서 승리하여 여의도 입성이 아른거렸으나 송기석이라는 의외의 복병을 만나 25,474표(35.3%)를 득표하고도 낙선했던 더민주당 송갑석 후보가 60,279표(83.5%)를 득표하여 대승을 거두고 등원에 성공했다.

호남권 의원들의 결집체인 민주평화당 김명진 후보는 11,946표(16.5%) 득표에 머물러 싸늘한 호남 민심을 체득했다.

(7) 울산 북구 : 보수진영과 진보진영의 승패가 엇갈렸던 지역을 더민주당 공천을 받고 평정한 이상헌

지난 20대 총선에서는 현대차 근로자 출신으로 북구 의원, 울산시의원, 북구청장에 당선된 전형적인 진보성향의 토박이 정치인인 무소속 윤종오 후보가 3선의원인 새누리당 윤두환 후보를 꺾고 보수진영과 진보진영의 치열한 대결에서 승리했다.

통합진보당 출신인 윤종오 의원의 대법원의 당선무효 확정판결로 실시된 2018년 6월 13일 재선거에서는 더민주당 이상헌 후보와 자유한국당 박대동 후보의 격전장에 민중당 권오길 후보가 추격전을 전개했다.

강석구 후보는 바른미래당으로, 정진우와 박재묵 후보들은 무소속으로 도전했다.

역대 총선에서 보수진영과 진보진영이 대결을 펼쳐 승패를 주고받았던 이 지역구는 집권여당의 당협위원장으로 활동한 더민주당 이상헌, 예금보험공사 사장 출신으로 19대 의원에 당선됐으나 보좌관 급여 상납 문제로 새누리당 공천에서 배제되었던 박대동 후보가 자유한국당 공천을 받고 격돌을 펼치자, 노동계의 자존심을 내걸고 민중당 권오길 후보가 출전하여 3파전을 펼쳤다.

진보진영이 두 갈래로 나뉜 어려운 상황에서도 집권 여당의 기세에 올라탄 이상헌 후보가 49,647표(48.5%)를 득표하여 70대를 바라본 자유한국당 박대동 후보를 19,731표(19.3%포인트) 차로 꺾고 등원에 성공했다.

민중당 권오길 후보는 14,974표(14.6%), 바른미래당 강석구 후보는 6,094표(6.0%), 무소속 정진우 후보는 1,093표(1.1%), 무소속 박재묵 후보는 696표(0.7%)를 득표했다.

(8) 충북 제천-단양 : 지난 총선에서 패배를 딛고 동정여론으로 지명도가 높은 엄태영 후보를 꺾은 더민주당 이후삼

지난 20대 총선에서는 행정고시, 서울대 출신임을 내세운 익산국토관리청장을 지낸 권석창 후보가 엄태영 전 제천시장을 당내 경선에서 꺾은 여세를 몰아 안희정 충남도지사 비서관 출신인 더민주당 이후삼 후보를 가볍게 제압하고 등원에 성공했다.

권석창 의원의 당선 무효로 2018년 6월 13일 실시된 재선거에서는 지난 20대 총선에서 석패한 이후삼 후보가 설욕전을 펼치자 제천시장 출신으로 당내 경선에서 권석창 후보에게 패배했던 자유한국당 엄태영 후보가 재기의 나래를 펼쳤다.

바른미래당 이찬구 후보가 파수꾼으로 등장했다.

지난 20대 총선에서 25,758표(32.9%)를 득표하여 19,776표차로 패배한 이후삼 후보가 동정여론을 일으켜 제천시장을 지낸 지역 기반이 두터운 엄태영 후보에게 신승했다.

더민주당 이후삼 후보는 41,162표(47.7%)를, 자유한국당 엄태영 후보는 38,703표(44.9%)를 득표하여 표차는 2,459표였다.

바른미래당 이찬구 후보는 6,353표(7.4%)에 머물렀다.

(9) 충남 천안갑 : 지난 총선에서 석패한 한태선 후보를 당내 경선에서 따돌리고 대승을 거둔 더민주당 이규희

지난 20대 총선에서는 이 지역구의 터줏대감인 양승조 의원이 천안 병구로 옮겨가 무주공산이 되자 청와대 행정관, 행정안전부 차관, 대전시 행정부시장을 지낸 새누리당 박찬우 후보가 청와대 행

정관 출신인 더민주당 한태선, 동부건설 대표인 국민의당 이종설 후보들을 가볍게 제압했다.

대법원의 박찬우 의원에 대한 당선무효 판결로 실시된 2018년 6월 13일 재선거에서는 더민주당 이규희 후보와 자유한국당 길환영 후보가 자웅을 겨룬 한판 승부를 벌였다.

바른미래당 이정원, 대한애국당 조세빈 후보들이 추격전을 펼쳤다.

더민주당 공천 경쟁에서 한태선 후보를 따돌린 이규희 후보가 자유한국당 길환영 후보를 가볍게 제압했다.

이규희 후보는 45,202표(57.8%)를 득표했지만, 길환영 후보는 25,704표(32.9%) 득표에 머물렀다.

바른미래당 이정원 후보는 5,845표(7.5%), 대한애국당 조세빈 후보는 1,475표(1.9%) 득표로 당선권과는 너무 멀리 떨어져 있었다.

(10) 충남 천안병 : 더민주당에 우호적인 지역정서와 양승조 의원의 조직을 결합하여 대승을 거둔 더민주당 윤일규

20대 총선에서 신설된 이 지역구는 천안 갑구에서 3연승한 더민주당 양승조 후보가 옮겨와 그동안 닦아온 조직과 인지도를 앞세워 게리맨더링이라는 논란 속에서 심대평 충남도지사 비서실장 출신인 새누리당 이창수, 충남도의회 의장을 지낸 국민의당 정순평 후보들을 꺾고 4선 의원으로 등극했다.

양승조 의원의 충남도지사 출전을 위한 사직으로 실시된 2018년

6월 13일 보궐선거에서는 더민주당 윤일규 후보와 자유한국당 이창수 후보가 격전을 벌였다.

바른미래당 박중현, 대한애국당 최기덕 후보들도 참전했다.

양승조 의원의 조직을 오롯이 인수한 더민주당 윤일규 후보가 지난 20대 총선에 출전하여 석패한 자유한국당 이창수 후보를 또 한번 울리고 등원에 성공했다.

더민주당에 우호적인 지역정서를 등에 업은 윤일규 후보는 46,616표(62.2%)를 득표하여 대승을 거두었고, 지난 20대 총선에서 23,308표(30.2%)를 득표했던 이창수 후보는 이번 총선에서는 21,282표(28.4%)로 오히려 득표력이 떨어졌다.

바른미래당 박중현 후보는 6,254표(8.3%), 대한애국당 최기덕 후보는 812표(1.1%)를 득표하여 각 당의 당세를 보여줬다.

(11) 전남 영암-무안-신안 : 지난 19대 총선에서 DJ 적자로 4선 의원인 한화갑 후보를 꺾은 이윤석 후보를 가볍게 제압하고 재기에 성공한 더민주당 서삼석

지난 20대 총선에서 전남도지사를 3 연임한 영암 출신으로 69세인 국민의당 박준영 후보가 무안군수를 3 연임한 더민주당 서삼석, 목포상공회의소장 출신으로 새누리당 비례대표 의원으로 활약한 주영순 후보를 꺾고 등원에 성공했다.

박준영 의원의 당선 무효 확정으로 실시된 2018년 6월 13일 재선

거에서는 지난 20대 총선에서 석패한 서삼석 후보가 설욕전을 펼치자 민주평화당 이윤석 후보가 제동을 걸고 나섰다.

무안군수를 지내고 더민주당 공천을 받고 호기롭게 출전했지만 영암 출신인 국민의당 박준영 후보와 무안과 영암의 군별 대항전을 펼쳐 3,182표(3.2%) 차로 패배했던 서삼석 후보가 이번 재·보궐선거에서도 재도전하여 지난 19대 총선에서 DJ의 적자로 4선 의원인 무소속 한화갑 후보를 흘러간 물은 결코 물레방아를 돌릴 수 없다는 정치 격언을 살려 꺾고서 재선의원에 올라섰던 민주평화당 이윤석 후보에게 대승을 거두고 재기에 성공했다.

서삼석 후보는 67,767표(68.0%)를 득표했고, 이윤석 후보는 31,941표(32.0%) 득표에 불과했다.

(12) 경북 김천 : 민주공화당, 한나라당, 새누리당 후보이면 무조건 찍고 보는 지역 정서에 힘입어 진땀승을 거둔 자유한국당 송언석

경북부지사 출신으로 18대 총선 때 전략공천되어 당선된 새누리당 이철우 후보가 더민주당과 국민의당 공천 희망자가 전무한 상황에서 무투표 당선을 저지하기 위해 출전한 박정희 대통령 향수관 관장인 무소속 박판수 후보를 가볍게 제압하고 3선 의원 반열에 올라섰다.

이철우 의원의 경북도지사 출전을 위해 사직함에 따라 실시된 2018년 6월 13일 보궐선거에는 자유한국당 송언석 후보와 무소속

최대원 후보가 격전을 벌였다.

자유한국당 김천시장 경선에서 탈락하자 국회의원 보궐선거로 방향을 선회한 무소속 최대원 후보는 여론조사에서는 22.8%인 미래한국당 송언석 후보보다 29.1%로 앞선 것으로 발표됐다.

그러나 실제 투표에서는 민주공화당, 민주정의당, 민주자유당, 한나라당, 새누리당, 자유한국당 후보이면 막대기를 내세워도 무조건 찍고 보는 지역 정서에 힘입어 송언석 후보가 39,923표(50.3%)를 득표하여 38,830표(49.7%)를 득표한 최대원 후보를 1,093표(0.6%)차로 진땀승을 거두고 등원에 성공했다.

(13) 경남 김해을 : 김경수 의원 조직을 인수하고 노무현 향수를 자극하여 대승을 거둔 더민주당 김정호

새누리당 김태호 최고위원의 불출마 선언으로 무주공산이 된 지난 20대 총선에서는 노무현 대통령 마지막 비서관 출신인 김경수 후보가 19대 총선과 경남도지사 선거에서 패배하면서 얻은 지명도와 동정여론으로 천하장사 출신인 새누리당 이만기 후보에게 대승을 거두고 등원에 성공했다.

김경수 의원의 경남도지사 도전을 위한 사직으로 실시된 2018년 6월 13일 보궐선거에서는 더민주당 김정호, 자유한국당 서종길 후보들이 당운을 걸고 격전을 벌였다.

무소속 이영철 후보가 야멸차게 추격전을 펼쳤고 대한애국당 김재국 후보도 참전했다.

선거 결과는 김경수 의원의 조직을 이어받고 노무현 향수를 불러 일으킨 더민주당 김정호 후보가 72,917표(63.0%)를 득표하여 대승을 거두고 등원에 성공했다.

자유한국당 서종길 후보는 31,854표(27.6%)를 득표하여 30% 득표율에도 실패하는 저조한 성적을 거두었고, 무소속 이영철 후보가 9,553표(8.3%)를 득표하여 1,335표(1.2%)를 득표한 대한애국당 김재국 후보와의 꼴찌 경쟁에서 승리했다.

(14) 경남 창원 성산 : 더민주당 후보와의 단일화에 성공하여 자유한국당 강기윤 후보를 504표 차로 따돌린 정의당 여영국

경남 진보정치 1번지로 꼽히는 이 지역구는 20대 총선에서 정의당 노회찬 후보가 세 번째 낙선의 한을 간직하고도 야권 후보 단일화에 동참한 허정무 후보의 결단과 전국적인 인지도로 새누리당 강기윤 현역의원을 13,561표 차로 꺾고 진보의 깃발을 꽂았다.

노회찬 후보는 17대 총선에 민주노동당 비례대표로 등원하여 19대 총선에서는 서울 노원 병구에서 당선됐으나 선거 무효 판결로 의원직을 잃고서 고향을 찾아왔지만 길도 제대로 모른다는 비난을 받고도 3선의원에 올라섰다.

노회찬 의원 사망으로 실시된 2019년 4월 13일 보궐선거에서는 정의당 여영국 후보와 지난 20대 총선 때 석패한 자유한국당 강기윤 후보가 한치 앞을 볼 수 없는 난전을 전개했다.

민중당 손석형, 바른미래당 이재환, 대한애국당 진순정, 무소속 김종서 후보들도 참전했으며 이재환 후보는 재도전한 셈이다.

민주노동당 권영길, 정의당 노회찬을 배출한 이 지역구는 영남권에서 진보정치 1번지로 자리매김 됐다.

더민주당 후보와의 단일화에 성공하여 노회찬 향수를 자극하는 데 성공한 정의당 여영국 후보가 42,663표(45.8%)를 득표하여, 19대 총선에서는 새누리당 공천을 받고 진보진영의 분열을 활용하여 통합진보당 손석형, 진보신당 김창근 후보들을 꺾고 당선을 일궈냈던 자유한국당 강기윤 후보를 제압하고 이 지역구는 진보진영의 성지임을 확인했다.

자유한국당 텃밭인 지역정서를 활용하지 못한 강기윤 후보는 42,159표(45.2%)를 득표하여 504표(0.6%)차로 석패했다.

진보진영 깃발을 나부낀 민중당 손석형 후보는 3,540표(3.8%)를, 지난 20대 총선에서 국민의당 공천으로 출전하여 9,949표(8.3%)를 득표했던 바른미래당 이재환 후보는 3,334표(3.6%)를 득표했다.

대한애국당 진순정 후보가 838표(0.9%)를 득표하여 706표(0.8%)를 득표한 무소속 김종서 후보와의 꼴찌 경쟁에서 승리했다.

막판 역전극을 펼친 여영국 후보는 "힘들게 살아가는 민생 해결에 온 힘을 쏟겠다"고 당선 소감에서 밝혔다.

(15) 경남 통영-고성 : 민주공화당, 새누리당 후보이면 무조건 찍고 보는 지역 정서에 힘입어 대승을 거둔 자유한국당

정점식

지난 20대 총선에서는 한나라당 후보면 막대기라도 찍어주는 지역 정서에 힘입어 13대 총선 이후 28년만에 새누리당 이군현 후보가 유일하게 무투표 당선되어 4선 의원에 등극했다.

이군현 의원의 피선거권 상실로 인한 2019년 4월 13일 재선거에서는 자유한국당 정점식, 더민주당 양문석 후보가 격돌했다.

대한애국당 박청정 후보가 파수꾼 역할을 수행했다.

황교안 대표 최측근인 정점식 후보는 "조선업을 회생시키고 관광객으로 넘쳐나는 통영을 만들겠다"고 밝혔다.

이현우 서강대 교수는 "향후 황교안 호가 강경보수 일변도로 가면 혁신과 통합은 멀어질 수 있다"고 경고했지만, 자유한국당 텃밭인 지역 정서를 최대한 활용한 정점식 후보가 47,082표(59.5%)를 득표하여 TV 해설위원으로 활동하며 지명도를 드높였으나 28,490표(36.0%) 득표에 머문 양문석 후보를 가볍게 제압했다.

대한애국당 박청정 후보는 3,588표(4.5%)를 득표하여 정당 득표율을 훨씬 상회했다.

[제2부] 제21대 총선을 향한 주요 변수들

제1장 박근혜 대통령의 탄핵과 구속

제2장 더민주당 문재인 후보 대통령 당선

제3장 현란한 외교전을 펼쳤으나 비핵화는 여전

제4장 더민주당이 압승을 거둔 지방선거

제5장 세상을 들썩거린 사건들의 모음

제6장 역사 흐름속의 4년간의 정치 상황일지

제1장 박근혜 대통령의 탄핵과 구속

1. 최순실 게이트가 박 대통령 탄핵으로

2. 박영수·윤석열 특검이 탄핵을 부추겨

3. 새누리당 의원들의 배신으로 탄핵안 가결

4. 박근혜 대통령 구속과 신데렐라 정유라

1. 최순실 게이트가 박 대통령 탄핵으로

(1) 국정감사에서 최순실의 증인 채택은 무산

최순실 게이트의 발단은 더민주당 조응천 의원이 최순실 씨가 청와대 인사에 개입하여 우병우 민정수석을 발탁하고, 헬스 코치를 3급 공무원으로 임용하는 데 관여했다고 폭로하자, 청와대는 최순실 씨의 의혹은 근거 없는 정치 공세라고 반박했다.

최순실 씨의 딸인 정유라의 입학 특혜 의혹이 불거지자 더민주당 의원들이 이화여대를 방문하여 세간의 이목을 집중시켰고, 정유라가 "돈도 실력이다. 너네 부모들을 원망해"라는 글이 기름을 부은 듯 걷잡을 수 없는 사태로 번져갔다.

국회 교육문화체육관광위원회에서 더민주당 도종환 간사는 '최순실 게이트'의 실체를 밝히기 위해 최순실, 안종범 대통령 정책조정수석 비서관, 차은택 문화창조융합본부 단장의 증인 채택을 요구했으나 새누리당 의원 등의 퇴장 등으로 불발됐다.

새누리당 염동열 간사는 "미르와 K스포츠재단에 대한 정치 공세가 있어 검찰 조사도 시작됐기 때문에 신중하게 접근할 필요가 있다"며 증인 채택을 반대했다.

새누리당 정병국 의원은 "새누리당이 미르·K스포츠재단 의혹을 앞장서서 막는 듯한 모습을 보여 국민에게 엄청난 실망을 줬다"며 "빨리 털고 갈수록 대통령의 부담도 덜어진다"면서 특별감사에 착수해야 한다고 주장했다.

그러나 친박계 김태흠 의원은 "민간인의 비리 의혹은 검찰이 수사하면 된다. 대통령과 관계가 있는 것처럼 공세를 하는 것은 의도가 불순하다"고 반대했다.

그러나 박근혜 대통령은 "창조경제와 문화융성을 대한민국이 선진국으로 도약하기 위해 핵심 두 축으로 설정해 지속적으로 추진해 왔다"며 "민간이 앞장서고 정부는 지원하는 방식으로 이끌어 가야 한다고 생각했다"고 미르·K스포츠재단 설립 경위를 직접 밝히며 도가 넘는 인신공격성 논란을 우려했다.

이원종 대통령 비서실장은 청와대 국감에서 "박 대통령과 최순실은 아는 사이지만 '언니'라고 부르며 40년간 절친하게 지낸 것은 아니다"라며 실세 의혹을 일축했다.

이원종 실장은 "최순실 씨가 연설문을 수정했다는 언론 보도에 실소 (失笑)를 금치 못했다"며, 청와대를 출입하거나 출입했다는 것을 들은 적이 전혀 없다고 발뺌했다.

박근혜 대통령 의원 시절 비서실장으로 최순실의 남편인 정윤회 씨는 강원도 횡성에 칩거하면서 미르·K스포츠재단 의혹과 딸의 특혜 입학 논란에 대해 "심경이 좋지 않지만 모두 다 나와는 상관없는 일"이리면서, 조용히 사는 게 남은 나의 인생의 目표라고 정계 진출설도 부인했다.

(2) 최순실의 국정 관여에 사과했으나 여론은 더욱 악화

최순실 의혹에 대한 새누리당 비박계인 김무성, 김문수, 나경원, 김성태, 김영우 의원들의 비판에 대해 박근혜 대통령은 검찰의 수사를 지켜보자는 입장으로 사태를 더욱 악화시켜 나갔다.

JTBC가 최순실의 PC에 들어있는 파일 200개를 입수해 분석한 결과 박 대통령의 연설문, 국무회의 자료, 대통령 당선 소감 등 44개의 파일을 확인했다고 발표하자, 이원종 대통령 비서실장은 "정상적인 사람이라면 믿을 사람이 있겠나. 봉건시대에도 있을 수 없는 일"이라고 강력하게 부인했으나, 하루 만에 사실이 아닌 것으로 드러났다.

최순실 씨가 박 대통령 연설문을 사전에 받아보고 수정했다는 정황 증거가 나오면서 국정 개입과 국정 농단의 파문이 확산됐다.

더구나 최순실 씨가 박근혜 대통령의 연설문뿐 아니라 정부 조직 개편, 경제정책, 외교 등 국정 전반에 깊숙이 관여했다는 정황이 드러났다.

외교문서 중에는 '아베 신조 총리 특사단 접견 자료', '호주 총리 통화 참고 자료' 등 민감한 내용도 들어 있었다.

박 대통령은 2014년 말 이른바 '정윤회 문건' 파동 당시 "문건 유출은 국기 문란"이라고 규정하고 강경하게 대응했다.

더민주당 우상호 원내대표는 "그동안 박 대통령의 연설을 들은 게 아니라 최순실 씨 연설을 들은 것 아니냐"고 조롱했다.

박 대통령은 긴급 기자회견을 열어 "최순실 씨는 과거 제가 어려움을 겪을 때 도와준 인연으로 지난 대선 때 주로 연설이나 홍보

등의 분야에서 개인적 의견을 전달해주는 역할을 했다"며, "일부 연설문이나 홍보물의 표현 등에 도움을 받은 적은 있지만 청와대 보좌체계가 완비된 이후에는 그만 뒀다"고 해명했다.

박 대통령이 자신의 책임을 인정하고 사과했지만, 대기업에서 774억 원을 모금한 미르·K스포츠재단의 배후라는 주장 등 핵심 의혹을 비껴가자, 여론은 더욱 악화됐다.

이번 파문으로 '원칙과 신뢰'라는 박 대통령의 정치적 자산이 무너지면서 남은 임기 1년 4개월간 정상적인 국정운영에 비상등이 켜졌다.

더민주당 지도부는 특검 수사를 촉구했고, 정의당 심상정 대표는 "이론적으로 탄핵도 가능하다"고 처음으로 탄핵론을 제기했다.

(3) 국정농단에 대한 국민들의 분노가 촛불집회로

'최순실 국정 농단' 의혹과 관련해 박근혜 대통령이 대국민 사과문을 발표하자, 야권에서는 "박 대통령이 비선 실세를 통해 국정을 운영했음을 시인했다"며, 철저한 수사를 촉구했다.

박 대통령의 개헌 제안에 대해 '국면 전환용 꼼수 개헌'이라고 비판했던 더민주당 문재인 전 대표는 "최순실 게이트의 실상은 차마 부끄럽고 참담해 고개를 들 수조차 없는 수준으로, 국기 문란을 넘어 국정 붕괴"라며 독일에 체류 중인 최순실을 귀국시켜 수사하고, 우병우 비서관을 포함한 비선(秘線)실세와 연결돼 국정을 농단한 청와대 참모진을 일괄 사퇴시키라고 주장했다.

더민주당은 의원총회에서 '최순실 게이트 특별검사' 도입을 당론으로 채택했고, 새누리당도 의원 총회에서 특검을 수용했다.

그러나 국민의당 박지원 비대위원장은 "특검은 실익이 없고 전략적으로 이용될 우려가 있다"고 부정적인 반응을 보였다.

박 대통령의 취임식 때 광화문 광장에 설치된 '오방낭' 복주머니에 국민들의 소망을 담는 행사도 최순실 씨의 기획에 의해 진행된 것으로 폭로됐다.

청와대에 근무했던 한 비서관은 "부친 최태민 목사의 영향을 받은 최순실 씨가 우리 전통의 색깔을 종교적인 관점에서 접근하여 청, 황, 적, 백, 흑의 오색비단을 사용해 음양오행의 원리에 따라 전통주머니인 오방낭을 창안했으며, 박 대통령의 해외순방 등 중요 행사 때마다 입을 옷 색깔도 직접 골라줬다"고 증언했다.

더민주당 추미애 대표는 "최순실 씨가 비밀모임인 팔선녀를 이용해 막후 국정 개입은 물론이고, 재계에 막강한 영향력을 행사했다는 엽기적인 보도가 있다"고 팔선녀의 의혹을 제기했다.

주요 일간지는 최순실씨는 국내외에 200억 대 부동산을 소유하고 있으며 자금 출처는 베일 속에 가려져 있다고 연일 기획 보도했다.

박 대통령의 지지율이 10%대로 하락하자 새누리당에서도 "국정을 빨리 정상화하려면 최순실 씨 관련자들이 더 이상 박 대통령 뒤에 숨어 있지 말고 무슨 일이 있었던 것인지 고백해야하며 그에 따른 인적 쇄신이 이뤄져야 한다"고 주장했다.

교육부가 정유라의 입학, 학점 특혜를 준 의혹을 받고 있는 이화여대에 대한 특별 감사에 착수했다.

태블릿 PC에 셀카 사진이 있는데도 최순실은 인터뷰를 통해 "나는 태블릿 PC를 갖고 있지도 않고 사용할 줄도 모른다"며 의혹을 전면 부인했다.

최순실은 미르-K스포츠재단 진행 실황을 박 대통령에게 수시로 보고했으며 박 대통령이 재단 사업을 직접 챙겨왔다는 증언도 나왔다.

박 대통령은 최순실 국정농단 의혹 사태와 관련해 이원종 대통령 비서실장, 안종범 정책조정, 김재원 정무, 우병우 민정, 김성우 홍보수석 비서관의 사표를 수리하고, '문고리 3인방'으로 불리는 이재만 총무, 정호성 부속, 안봉근 국정홍보비서관도 대통령 곁을 떠나게 됐다.

'최순실 씨 국정 농단'에 항의하기 위해 대규모 집회가 광화문 광장에서 '모이자! 분노하자! 내려와라 박근혜!'라는 기치 아래 개최됐다.

서울 청계광장에서 시민, 학생 등 2만 명이 '대통령 퇴진'을 요구하는 시위를 벌였으나, 경찰도 나라 사랑하는 시민들의 마음을 이해하여 충돌 없이 끝났다.

(4) 책임 총리를 지명하고 두 번째 사과를 했어도

검찰 특별수사본부(본부장 이영렬 서울중앙지검장)는 미르·K스포츠재단에 대가없이 출연한 77억 원을 출연금이 아닌 뇌물로 잠정 결론을 내리고, 독일에서 긴급 소환된 최순실을 소환하여 조사했다.

최순실은 "죽을 죄를 지었습니다. 국민 여러분 용서해 주십시오"라고 보안검색대 앞에서 취재진의 질문에 응답했다.

미르·K스포츠재단 설립 과정에서 전국경제인연합회에 모금 지시를 한 당사자로 지목된 안종범 대통령 정책조정수석 비서관은 "모든 일은 박 대통령 지시를 받아서 한 것"이라며, "박 대통령과 최순실이 직거래가 있었다는 것으로 안다"고 박 대통령에게 법적 책임을 전가했다.

거국 중립 내각 구성 등 정국 수습 방안을 놓고 정치권에서 논의가 진행되고 있는 가운데, 박 대통령은 국무총리에 전 청와대 경제실장 김병준, 경제부총리에 금융위원장 임종룡을 지명하는 개각을 발표하자, 야당은 "박 대통령이 일방통행 국정운영 스타일을 못 버렸다"고 강력히 반발했다.

문재인 더민주당 전 대표는 "박 대통령이 분노한 민심에 정면으로 도전한 것"이라며, "정치적 해법을 찾는 게 불가능하다고 판단한다면 중대한 결심을 할 수밖에 없다"고 경고했다.

역대 국회의장 등 국가 원로들이 기자회견을 열고 "박 대통령은 초당적인 거국내각 구성을 위해 결단하고, 모든 국정운영을 거국내각에 맡겨야 한다"는 시국선언을 발표했다.

국무총리에 내정된 김병준은 "야당에게 이해를 구해도 안 되면 군말 없이 수용하겠다"고 울먹이며 사실상 국무총리직을 사퇴했다.

'최순실 게이트' 파문으로 지지율이 역대 최저치인 5%로 떨어진 박근혜 대통령이 두 번째 국민에게 사과하는 담화문을 발표하여 검찰 및 특별검사의 수사 수용 방침을 밝히는 등 자신의 책임을 솔직히 인정하면서 열흘 전 1차 사과보다 한층 진전된 2차 사과를 했다.

그러나 더민주당은 박 대통령의 두 번째 사과도 "진정성 없는 개인 반성문에 불과하다"며 수용하지 않고, 정권퇴진운동에 나서겠다고 최후 통첩을 했다.

박 대통령은 "헌신적으로 뛰어줬던 공직자들과 선의의 도움을 줬던 기업인들에게 큰 실망을 드려 송구스럽다", "국가 경제와 국민의 삶에 도움이 될 것이라는 바람에서 추진된 일이었는데 특정 개인이 이권을 챙기고 위법행위까지 저질렀다고 하니 안타깝고 참담한 심정"이라고 간접적인 표현만 했다.

최순실 씨와의 친분에 대해선 "과거 어려움을 겪을 때 도와준 인연"이라고만 언급했고, "이러려고 대통령 했나라는 자괴감마저 든다"고 술회했다.

전문가들은 1차 사과 때보다 진일보한 측면은 있지만 국정 수습방안이 여전히 미흡하다는 평가이다.

(5) 촛불집회 정국은 '최순실 특검법'을 의결

검찰은 최순실이 국무회의 개최 여부와 내용 등에 직접 관여한 정황이 담긴 통화 기록을 확보했고, 박 대통령의 비서관들을 수족처럼 부리며 사실상 대통령 행세를 한 것도 파악했다.

최순실이 김종덕 대통령 교육문화수석 비서관, 김상률 문화체육관광부 장관 인사를 좌지우지한 사실이 체포된 차은택의 진술로 확인됐다.

새누리당 김무성 전 대표는 "보수의 궤멸(潰滅)을 막아야 한다"며, 박 대통령의 당적 이탈을 촉구하고 나서자, 이정현 새누리당 대표는 즉각 반대 의사를 밝혔다.

촛불집회에 1차 2만, 2차 20만, 3차 100만 명이 운집한 것은 대통령의 영혼 없는 사과가 기름을 부었기 때문이다.

성난 민심은 대통령의 하야를 외치는데 새누리당과 청와대는 정권의 위기를 국가 위기로 키워 나갔다.

박 대통령의 퇴진을 요구하는 촛불집회가 광화문 광장에서 20만 명(주최 측 추정)이 모여 개최되어 성난 민심의 파도를 보여줬다.

박 대통령의 퇴진을 요구한 거대한 촛불 민심이 1916년 11월 13일에는 1987년 6월 항쟁 이후 최대 규모인 100만 명에 달하는 참여 인원(주최 측 추정)으로 박근혜 정권이 사실상 통치 불능 상태에 빠졌다.

100만 촛불 민심은 "즉각 하야하는 게 맞아"라는 즉각 하야론과 "퇴진 뜻 없으니 빨리 탄핵해야"라는 탄핵 추진론으로 양분됐다.

새누리당 김무성 전 대표가 박 대통령의 탄핵을 요구하면서 비박 진영이 동참 기세를 보이고 있으나, 박지원 국민의당 원내대표는 부결되면 되려 면죄부를 주게 된다고 신중한 반응을 보였다.

전남 강진에서 칩거해 온 더민주당 손학규 전 상임고문이 정계 복귀를 선언하며 더민주당을 전격 탈당했다. 2014년 7.30 재·보궐선거에서 패배하고 정계 은퇴를 선언한 지 812일만이다.

손학규 전 대표는 거국중립내각을 구성해 국무총리직을 제안할 경우 수락할 뜻이 있음을 밝혔다.

문재인 더민주당 전 대표는 "분노의 표출은 어떤 경우든 무조건 평화적으로 이뤄져야 한다"고 박 대통령에게 퇴로를 열어주자는 입장인 반면, 박원순 서울시장과 손을 잡은 국민의당 안철수 전 대표는 "국민의 요구는 분명하고 단호하다. 박 대통령은 즉각 물러나라"고 외쳤다.

박 대통령 변호를 맡은 유영하 변호사는 "검찰 조사가 진행 중인데다 결과를 지켜본 뒤 대응할 필요가 있으니 박 대통령의 검찰조사 일정을 연기해 달라"고 기자회견을 개최하여 민심에 불을 질렀고, 박 대통령이 사실상 검찰 조사를 거부한 것 아니냐는 시각이 대두됐다.

또한 "임기 중 형사소추 불가"의 방패를 활용하려는 의도도 엿보였고, 국민을 기만하는 청와대의 꼼수라며 민심이 들끓었다.

최순실 게이트 정국은 청와대와 새누리당 친박계는 하야 요구를 거부하면서 버티기에 나섰고, 야당은 장외투쟁을 선언하면서 평행선을 달렸다.

국회는 2016년 11월 17일 '박근혜 정부의 최순실 등 민간인에 의한 국정농단 의혹사건 규명을 위한 특별검사 임명법' 소위 '최순실 특검법'을 찬성 196명, 반대 10명, 기권 14명으로 가결 처리했다.

그리하여 특검 출범 후 최장 120일까지 최순실 씨의 국정농단을 집중적으로 수사하게 됐다.

새누리당 김진태 의원은 "촛불은 촛불일 뿐이다. 바람이 불면 꺼

지게 된다. 민심은 변한다"고 박 대통령을 옹호했고, 이정현 새누리당 대표는 더민주당을 향해 "초헌법적인 여론몰이로 대통령을 끌어내리려는 건 인민재판"이라고 반격했다.

새누리당 조원진 최고위원도 "박 대통령 퇴진 운동은 언젠가 반드시 부메랑이 돼 돌아갈 것"이라고 가세했다.

국정농단 사태에 대한 배신감과 내년 대선의 위기감이 복합적으로 맞물린 보수 진영이 보수 개혁을 어떻게 이뤄낼지 주목받게 됐다.

2. 박영수·윤석열 특검이 탄핵을 부추겨

(1) 박 대통령의 하야 거부로 특검과 탄핵이 추진

검찰은 박근혜 대통령의 지시로 국무총리·검찰총장 인사안까지 정호성 비서관이 최순실에게 전달했으며 외국 순방계획 자료도 47건이나 전달된 것을 확인했다며 기소했다.

유영하 변호사는 검찰의 중간 수사 결과 발표에 대해 "상상과 추측으로 만든 환상의 집(공소사실)으로 특검과 법정에서 사상누각처럼 허물어질 것"이라고 반격했다.

박 대통령의 이경재 변호사도 "검찰이 촛불에 줄을 섰다"고 억지 기소를 강하게 비판했다.

'최순실 게이트' 수습 방안을 놓고 오락가락하던 야권이 11월 21일 박 대통령 탄핵소추를 추진하기로 결정했다.

남경필 경기도지사와 김용태 3선의원이 새누리당 지도부를 향해 "구시대의 망령", "파렴치의 극치"라고 비판한 뒤 탈당을 선언했다.

박 대통령은 자진 하야를 거부하고 "국회가 진퇴를 결정해 달라"면서 법 절차에 따라 임기 단축을 원하면 개헌을 하라는 메시지가 전달되자, 새누리당과 더민주당은 대통령의 탄핵을 표결하고 국정 공백을 수습하겠다는 의지를 밝혔다.

박 대통령이 세 번째 대국민 담화에서도 잘못을 전혀 인정치 않고 자신의 거취를 국회에 떠넘기는 모습을 보이자, 국민의 분노는 더욱 끓어올랐고, "평화적으로 타오르던 촛불에 기름을 부은 모양새"라는 반응이 나왔다.

이에 따라 12월 3일 예정된 6차 촛불집회는 역대 최대 인원인 190만 명이 참가할 예정이다.

헌정 사상 처음으로 현직 대통령까지 수사하게 된 박영수 특별검사는 특검으로 임명된 후 "법과 원칙에 따라 철저히 수사하겠다"는 각오를 밝혔다.

제주 출신인 박영수 특검은 서울대 철학과를 졸업했고 서울지검 강력부장, 대검 중앙수사부장을 거쳐 서울고검장을 거쳤다.

(2) 박영수 특검에서 밝혀진 새로운 사실들

120일 간의 대항해를 위한 돛을 올린 박영수 특검은 미르·K스포츠재단 대기업 출연금의 뇌물죄 적용 여부를 비롯해 박 대통령의 세월호 7시간 부재, 청와대 약물 반입, 최순실의 부친인 최태민 씨 의혹 등 국민이 의혹을 갖고 있는 모든 사안을 철저하게 수사하겠다는 의지를 밝혔다.

청와대 조리장은 올 6월까지 최순실이 매주 청와대에 들어왔다고 증언했고, 최순실은 정호성과 국정농단의 통화와 문자를 895회, 1,197건을 한 것으로 확인됐다.

최순실의 부친인 최태민의 묘지가 2,000㎡으로 대통령 묘역의 7.5배에 달한 것으로 조사됐다.

차은택은 최순실은 박 대통령과 동급이며 공동정권이라고 생각했다고 진술했다.

김기춘 대통령비서실장은 최순실을 결코 모른다고 잡아떼다가 12시간 만에 "내가 착각했다"면서 번복했다.

2013년 4월 단행된 국가정보원 차장 및 기획조정실장 인사는 박 대통령이 최순실에게 후보자를 5배수까지 전달하여 최순실 씨가 낙점한 것으로 확인됐다.

또한 최순실은 "아까 얘기한 대로 결정하라"면서 박 대통령 말을 끊고 사실상 지시한 녹취록도 보도됐다.

지금껏 국가정보원에서 최순실에 대한 보고서가 단 1건도 없어 비선 앞에 마비된 국가정보망임을 드러냈다.

외국 대사들이 박 대통령에게 준 선물이 최순실 집에서 발견돼 두 사람의 긴밀한 관계를 드러냈다.

정호성이 추가로 제출한 녹취록에서 박 대통령의 3대 국정기조도 최순실이 설계한 것으로 밝혀졌다.

또한 최순실은 "장관도 새로 선임됐으니까 당부 말씀을 하고 가셔야지"하면서 박 대통령의 연설문을 쥐락펴락했다.

안종범 수석은 업무 수첩의 증거 채택을 뇌물죄를 의식하여 입장을 바꿔 반대했다.

 정호성 전 청와대 부속비서관과 최순실의 통화에서 "이제 공직

기강을 잡아야 한다"고 지시하는 등 대통령 행세를 한 국정농단 정황이 밝혀졌다.

최순실의 도우미는 "최순실과 정유라는 화장지 심 속에 수백만 원을 말아 끼워놓고 사용했다"고 증언했다.

노승일은 청와대 안종범 수석이 대응 문건을 보내와 검찰 조사 때 허위 진술을 했다고 자백했다.

박영수 특검은 박 대통령이 블랙리스트 작성을 지시하여 신동관 비서관 주도로 처음 만들어졌으며, 김기춘과 조윤선이 실행에 옮겼다며 구속영장을 청구했다.

박영수 특검은 최순실이 문화예술계의 블랙리스트 작성의 필요성을 박 대통령에게 주장하여 작업을 주도했고, 이 블랙리스트가 사업에 걸림돌이 될 만한 인물들을 배제하는 데 이용된 정황을 포착했다.

이렇듯 박영수 특검은 최순실의 국정개입 사실과 박 대통령의 행적 등을 파헤쳐 미주알고주알 언론에 흩날렸다.

(3) 박영수 특검에서 윤석열·한동훈 검사들 맹활약

김성태 국조 특위위원장과 위원들은 청문회를 거부한 최순실의 구치소를 방문하여 접견실에서 2시간 반 동안 비공개 신문을 진행했다.

여기에서 최순실은 "김기춘, 우병우는 모른다"고 일관되게 부인했고, 미르·K스포츠재단의 모금과 인사개입 의혹도 부정하면서 종신형을 각오한다고 밝혔다.

박영수 특검은 우병우 전 대통령 민정수석이 이석수 전 특별 감찰관의 퇴출과 최순실 국정 농단에 대한 직무유기 등의 정황을 포착했다.

박영수 특검은 이재용 삼성전자 부회장에 대해 법원이 사전 구속영장을 기각한지 26일 만에 최순실에게 지원한 433억 원을 박근혜 대통령에 대한 뇌물공여 혐의로 영장을 재청구했다.

삼성에서는 "대통령에게 대가를 바라고 뇌물을 주거나 부정한 청탁을 한 적이 결코 없다"고 혐의를 부인했다.

포승줄에 묶인 이재용 부회장의 보도가 삼성의 대외 이미지에 타격을 줄 것이 우려된다고 재계에서도 전망했다.

우려가 현실로 드러나 삼성전자 미국 내 평판이 7위에서 49위로 추락했다.

공무원 좌천 인사를 주도하고 민간인을 사찰한 혐의 등으로 우병우 전 민정수석을 특검이 구속영장을 신청했으나, 법원이 기각하여 특검 수사에 차질을 빚었다.

바영수 특검은 이영선 청와대 행정관이 차명폰 50여 대를 만들어 박 대통령과 최순실, 문고리 3인방이 소통하여 왔고, 우병우 민정수석도 업무용 휴대전화로 검찰 간부들과 2,000여 차례에 걸쳐 통화한 것을 확인했다.

박영수 특검은 박 대통령을 최순실과 공모해 뇌물을 받은 혐의의 피의자로 입건해 검찰에 넘겼다. 또한 최순실의 재산 200억 원도 확정 판결 때까지 동결했다.

특검은 최순실 일가의 재산은 2,730억 원으로 추정하고 78억 원의 보전을 청구했다.

박영수 특검은 "우병우 민정수석이 세월호 수사 압력을 넣은 것은 맞다"고 확인했다.

서울행정법원이 특검이 제기한 청와대의 압수수색 불승인 처분 취소 청구 소송 집행정지 신청을 각하하여 청와대 압수수색이 끝내 무산됐다.

2013년 국가정보원 댓글 사건 수사팀장을 맡아 원세훈 전 국정원장 등을 수사하다 검찰 수뇌부와 갈등을 빚고 고검 검사로 좌천됐던 윤석열 검사가 이번 특검 수사를 통해 화려하게 복귀했다.

특검에 파견된 한동훈 검사도 삼성 사건을 맡아 다시 한번 존재감을 드러냈다.

(4) 최순실에 대한 심문과 청와대의 반발

박 대통령과 최순실이 독일 도피 중에도 127회에 걸쳐 차명 폰으로 통화한 것으로 밝혀졌다.

더구나 박 대통령은 대국민 사과 당일 새벽까지 최순실과 집중 통화한 것으로 밝혀졌다.

박 대통령은 '정규재 TV'와의 인터뷰에서 "향정신성 약품을 먹었다든가 청와대에서 굿을 했다든가는 전혀 사실이 아닌 터무니없는 얘기다", "정운회와의 밀회설은 품격 떨어지고 민망한 얘기다", "최순실 씨와 경제 공동체로 엮였는데 그것은 엮어도 어거지로 엮은 것이다", "블랙리스트는 모르는 일이다. 조윤선 장관 구속은 너무 과했다", "고영태는 존재조차 몰랐고 정유라가 딸이라는 얘기는 정말 끔찍하고 저질스러운 거짓말이다", "태극기 집회 참가 인원수가 늘어난 것은 가슴이 미어지는 심정이다"라고 밝혔다.

안종범 수석이 추가 제출한 업무수첩 39권이 박 대통령의 2년 반 동안의 지시가 기록되어 대기업들의 비리나 압력이 적혀 있을지 '판도라의 상자'로 주목을 받게 됐다.

박영수 특검팀의 수사 결과에 대해 박 대통령의 유영하 변호사는 "터무니없는 주장이 대부분이고 사실관계와 크게 동떨어진 황당한 소설"이라며, 돈 거래가 전혀 없는데 경제공동체로 묶었다고 강하게 반발했다.

3. 새누리당 의원들의 배신으로 탄핵안 가결

(1) 찬성 234명, 반대 56명으로 탄핵안 의결

탄핵안 의결이 임박하자 한광옥 청와대 비서실장이 새누리당의 요구에 부응하여 내년 4월 대통령 퇴진, 6월 조기 대선을 수용하겠다는 입장을 밝혔으나, 때늦은 방안으로 여야로부터 호응을 얻어내지 못했다.

박 대통령의 탄핵안 표결을 앞두고 새누리당 비박계와 친박계가 존망을 건 전쟁에 돌입했다.

양 진영은 탄핵의 운명을 가를 28표를 놓고 사활을 걸었다.

양쪽 모두 당론 없이 자유 투표를 선택한 것은 이탈표를 극대화하려는 속내가 깔려있다.

영남에선 박 대통령에게 실망했지만, 탄핵 동조를 변절(變節)로 받아들이는 정서가 지배적이었다.

새누리당은 탄핵 찬반을 두고 친박과 비주류가 갈라서면서 분당이 불가피하다는 관측이 많다.

청와대는 "탄핵이 가결되면 그 절차에 따라간다"며 "가결된다면 승복하고 헌재(憲裁)의 심판에서 진실이 밝혀지도록 최선을 다할 것"이라고 밝혔다.

2016년 12월 8일 국회 본회의에서 '박근혜 대통령 탄핵소추안'이

의결됐다.

국회의 탄핵안 처리는 2004년 3월 12일 노무현 대통령 탄핵안이 국회를 통과한 지 12년 9개월 만이다.

만약 탄핵안이 부결된다면 성난 촛불 민심은 서울 광화문이 아닌 여의도를 뒤엎을 가능성이 높고, 정치권이 빅뱅(대폭발)의 소용돌이로 빨려 들어갈 것으로 전망됐다.

더민주당 우상호 원내대표는 탄핵안이 부결될 경우 의원직을 총사퇴하자고 제안했고, 김무성 전 새누리당 대표는 "이번 탄핵 표결은 헌정 질서를 바로잡기 위한 헌법 절차"라며 가결의 필요성을 강조했다.

더민주당 의원 121명 모두 의원직 사퇴서에 서명했고 국민의당 38명도 의원직 사퇴서를 박지원 원내대표에게 제출했다.

유승민 의원도 "탄핵은 지난 날의 잘못에 대한 단죄이지만 정의로운 공화국을 만드는 정치 혁명의 시작이 돼야한다"고 이탈표 단속에 나섰다.

박 대통령은 표결 전날 회견한 노무현 전 대통령과 대비하여 마지막 호소를 포기했다.

탄핵아이 찬성 234표, 반대 56표로 압도적으로 가결됐다. 새누리당의원 가운데에서도 최소 62명이 찬성한 것으로 나타났다.

박근혜 대통령의 권한은 정지되고 헌법재판소의 탄핵 결정이 내려질 때까지 대통령의 권한 대행은 황교안 국무총리가 맡게 됐다.

탄핵안 가결은 새누리당 내 비주류는 물론이고 친박계 의원까지도 비선 실세 의혹에 제대로 대처하지 못한 박 대통령에게 등을 돌린 결과이다.

박 대통령은 "제 부덕과 불찰로 이렇게 큰 국가적 혼란을 겪게 돼 진심으로 송구스럽다"면서도, "헌재의 탄핵 심판과 특검 수사에 차분하고 담담한 마음가짐으로 대응해 나가겠다"고 밝혔다.

야권 일각에서 주장하는 '즉각 사퇴' 요구를 일축한 것이다.

박 대통령의 탄핵 사유는 국가정보원장, 검찰총장을 비롯한 인선 자료를 민간인 최순실에게 누설한 것은 헌법 1조 국민주권주의 위배이고, 비선에서의 인사 농단은 직업공무원 제도하에서 대통령의 공무원 임명권에 위배되기 때문이다.

또한 정윤회 문건 유출 보도와 관련한 언론 탄압은 헌법상 언론 자유 위배이고, 세월호 부실 대응은 헌법 10조 국민 생명권 보장에 위배된다고 적시했다.

(2) 헌법재판소에서 탄핵안 심의·의결

헌법재판소 탄핵심판에 증인으로 출석한 최순실은 형사 재판과 달리 목소리를 높이며 조목조목 반박하며 "증거 있어요"라며 코웃음을 쳤다.

헌법재판소는 최순실 국정농단 사건 핵심 인물들인 정호성 등 45명의 검찰 진술조서를 무더기로 증거로 채택했다.

촛불집회와 태극기 집회가 위험한 힘겨루기를 펼쳤다.

'박근혜 정권 퇴진 비상국민행동' 사람들이 특검 사무실 앞에서 탄핵 촉구 집회를 가졌고, '계엄령 선포 촉구 범국민연합' 회원들이 전쟁기념관 앞에서 태극기와 성조기를 흔들며 탄핵 기각 촉구 범국민대회를 개최했다.

서울광장에서는 제14차 태극기 집회가 개최되어 "촛불로 나라를 망치려는 빨간 무리를 때려잡아야 한다"면서 '탄핵 무효'를 외쳐댔고, 광화문 광장에서는 제17차 범국민행동 촛불집회가 개최되어 "너희들 세상은 끝났다. 무수한 사람들이 피해 입고 아파할 때 이 정권은 못된 짓을 하나도 빠짐없이 모두 했다"면서 '특검 연장'을 주장했다.

헌법재판소 대심판정에서 박 대통령 변호인단 서석구 변호사가 재판 전에 태극기를 펼치며 시위를 벌이자, 이정미 소장 대행은 심리에 방해가 된다고 경고했다.

박 대통령 대리인단 김평우 변호사가 강일원 주심을 향해 '국회 측 수석 대리인'이라는 등 막말을 쏟아내자, 이정미 소장 대행은 모욕적 언사라며 재판관 24시간 경호를 요청했다.

81일 동안 이어진 헌법재판소의 탄핵 심판이 마무리됐다. 서면 최후 진술에서 박 대통령은 "믿었던 사람으로 인해 제 선의가 왜곡되고 글로벌 기업의 부회장이 구속되는 걸 보면서 가슴이 아팠다. 믿음을 경계했어야 했는데 늦은 후회가 든다"고 최순실에게 책임을 떠넘겼다.

권성동 국회 탄핵소추위원단장은 "탄핵은 여야와 정파를 떠나 잘못된 것을 바로잡고 미래세대에 희망을 주는 최선의 결단"이라고 인용을 호소했다.

이정미 헌법재판소장 권한대행은 "박 대통령은 최순실 씨의 사익을 위해 대통령의 지위와 권한을 남용하고도 잘못을 숨기고 수사에 불응한 것은 헌법수호 관점에서 용납될 수 없는 중대한 법 위배 행위"라며 재판관 8인 전원 일치로 파면을 선고했다.

박근혜 대통령은 헌법재판소에 의해 파면을 당해 임기 351일을 남기고 불명예 퇴진했다. 박 대통령은 첫 여성 대통령으로 화려하게 등장했으나 첫 탄핵 대통령으로 불명예 퇴진했다.

헌법재판소 주변에선 탄핵에 반대하는 시위대의 폭력으로 부상자가 속출했고 2명이 숨지기도 했다.

태극기 부대는 경찰 버스를 점령하여 아수라장을 만들었고 촛불집회 참가자들은 폭죽을 쏘아 올리며 승리의 함성을 외쳤다.

구속 중인 최순실은 파면 소식을 듣고 대성통곡했고, 서석구 변호사는 "촛불집회에 날개를 달아줘 대한민국이 어떻게 될지 우려된다"고 반발했다.

4. 박근혜 대통령 구속과 신데렐라 정유라

(1) 박근혜 대통령의 검찰조사와 구속

박근혜 대통령이 검찰 조사를 받고 귀가하면서 "재단 출연 강요한 적 없고 최순실 지원 몰랐던 일"이라면서 국민께 송구하다고 사죄했다.

검찰은 "공범인 최순실과 박 대통령의 지시를 이행한 공직자뿐 아니라 뇌물 공여자까지 구속된 점에 비춰 구속영장을 청구하지 않은 것은 형평성에 반한다"고 영장청구 배경을 설명하며 주요 혐의는 13가지이며 298억 원 뇌물 수수 혐의를 받고 있다고 밝혔다.

박 대통령의지지 모임인 박사모는 영장 소식에 삼성동 사저로 몰려와 시위를 벌였다.

박 대통령은 영장실질심사에서 "뇌물 같은 더러운 돈 받으려고 대통령 한 줄 아느냐"고 눈물을 흘리며 반박했다.

대한애국당 등 친박성향 단체 회원 2,000여 명이 서초동 중앙지법 앞에 집결하여 박 전 대통령의 구속 영장 반대 집회를 열었다.

그러나 법원은 증거 인멸 우려가 있다면서 구속영장을 발부했다.

박 전 대통령은 구속영장 발부에 "검찰이 6개월 동안 수사하고 법원이 6개월 동안 재판했는데 다시 구속 수사가 필요하다는 결정을 받아들일 수 없다"고 반발해 재판을 거부했고, 변호인단 7명도 전원 사임했다.

검찰은 박 대통령이 세 명의 국정원장에게서 상납 받은 국정원 특수활동비를 사적인 용도로 사용했다고 밝혔다.

이병호 전 국정원장은 "박 전 대통령이 직접 요구해 특활비를 건넸다"고 진술했다.

검찰은 국정원 특활비 청와대 상납 건으로 박근혜 정부 시절 국정원장을 지낸 남재준, 이병호, 이병기 등 3인을 모두 구속시켰고, 남재준 원장은 6억 원, 이병기 원장은 8억 원을 박 전 대통령에 상납한 것으로 밝혀졌다.

국정원 특활비 1억 원을 이헌수 기획조정실장이 최경환 경제부총리에게 직접 전달한 것이 밝혀져 최경환 의원도 전격 구속됐다.

박근혜 전 대통령은 구속 371일 만에 피고인이 불출석한 가운데 제1심 선고가 내려졌다.

재판부는 박 전 대통령의 18가지 혐의 중 뇌물수수, 직권남용, 강요 등 16가지를 유죄로 인정하고 231억 원의 뇌물을 수수했다고 판단했다.

재판부는 징역 24년, 벌금 180억 원을 선고하면서 "범행을 모두 부인하면서 반성하는 모습을 보이지 않았고, 오히려 최순실에게 속았다는 등 책임을 전가하는 태도를 보였다"고 판시했다.

국정원에서 1억 원의 뇌물을 받은 최경환 의원에게도 징역 5년과 벌금 1억 5천만 원, 추징금 1억 원이 선고됐다.

'박근혜 청와대'가 구치소로 옮긴 듯 장-차관, 청와대 비서관 30

여 명이 수감됐다. 이리하여 친박들까지 "난 더 이상 친박이 아니다"라고 탈박 선언에 앞장섰다.

법원은 박 전 대통령의 국정원 특활비 상납사건 선고 공판에서 특활비 횡령으로 국고 손실은 가져왔지만, 뇌물은 아니라며 징역 6년에 추징금 33억 원을 선고했다.

새누리당 공천 개입에 징역 2년을 선고함에 따라 박 전 대통령은 징역 32년, 벌금 180억 원, 추징금 33억 원을 받게 됐다.

항소심에서 박 전 대통령이 징역 25년과 벌금 200억 원을 선고받고 대법원 상고를 포기한 것은 지난해 1심 재판부가 구속영장을 추가로 발부하자 "법치의 이름을 빌린 정치 보복"이라며 '재판 거부'를 해온 연장선으로 분석됐다.

이경재 변호사는 "묵시적 청탁을 인정하면 이것은 정적 제거용 천하의 보검이 될 것"이라며 "박 전 대통령이 이재용 부회장을 만난 게 강요죄라면 문재인 대통령이 기업인을 만나는 것도 강요죄가 성립된다"고 항소심 재판부의 논리를 비판했다.

홍문종, 김무성 의원 등 국회의원 70명이 박 전 대통령의 형 집행 정지를 요청하는 청원서를 서울중앙지검에 제출했다.

박 대통령은 삼성동 사저를 67억 원에 팔고 내곡동에 28억 원으로 새 집을 마련했다.

(2) 최순실을 바롯하여 국정농단 관련자들 모두를 엄벌

검찰은 최순실에게 "국정 농단의 시작과 끝"이라며 징역 25년과 벌금 1,185억, 추징금 77억 원을 구형하자, 최순실은 "옥사하라는 얘기냐"며 괴성을 질러댔다.

최순실에게 건넨 옷값이 국정원의 돈으로 밝혀지자, 최순실은 법정에서 "빨리 사형을 시키든지 분해서 못 살겠다"면서, 책상을 주먹으로 내려치며 흐느꼈다.

서울 중앙지법은 국정농단의 주범 최순실에게 박 전 대통령과 공모해 대기업에 미르·K스포츠재단 후원을 강요하고 뇌물을 받은 혐의 등을 인정하여 징역 20년과 벌금 180억 원, 추징금 72억 원을 선고했다.

서울 중앙지법은 불법 미용 시술을 한 최순실의 단골 성형외과 원장 김영재와 부인 박채윤에게 징역 1년 6개월과 징역 1년을 각각 선고했다.

서울 중앙지법은 "대통령에 대한 충성심이 지나쳐 최순실 등의 국정농단 및 비선 진료 등 현 사태를 초래해 죄질이 결코 가볍지 않다"고 이영선 전 청와대 행정관에게 징역 1년을 선고하고 법정 구속했다.

또한 롯데그룹 신동빈 회장을 면세점 특허 청탁과 뇌물공여 혐의로 징역 2년 6개월과 추징금 70억 원을 선고하고 법정 구속했다.

그러나 삼성 이재용 부회장은 "삼성 경영권 특혜는 없었다"는 판결로 석방됐다.

최순실에게 청와대 문건을 유출한 혐의로 구속 기소된 정호성 전 청와대 부속 비서관에 대해 대법원이 징역 1년 6개월을 확정했다.

우병우 민정수석이 검찰과 특검이 청구한 구속영장은 기각됐지만 세 번째 영장 청구에서는 "직권남용과 권리행사 방해 등 혐의 사실이 소명되고 특별 감찰관 사찰 혐의에 관해 증거 인멸 우려가 있다"며 구속영장이 발부됐다.

우병우 수석은 진경준 부장검사의 비위를 알고도 검찰에 넘기지 아니한 의혹과 우병우 수석 측근들이 검찰 요직에 포진하여 실세로서 유죄를 무죄로 한다는 의혹도 받았다.

우병우 수석 처가의 땅을 사줬던 넥슨은 세무조사를 받고도 909억 원의 세금을 줄여준 것도 조사 대상이 됐다.

우병우 일가는 재산회피용으로 회사를 운영하여 중소기업 특례로 세금을 축소한 의혹도 제기됐다. 그러나 이러한 의혹들은 검찰에서 모두 무혐의 처분됐다.

이석수 특별감찰관이 청와대와 우병우 수석이 국기를 흔드는 중대한 위법 사실을 했다고 공표한 데 대해, 청와대는 이석수 감찰관의 부적절 행보를 지적하고 정면 반박했다.

우병우 수석과 이석수 특별감찰관이 맞고발하자, 난감한 검찰은 수사 의뢰를 축출 음모로 간주하고 검찰총장이 동시 수사를 직접 지휘하고 편파수사는 없다고 밝혔다.

우병우 수석 보란 듯 이석수 감찰관은 사표를 제출했고, 법꾸라시로 알려진 우병우 수석도 법망을 피하지 못하고 구속 수감됐다.

(3) 최순실 게이트 신데렐라로 떠오른 정유라

덴마크 검찰의 한국 송환 결정에 불복해 소송을 벌이고 있는 정유라는 "모친인 최순실과 박 전 대통령의 부패 스캔들에 대해 전혀 아는 바가 없고 한국에 가면 아이를 빼앗길까 두렵다"고 주장했다.

정유라가 송환 결정 불복 항소심을 자진 철회하여 덴마크 정부가 6월 24일까지 한국에 보낼 것임을 확인했다.

정유라가 덴마크 현지 경찰에 체포된 지 151일만인 5월 31일 오후 인천 국제공항을 통해 강제 송환되어 체포됐다.

정유라는 "어머니와 대통령 사이에 어떤 일이 벌어졌는지 하나도 모르지만 일단 저는 좀 억울합니다"라면서, 자신을 둘러싼 이화여대 부정 입학 및 학사 비리, 삼성의 승마 훈련 특혜 지원 의혹 등을 모두 부인했다.

서울 중앙지법은 "자녀가 잘 되기를 기원하는 어머니의 사랑이라고 하기엔 너무 많은 불법과 부정을 보여줬고, 비뚤어진 모정은 아끼는 자녀마저 공범으로 전락시키고 말았다"고 최순실에게 징역 3년 형을, 정유라의 부정 입학과 특혜를 도운 최경희 전 이화여대 총장에게 징역 2년 형을 선고했다.

정유라는 "엄마가 삼성 말은 네 것이니 타라고 했다"고 법정에서 폭탄 발언하자 최순실은 "딸과 인연을 끊어버리겠다"고 격노했다.

정유라는 "엄마 비자금은 장시호 언니가 숨겨 놓고 가로챘다"며 사촌 언니인 장시호를 저격했다.

이에 장시호는 "비자금이 있으면 제발 찾아서 다 가져가 달라"고 발끈했다. 고교 시절 정유라가 임신하자 장시호가 낙태를 강요하여 장시호와 결별한 것으로 알려졌다.

정유라는 이화여대 입학 서류 점수는 하위권이었으나 면접에서 최고점을 받아 합격한 것으로 밝혀졌다.

교육부는 이화여대에 정유라의 입학을 취소하고, 최경희 이화여대 총장 등 10여 명을 징계 조치하고 체육특기자 전형 폐지를 요구했다.

교육부의 감사로 정유라의 입학 과정에서 문제가 있었고, 이화여대는 수업 출석을 않거나 출석 인정 자료를 제출하지 않았는데도 출석을 인정하는 등 각종 특혜를 주었던 것이 확인됐다.

정유라의 답안지 조작까지 하며 학점 특혜를 준 혐의로 류철윤 이화여대 교수가 구속됐다.

이화여대 김경숙 학장이 정유라를 장학생으로 만들기 위해 학사 규정까지 바꿨다는 혐의로 구속됐다.

정유라는 청담고에서 졸업이 취소되고 퇴학 처분되어 이화여대 입학 자격도 사라졌다.

최순실의 전 남편이며 정유라의 아버지인 정윤회 씨는 인터뷰에서 "내가 대통령 곁에 있을 당시 최순실은 '친한 지인'이었을 뿐"이라며, "최순실의 국정농단이 이 정도일 줄 상상하지 못했다"고 밝혔다.

제2장 더민주당 문재인 후보 대통령 당선

1. 반기문 유엔사무총장이 대선후보로 급부상

2. 방향 잃은 보수 진영은 세 갈래로 분열

3. 더민주당 후보경선과 여론조사 추이

4. 지역과 진영 대결, 대형 이슈 없는 三無대선

1. 반기문 유엔사무총장이 대선 후보로 급부상

(1) 궤멸된 보수 진영의 대선 주자로 추대 움직임

유엔사무총장 반기문은 유엔 고별행사에서 "한국 국민들이 현재의 위기 극복에 도움을 줄 수 있는 새로운 형태의 포용적 리더십을 원하고 있다"면서, 대선 출마를 강력 시사했다.

반기문 유엔 사무총장이 "대한민국 발전에 도움이 된다면 제 한 몸 불살라서라도 노력할 용의가 있다"고 대선 출마를 선언했다.

반기문 총장은 "한국 사회의 적폐가 적나라하게 드러났다. 국민이 없고 나라가 없는데 정당과 계파가 왜 중요한지 알 수 없다"면서, 기존 정치권과 자신을 차별화한 동시에 당분간 특정 정당에 합류하지 않겠다는 것을 시사했다.

반기문 대통령 추대 국민 대통합 추진 위원회가 유력 정치인이 참여한다는 명함이 유포되자 고건, 김종필, 이회창, 정운찬, 한승수, 서청원 등 정계 원로들이 강력히 항의했다.

김종필은 "기회가 되면 반기문 총장을 만나고 싶다", "그러나 반 총장과 고향이 같을 뿐 각별하지는 않다"고 밝혔다.

마땅한 대선주자가 없는 새누리당 내 충청권 지역 의원들은 정진석 의원을 중심으로 환영 일색이고, 국민의당 박지원 원내대표도 국민의당에 입당하여 당내 경선을 기대했다.

반면 더민주당은 "노무현 대통령의 슬픈 죽음에 조문(弔問)조차도 못한 신의 없는 사람"이라며 "여의도 정치판의 이합집산에 주판알을 튕기는 기회주의적 정치 태도로는 대한민국의 미래를 열 수 없다"고 맹비난했다.

2016년 12월 22일 리얼미터가 조사한 여론조사에서는 반기문 총장이 23.1%로, 문재인 전 민주당 대표(22.2%)를 누르고 대선 후보 1위로 올라섰다.

이재명 성남시장이 11.9%이고 국민의당 안철수 전 대표가 8.6%, 안희정 충남지사가 4.7%, 박원순 서울시장이 4.4%순이었다.

(2) 지지율이 답보하자 불출마 선언하고 중도하차

반기문 총장은 "유엔 사무총장으로 겪은 여러 경험과 식견을 갖고 젊은이들의 보다 밝은 미래를 위해 길잡이 노릇을 하겠다"고 대선 링 위에 올라섰다.

반 전 총장은 "대한민국은 총체적 난관이다", "패권과 기득권 더 이상 안 된다", "정권 교체가 아니라 정치 교체가 이뤄져야 한다"고 강조했다.

국민의당 당권을 잡은 박지원은 "반기문, 손학규에 문이 열려있다"면서 개혁연대에 손짓했다.

새누리당은 '반기문 대망론'을 띄우고 있으나, 야권에서는 '친박 프레임'을 씌워 견제에 나섰다.

반기문 전 총장이 영호남을 넘나들며 민심을 듣는 행보를 했지만, 지지율은 좀처럼 오르지 않고 답보 상태가 되어 날카로워졌다.

범보수 진영에서 지지율 선두를 달리자, 국민의당 등 반대 진영의 견제가 더욱 거세지고 있기 때문이다.

반기문은 중립지대에 머물다 막판 세몰이에 성공하여 대통령에 당선된 아이젠하워 대통령을 모델로 삼고 전략을 수립하여 추진했다.

반기문 전 총장은 "모든 정당과 정파의 대표들로 개헌 추진 협의체를 구성해 대선 전 개헌을 본격적으로 추진할 것을 제의한다"고 승부수를 띄웠다.

반기문 전 총장은 개헌 고리를 빅텐트로 가속하여 반전 카드를 마련 중이며 친박-친문을 빼고 전방위 접촉을 강화했다.

반기문 전 총장은 관훈 토론회에서 "나는 한 점도 때 묻지 않은 정치 신인이다", "문재인 전 대표는 사드 문제도 비판이 나오니 말을 바꾸고 오락가락 한다"고 비난했다.

반기문 전 총장이 TK와 충청 연합론을 필승카드로 내세우며 질주하자, 안철수 후보는 PK와 비박의 동서연합론을 제창했다.

반기문 전 총장은 "인격 살해, 가짜 뉴스에 상처 받고 편협한 정치에 실망했다"면서, 전격적으로 대선 불출마를 선언했다.

반기문 전 총장은 "나에게 보수의 소모품이 되라는 얘기지만 보수만을 위해 일하는 사람은 대통령 자격이 없다. 나는 보수지만 그런 얘기는 내 양심상 받아들일 수 없었다"는 여운을 남겼다.

2. 방향 잃은 보수 진영은 세 갈래로 분열

(1) 방황한 새누리당 주류는 자유한국당으로

주호영, 이주영, 한선교 후보들을 꺾고 호남 출신으로 보수여당의 대표에 오른 이정현 새누리당 대표가 "대통령에 맞서는 게 정의라고 생각하면 여당의원의 자격 없다"고 기강 잡기에 나섰으나, 박근혜 대통령의 탄핵안이 가결되자 대표직을 사임했다.

새누리당 원내대표 선거에서 친박계가 지원하는 정우택 의원이 62표를 얻어 비주류가 내세운 나경원 의원(55표)을 꺾고 당선됐다.

이정현 대표가 사퇴하여 정우택 원내대표는 당 대표 권한대행으로 당 운영의 전권을 갖게 됐다.

새누리당은 김황식 전 국무총리를 비대위원장에 옹립코자 했으나 "당내 논의가 정리돼야 거취를 표명하겠다"고 유보하여 김희옥을 비대위원장에 추대했다.

김희옥 비대위원장은 계파 정치로 통합을 해치면 제명하겠다고 선언했다.

탈당한 유승민 의원의 복당으로 새누리당은 진흙탕 내전에 돌입했다.

김희옥 비대위원장은 "복당 결정 회의는 일방통행이었다"고 반발했고, 김영우 의원은 "표결로 결정한 게 쿠데타냐"고 반박하자, 김희옥 비대위원장이 사퇴하여 새누리당은 인명진 목사를 비대위원장으로 옹립하여 고강도 쇄신이 요구됐다.

인명진 비대위원회가 천신만고 끝에 출범했다. 서청원 의원은 사사 오입식 폭거라고 주장했고 친박계인 김진태, 백승주, 윤재옥 의원 등은 불참했다.

인명진 위원장이 "대선에서 승리하려면 박 대통령이 탈당해야 한다"고 주장하자, 김무성 의원도 "역대 대통령이 임기 말 되면 사실상 출당됐다"고 맞장구쳤다.

인명진 비대위원장은 서청원, 최경환, 이정현 의원 등 친박 핵심 인사들에게 탈당하라고 권유하며 박 대통령도 인적 청산 대상에 포함된다고 밝혔다.

이에 친박 의원들은 "우리가 데려온 청부업자에게 우리가 당하게 됐다"고 강하게 성토했다.

새누리당 윤리위원회는 서청원, 최경환 의원에게 당원권 3년 정지, 윤상현 의원에게 1년 정지 처분을 내렸다.

5년 동안 집권여당의 당명으로 쓰였던 새누리당이 역사의 뒤안길로 사라지고 2017년 2월 13일 자로 자유한국당 시대가 열렸다.

보수의 핵심 가치인 '자유'와 대한민국의 '한국'을 합친 것이다.

자유한국당 당내 경선에서 홍준표 경남도지사가 54.2%의 득표율로 대선 후보로 확정됐다. 그는 "강단과 결기를 갖춘 우파 '스트롱맨' 대통령이 되겠다"고 밝혔다.

홍준표 후보는 "가출한 바른정당 돌아오라"고 손짓을 하자, 유승민 후보는 "무자격 후보를 뽑은 자유한국당은 해체하라"고 응답했다.

자유한국당 홍준표 후보는 "문재인 후보는 자기 대장이 뇌물 먹고 자살한 사람"이라고 막말을 하자, 더민주당 안희정 후보는 "홍준표 후보는 정치자금법 위반으로 실형을 살고 나온 사람"이라고 '성완종 게이트 사건'에 대한 기억을 되살렸다.

홍준표 후보는 "뇌물 먹고 자살 발언은 팩트"라며 법적 책임을 묻겠다는 더민주당의 공세를 일축했다.

홍준표 후보는 성완종 의원으로부터 1억 원의 뇌물을 받았으며 뇌물 전달자인 윤승모의 진술도 신빙성이 있어 1년 6개월의 실형 선고를 받았다는 더민주당의 공세가 강화되자 "저승 가면 성완종에게 물어볼 것"이라며 비껴갔다.

(2) 새누리당 비주류가 분당하여 바른정당 출범

박근혜 대통령은 최순실의 국정 관여 비율은 1%도 안 됐다고 국정 농단을 부정했다.

새누리당 탈당을 보류한 유승민 의원이 "전권을 주면 비대위원장의 독배를 받겠다"고 선언하자, 정우택 원내총무는 "문제 일으킬 비대위원장은 안 된다. 친박 핵심 2~3명에게도 백의종군을 요청하겠다"며 거절했다.

남경필, 김용태 등 탈당파들은 유승민에게 "계산 그만하고 새누리당을 나와라"라고 손짓했다.

유승민 의원이 비대위원장 추대가 거부되자 김무성 의원과 함께 새누리당을 탈당하고 신당 창당을 논의했다.

주류인 서청원 의원은 "분당 한두 번 봤느냐, 나갈 사람은 나가라"고 막말을 던졌다.

새누리당 비주류 의원 34명이 집단 탈당하며 분당을 공식 선언하여 국회는 신4당 체제가 됐다.

새누리당은 128명에서 99명으로 축소됐고 보수신당은 30명으로 제 4 원내 교섭단체로 등록됐다.

이들은 원내대표에 주호영, 정책위의장에 이종구 의원을 추대했다.

황영철 의원은 "가짜 보수와 결별하고 진정한 보수 정치의 중심을 세우고자 새로운 길을 가기로 뜻을 모았다"고 밝혔다.

개혁보수신당은 중도층을 의식해 보수를 배제하고 바른정당으로 당명을 확정했다.

바른정당은 "반기문은 우리와 철학이 비슷하다"고 연일 손짓을 하고 있으나, 반기문은 독자 세력화가 먼저라고 밀당을 계속했다.

바른정당은 창당대회를 개최하여 정병국을 당 대표로 추대하고 "가짜 보수를 배격하고 보수의 진정한 가치를 지키겠다"며, 대선 과정에서 보수 대통합을 이뤄내겠다고 강조했다.

보수 진영의 적자 자리를 놓고 자유한국당과 바른정당의 감정 싸움이 점입가경이다.

김무성 의원이 안명진 비대위원장을 향해 "두 얼굴의 안 목사는 야누스의 얼굴"이라고 비난하자, 인병진 비대위원장은 "나는 선한 야누스이고 잘못 변하는 나쁜 야누스도 있다"고 맞받아친 발언으로 대응했다.

바른정당 김무성 의원은 "친박 패권 세력이 내게 '박 대통령을 여왕으로 모셔달라'고 요구한 것을 거부하자 배신자 소리를 듣고 있을 뿐"이라고 반격했다.

바른정당 대선후보 경선에서 유승민 의원이 62.9%를 득표하여 37.1% 득표율을 올린 남경필 경기도지사를 꺾고 후보로 확정됐다. 유승민 후보는 단일화에 목매지 않겠다고 선언했다.

(3) 안철수와 국민의당은 오락가락한 행보를

새정치연합 공동대표였던 안철수가 천정배, 박주선, 박지원, 정동영 호남 대표주자들과 의기투합하여 국민의당을 창당하고 안철수-천정배 공동대표 체제로 출범했다.

국민의당 원내대표는 '호남 강화론'을 내세운 주승용 의원이 김성식 의원을 꺾고 당선되어 안철수 전 대표의 영향력이 위축됐다.

안철수 국민의당 대표는 "부패 기득권 세력과 전면전을 선포한다"며 "국가를 좀먹는 암 덩어리들을 송두리째 도려내지 않으면 제2, 제3의 박근혜-최순실 게이트를 막을 수 없다"고 권력을 잡은 듯 목소리를 높였다.

안철수 대표는 새누리는 부패 세력으로 절대로 연대 안 한다고 거듭 선언했고, "박 대통령 당선에 책임 있는 사람들인 김무성, 유승민 의원들과 연대도 없다"고 선을 그었다.

안철수 대표는 문재인 전 대표에게 당장 할 수 있는 결선 투표제부터 논의하자고 제안했다.

국민주권 개혁회의 손학규 의장이 국민의당과의 통합을 전격 선언하여 비문재인 텐트를 구축했다.

국민의당 당내 경선에서 안철수 후보가 85.3%의 지지를 받아 15.3%의 손학규 전 대표, 2.2%를 득표한 박주선 국회부의장을 꺾고 흥행몰이에 성공했다.

안철수 후보는 "낡은 과거의 틀을 부숴버리고 미래를 여는 첫 번째 대통령이 되겠다"고 밝혔다.

더민주당에서 안철수 후보에 대해 "지난 대선에서 문재인 후보를 도와주지 아니했다"고 주장하자, 안 후보는 "동물도 고마움을 아는데 짐승만도 못하다"면서, "양보만으로도 고맙다고 해야 도리"라고 반격했다.

안철수 후보는 구속영장이 발부되지 아니한 상황에서 "국민이 요구하면 박 대통령 사면 논의가 가능하다"고 태극기 부대 표를 의식했다.

문재인 후보는 "박근혜 전 대통령이 구속되자마자 사면 얘기라니 지도자 자세가 아니다"라고 맹공했다.

3. 더민주당 후보 경선과 여론조사 추이

(1) 치열한 더민주당의 대통령 후보 경선

더민주당이 완전 국민경선과 결선투표제를 주요 내용으로 하는 경선 규칙을 발표하자 박원순 서울시장과 김부겸 의원은 "당 지도부가 경선 규칙을 일방적으로 확정했다"고 반발했다.

지지율이 답보 상태에서 벗어나지 못하자 박원순 서울시장이 불출마를 선언하여 더민주당의 대선 후보 경선은 문재인 전 대표, 이재명 성남시장, 안희정 충남도지사의 3파전으로 굳혀졌다.

문재인 후보는 "저는 영남 출신이기 때문에 총리부터 시작해 인사도 확실히 탕평 위주로 해서 호남 홀대는 말할 것도 없고 전국적으로 지역이 통합되는 새로운 대한민국을 만들겠다"면서 호남 총리를 약속했다.

문재인 전 대표가 특전사 복무 당시 공수여단장인 전두환 전 대통령으로부터 표창장을 받았다는 '전두환 표창장 발언'논란의 여파로 호남 지역에서 일주일 새 지지율이 14%포인트 급락했다.

더민주당의 대선 후보 첫 순회 경선인 호남에서 문재인 후보가 60.2%의 득표율로 1위를 차지했다.

안희정 후보는 20.0% 득표율로 20% 대에 턱걸이했고, 이재명 후보는 19.4%, 최성 후보는 0.4% 득표율에 머물렀다.

문재인 후보는 "당 안팎에서 제기됐던 '호남의 벽을 넘지 못할 것' 이라는 지적은 기우였음이 드러났다"고 자축했고, 지난 20대 총선에서 "호남에서 지지를 얻지 못하면 정계에서 은퇴하겠다"고 배수진을 쳤음에도 호남에서 단 3석을 확보하며 참패한 아픈 기억도 영향을 미쳤다.

문재인 후보는 결선 투표 없이 곧바로 직행한다는 것이 목표다.

문재인 후보가 충청권 경선에서도 47.8% 득표율로 36.7% 득표율에 머문 안희정 후보를 꺾고 1위를 달렸다. 이재명 후보는 15.3%를 득표했다.

문재인 후보가 네 차례 경선에서 모두 승리하여 57.0%의 누적 득표율로 결선 투표 없이 본선에 직행했다.

안희정 후보가 21.5로 21.2%를 득표한 이재명 후보를 꺾고 2위 대결에서 승리했고, 최성 후보는 0.3% 득표율에 머물렀다.

문 후보는 "이번 대선은 보수 대 진보의 대결이 아닌 과거 적폐 세력이냐, 미래 개혁 세력이냐의 선택"이라며 반드시 정권 교체의 문을 열겠다고 선언했다.

더민주당의 경선에서는 문재인 후보는 청와대에서 4년 동안 국정 전반에 참여했으나 시민사회수석 시절 현안 갈등 조정에 한계를 보였고, 안희정 충남도지사는 7년 동안 행정 최전선에서 활약하며 협치 도정을 펼쳤으나 가시적인 성과는 미흡했고, 이재명 성남시장은 청년배당, 토지배당 등 파격적인 복지 정책을 제안하고 있으나 도덕성 문제로 찬반 논란을 불러일으켰다.

(2) 대선후보 여론조사에서 문재인 후보가 줄곧 1등

반기문 전 유엔 사무총장이 중도 하차한 2월 6일 대선후보 여론조사에서는 문재인 28.7%, 안희정 12.9%, 황교안 10.0%, 안철수 7.4%, 이재명 6.0%, 유승민 3.5%로 나타났다.

이재명 후보의 지지율이 하락한 반면, 충청대망론을 업고 안희정 후보가 급상승했고, 보수 진영의 선두주자로 황교안 후보가 급부상했다.

탄핵 결정 후 대선후보 지지율은 문재인 31.4%, 안희정 20.2%, 안철수 11.4%, 이재명 9.2%, 홍준표 5.9%, 심상정 2.0%, 유승민 1.6% 순이었다.

각 당의 당내 경선이 진행중인 3월 31일 동아일보 여론조사에서 양자 대결일 경우 문재인 41.7% 대 안철수 39.3%로, 안희정 44.8% 대 안철수 34.8%로, 안희정 후보가 문재인 후보보다 경쟁력이 더 높게 나타났다.

호남권 여론조사에서는 문재인 44.1%, 안철수 37.7%로 문재인 후보가 앞섰다.

안희정 후보가 경선에서 탈락할 경우 지지층 33%는 안철수 후보로, 20%는 문재인 후보로 넘어갈 것으로 조사됐다.

대선을 한 달 앞둔 대선후보 한국 갤럽 여론조사에서 문재인 38%, 안철수 35% 오차 범위 내의 박빙으로 나타났다. 호남에서는 문재인이 52%로 안철수의 38%를 따돌렸지만, TK에선 안철수가 38%, 문재인 15%로 텃밭의 몰표 현상은 사라진 것으로 조사됐다.

대선을 18일 앞두고 제1차 TV 토론이 끝난 4월 21일 동아일보의 5자 대결 여론조사에서는 문재인 후보가 40.0%로 30.1%인 안철수 후보를 크게 앞질렀다. 홍준표 후보는 10.2%이고 심상정 후보는 4.7%, 유승민 후보는 2.5%로 한 자리 수를 맴돌았다.

대선 5일 전 마지막 여론조사에서는 문재인 후보가 40.2%로 독주 체제를 갖추었고 안철수 후보가 19.9%, 홍준표 후보가 17.7%로 힘겹게 추격전을 전개하고 있으며 심상정 후보 8.1%, 유승민 후보 5.7%로 탈꼴찌 경쟁을 벌였다.

영남 출신인 박근혜 대통령의 후계자를 선출하는 이번 대선에서는 공교롭게도 1번 거제 출신인 문재인, 2번 창녕 출신인 홍준표, 3번 부산 출신인 안철수, 4번 대구 출신인 유승민 후보 등 영남권 출신들만이 각축전을 전개했다.

4. 지역과 진영대결, 대형 이슈 없는 三無대선

(1) 25명의 후보들이 예비등록했으나 5강 대결로

헌법재판소의 탄핵 결정으로 조기 대선이 확정되면서 자천타천으로 출마 의사를 보이는 주자가 33명으로 대선판에 이름을 올려 몸값 키우기를 노리는 인사들도 많았다.

자유한국당이 김관용 경북지사, 김문수 전 경기지사를 비롯하여 김진, 김진태, 박판석, 신용한, 안상수, 원유철, 이인제, 조경태, 홍준표 등 11명이고 국민의당도 김원조, 박주선, 손학규, 안철수, 양필승, 이상원 등 6명이다.

더민주당은 문재인, 안희정, 이재명, 최성 등 4명이고 바른정당은 유승민, 남경필 후보 등이 경선을 준비했다.

기타 후보로는 김종인, 정운찬, 황교안 후보들이 거론되고 정의당 심상정 대표가 예비 후보로 등록했다.

황교안 대통령 권한대행이 대선일을 5월 9일로 지정하면서 불출마를 선언했다.

대선을 25일 앞두고 첫 TV토론이 개최되자 문재인, 안철수, 홍준표, 유승민, 심상정 후보들은 다른 후보들의 허점을 파고들며 양보 없는 난타전을 벌였다.

후보들은 네거티브 이슈에 한데 엉켜 상대를 깎아내리는 말 공방을 되풀이했다.

문재인 후보와 안철수 후보는 적폐청산 논란을 놓고 "날 지지한 국민을 적폐라고 모독"했다, "구 여권이 안철수 후보를 밀지 않냐"라고 정면충돌했다.

홍준표 후보와 유승민 후보는 "유승민은 경제정책을 배신한 강남좌파", "홍준표는 대기업의 이익을 대변한 낡은 보수"라며 '강남좌파', '극우수구' 등과 같은 거친 표현으로 대립했다.

박 대통령의 탄핵을 반대한 '태극기 표심'이 더민주당 문재인 후보의 당선을 막기 위해 '안철수 밀어주기'냐, 홍준표 후보를 밀어 '확실한 우파 대통령'이냐를 놓고 자중지란을 일으켜 홍준표 후보의 지지율이 정체 상태였다.

우파 논객 조갑제는 "위험한 좌파 문재인의 당선을 저지하기 위해 덜 위험한 중도 안철수 후보를 밀어야 한다"면서, "안철수로 넘어간 보수층을 비난만 하고 있다가는 떠나버린 버스를 영원히 타지 못하게 된다"고 안철수 후보의 전략적 지지를 선동했다.

이번 19대 대선은 보수 대 진보 진영의 구도, 영·호남의 지역대결, 대형 이슈가 사라진 3무(三無) 대선에 15명의 후보들이 등록했다.

이번 대선에는 더민주당(119석) 123억, 자유한국당(93석) 119억, 국민의당(39석) 86억, 바른정당(33석) 63억, 정의당(6석) 27억 등 421억 원의 선거 보조금을 지급했다.

외교통상부 장관을 지낸 송민순 회고록에서 "2007년 11월 유엔 북한인권결의안 표결을 앞두고 대통령 비서실장인 문재인 후보가 북한의 반응을 확인해 보자"고 제안했다는 문건을 언론에 공개하여 파문을 일으켰다.

문재인 후보는 "제2의 북풍공작, 비열한 색깔론"이라며 강하게 반발했고, '주적(主敵)'논란에 이어 안보 이슈가 대선의 핵심 쟁점으로 급부상했다.

"북한 의사 타진 논의"와 "북한에 사후 통보"로 맞선 진실게임은 송민순 전 장관은 "모든 것은 기록을 바탕으로 썼다"고 주장한 반면, 진실을 밝혀야 할 문재인 후보는 "기억나지 않는다"고 얼버무리자, 홍준표 후보는 제2의 NLL 공세를 펼쳤고, 안철수 후보는 문재인 후보와 홍준표 후보에 대한 양비론을 펼쳤다.

(2) 보수결집으로 안철수를 꺾고 홍준표 후보가 2위를

홍준표 후보가 보수 대통합 차원에서 단일화를 제안했으나 안철수, 유승민 후보는 단일화는 없다고 선을 그었고, 문재인 후보는 '적폐 연대하나'고 반발했다.

보수진영 후보 단일화를 두고 내홍을 겪은 바른정당의 이은재, 김재경, 이군현, 권성동, 김성태, 김학용, 박순자, 여상규, 이진복, 홍문표, 홍일표, 장제원, 박성중 의원 등 14명이 바른정당을 집단 탈당한 뒤 자유한국당에 복당하여 홍준표 후보를 지지했다.

이에 서청원 의원은 "벼룩도 낯짝이 있다는 속담이 있다. 최소한의 정치 도의는 지켜야 한다"고 반발했다.

대선전은 문재인 후보의 독주체제 굳히기에, 안철수 후보는 임기단축 승부수를 띄웠고, 홍준표 후보는 보수결집에 사활을 걸었다.

문재인 후보는 "어대문(어차피 대통령은 문재인)하면 큰일 난다. 지금은 투대문(투표해야 대통령 문재인)이다"라고 강조했다.

전국 3,507곳에서 사전 투표를 2일간 실시했고 1,100만 명이 투표하여 사전투표율이 26%로 역대 최고를 기록했다. 세종-전남이 34%로 높고 대구-제주가 22%로 저조했다.

안철수 후보가 대통령에 당선되면 경제는 유승민 후보에 맡기겠다는 공약에 대해 유승민 후보는 경제 부탁 말고 본인의 사퇴를 촉구하라는 촌극도 벌어졌다.

마지막 유세에서 문재인 후보는 "압도적인 정권 교체로 세 번째 민주 정부를 만들어 달라"고 호소했다.

홍준표 후보는 "문 후보는 당선되면 달러 바치러 북한에 쪼르르 달려가고 3번(안철수)처럼 '얼라(어린이)'같은 사람이 되면 안 된다"고 주장했다.

안철수 후보는 "민심의 바닥에서 기적이 일어나고 있다"고 역전승을 기대했다.

다섯 색깔의 후보들이 연대 없이 완주하여 선택폭이 넓어 막판까지 혼전이 전개됐고, 투표율이 80%를 넘어설 것으로 전망됐다.

더민주당 문재인 후보가 39.5%의 득표율로 제19대 대통령에 당선됐다.

문재인 대통령은 "국민이 염원하는 개혁과 통합 두 과제를 모두 이루겠다"고 밝혔다.

이번 대선에는 역대 최다인 3,280만 8,577명이 투표하여 투표율이 77.2%로 16대 대선(70.8%) 이후 15년 만에 가장 높았다.

문 대통령은 첫 국무총리에는 이낙연 전남지사를, 청와대 비서실장에는 임종석 전 의원을 임명하여 젊은 청와대를 강조했다.

(3) 제19대 대통령 후보들의 득표 상황

후보자	정당	주요 경력	득표 (%)
문재인	더불어민주당	더민주당 대표	13,423,800 (41.1)
홍준표	자유한국당	한나라당 대표	7,852,849 (24.0)
안철수	국민의당	국민의당 대표	6,998,342 (21.4)
유승민	바른정당	바른정당 대표	2,208,771 (6.8)
심상정	정의당	정의당 대표	2,107,458 (6.2)
조원진	새누리당	국회의원(3선)	42,949 (0.1)
김민찬	무소속	월드마스터위원장	33,990 (0.1)
김선동	민중연합당	국회의원(2선)	27,229 (0.1)
장성민	국민대통합당	국회의원(초선)	21,709 (0.1)
윤홍식	홍익당	홍익당 대표	18,543 (0.1)
이경희	한국국민당	한국국민당 대표	11,355 (0.0)
이재오	늘푸른한국당	국회의원(5선)	9,140 (0.0)
오영국	경제애국당	하하그룹 회장	6,040 (0.0)
남재준	통일한국당	국가정보원장	사퇴
김정선	한반도미래연합	정당인	사퇴

※지역별 투표 결과는 홍준표 후보가 대구, 경북과 경남에서 1위였고 그 외의 지역은 문재인 후보가 1위를 차지했다.

2위는 대구, 경북과 경남은 더불어민주당 문재인 후보가, 부산, 울산, 강원, 충북에서 자유한국당 홍준표 후보가, 서울, 인천, 광주, 대전, 경기, 충남, 전북, 전남, 제주는 국민의당 안철수 후보가 차지했다.

제3장 현란한 외교전을 펼쳤으나 비핵화는 여전

1. 남북회담 징검다리인 평창 올림픽

2. 북-미, 남-북 정상회담을 펼쳤으나

1. 남북회담 징검다리인 평창 동계 올림픽

(1) 역사적인 동계 올림픽에 북한 선수단의 대대적 참가

문재인 대통령이 2018년 평창 겨울 올림픽 때 남북단일팀 구성을 북한에 제의하자, 북한 장웅 IOC 위원은 "스포츠 위에 정치 있다", "5.24 조치 등 대북 제재가 먼저 해제돼야 한다"면서 냉랭한 반응을 보였다.

반기문 전 유엔 사무총장은 "재임 중 방북 기회가 3번 취소돼 안타까웠다"면서, "한반도 안보의 기본 축은 한미동맹으로 성급한 대북교류는 위험하다"고 경고했다.

김정은 북한 노동당 위원장이 평창 겨울 올림픽에 대표단 파견을 포함해 필요한 조치를 취할 용의가 있다는 메시지를 보내왔다.

조명균 통일부장관과 리선권 북한 조국평화통일위원장이 판문점에서 고위급회담을 개최하여 북한이 평창 동계 올림픽에 선수단과 대규모 방문단을 파견하고 우리 측은 필요한 편의를 보장하기로 합의했다.

또한 양측은 현재의 군사적 긴장 상태를 해소하기 위해 군사 당국자 회담도 열기로 합의했다.

문재인 대통령과 트럼프 대통령이 평창 올림픽 기간에 열릴 한미 군사훈련인 키리졸브 훈련 등을 연기하기로 합의했다.

현송월 관현악단장이 내한하여 맺은 남북 실무회담에서 북한은 평창 전야제에 예술단 100명 이상을 파견하여 평창 올림픽을 계기로 남북 화해를 모색하면서 평창을 체제 선전의 장으로 삼겠다는 전략을 드러냈다. 또한 아이스하키의 남북단일팀 출전도 합의했다.

반기문 유엔 전 사무총장은 "한국은 정권이 바뀔 때마다 한미동맹이 흔들리고 있어 이스라엘에서 교훈을 찾아야 한다"면서, "평창 올림픽 이후에도 남북 화해의 가능성은 희박하다"고 전망했다.

북한에서는 평창 올림픽 고위 대표단에 김영남 최고인민회의 상임위원장을 파견하여 미국 부통령 펜스와의 북미대화 성사가 주목됐다.

평창 동계 올림픽은 각종 악재를 딛고 95개국 2,525명이 102 종목에 출전한 사상 최대 규모의 제전이 예상됐다.

남북이 공동 입장하는 눈과 얼음의 축제인 2018년 평창 동계 올림픽이 문재인 대통령, 펜스 미국 부통령, 아베 신조 일본 총리, 이명박 전 대통령, 김정은의 동생인 김여정 등의 참석하에 성대하게 개최됐다.

김여정은 김정숙 여사에게 "문 대통령과 꼭 평양을 찾아오세요"라고 말했다.

평창 올림픽 폐회식에는 미국 트럼프 대통령의 딸 이방카와 천안함 폭침의 주범으로 알려진 북한의 김영철이 참석하여 언론을 뜨겁게 달구었다.

올림픽 폐회식에 참여하는 김영철에 대해 자유한국당은 "대한민국을 공격한 김영철의 방한을 절대 수용할 수 없다"는 성명을 채택하고 청와대를 항의 방문했다.

이번 올림픽은 역대 최대 규모인 92개국, 2,920여 명의 선수가 참여해 102개의 금메달을 놓고 땀을 흘렸다.

한국 선수단은 금메달 5개 등 17개 메달을 수확하여 7위에 랭크됐다. 노르웨이가 금메달 14개로 종합순위 1위를 차지했다.

외신 기자들은 이번 올림픽 경기를 경기장 시설, 경기 운영, 수송, 숙박, 음식 등에서 잘 치렀다는 5점 만점에 4.1점으로 원더풀을 제창했다.

(2) 문재인 대통령과 김정은 국무위원장의 판문점 회담

김정은 북한 노동당 위원장이 문재인 대통령에게 방북을 제안하는 친서를 통해 남북 관계의 개선을 촉구했다. 청와대는 방북 요청을 수용하는 쪽으로 가닥을 잡고 대북 특사 파견을 검토했다.

정의용 청와대 국가안보실장과 서훈 국가정보원장 등 대북특사단이 문재인 대통령 친서를 들고 방북하여 김정은 위원장과 면담했다.

문재인 대통령과 김정은 위원장이 1918년 4월 27일 판문점 평화의 집에서 남북 공동회담을 개최하여 "완전한 비핵화를 통해 핵 없는 한반도를 실현한다는 공동의 목표를 확인했다"는 공동선언문을 발표했다.

개성에 연락사무소를 개설하고 가을에는 문재인 대통령이 방문하며 종전선언과 평화협정 추진도 합의했다.

원형탁자에 마주 앉은 두 정상은 때로는 심각한 표정으로, 때로는 얼굴에 웃음을 띠며 대화를 이어갔고 도보다리 단독 정상회담에 세계의 이목이 집중됐다.

미국의 트럼프 대통령은 "한국전쟁이 끝날 것이다. 미국과 위대한 미국인은 한국에서 벌어지는 일에 대해 자부심을 느껴야 한다"고 트위터에 올렸다.

동해선과 경의선의 철도 복구, 조만간 이산가족 상봉, 육해공군의 모든 공간 적대행위 중지 등도 남북 간에 합의했다.

판문점의 남북 정상회담은 북미회담의 징검다리가 됐고 모든 이슈를 집어삼키는 블랙홀이 됐다.

미국 전문가들은 "잘 준비된 무대에서 탁월한 연기력을 보여줬다. 놀라다 못해 감탄했다"면서 정상국가 리더로서 김정은 위원장을 높이 평가했다.

남북이 같은 날 확성기가 철거되어 '55년의 소리 전쟁'이 종언을 고해 비무장지대가 조용해졌다.

판문점 남북정상회담 후 문재인 대통령의 지지율은 일주일 새 10%가 올라 83%를 기록했다.

(3) 평양 남북 정상회담 후 백두산 등정

2018년 9월 18일 문재인 대통령이 평양을 방문하여 2박 3일 동안 김정은 국무위원장과 남북 정상회담을 가졌다.

문재인 대통령은 이번 회담에서는 남북 사이에 군사적 대치 상황으로 인한 긴장과 무력 충돌 가능성, 그리고 전쟁의 공포를 우선적으로 해소하고 북-미 대화를 촉진할 것이라고 밝혔다.

평양 순안공항에 도착해 환영 행사를 마친 문재인 대통령은 김정은 국무위원장과 함께 오픈카에 탄 채 숙소인 백화원 영빈관으로 이동하면서 카 퍼레이드를 벌였다.

김정은 위원장은 "역사적인 조미(朝美) 대화 상봉의 불씨를 문 대통령께서 찾아내고 잘 키워주셨다. 문 대통령의 지칠 줄 모르는 노력 때문"이라며 사의를 표명했다.

두 정상은 미국이 '상응조치'를 취하면 영변 핵 시설과 대륙간 탄도미사일 엔진시험장과 미사일 발사대를 영구적으로 폐기할 용의가 있다는 '핵 무기 없는 한반도'를 제창한 평양선언문을 채택했다.

김정은 위원장은 "수십 년 세월 지속돼 온 대결과 적대의 역사를 끝내기 위한 군사 합의를 채택하였으며, 조선 반도를 핵 무기도, 핵 위협도 없는 평화의 땅으로 적극 만들어나가기로 확약했다"고 말했다.

또한 공동 선언에서 "김정은 위원장은 문 대통령의 조청에 따라 가까운 시일 내로 서울을 방문하기로 했다"고 밝혔다.

두 정상은 친교 행사의 일환으로 백두산 천지를 함께 찾기로 했다.

문재인 대통령은 북한 주민 20만 명이 모인 광장에서 "70년 적대를 완전히 청산하고 하나가 되기 위한 큰 걸음을 내딛자"는 연설을 7분동안 했다.

연설 서두부터 이날 합의한 평양공동선언의 비핵화 관련 핵심 내용을 언급하여 수십 만 북한 주민을 증인으로 삼는 셈이 됐다.

두 정상은 백두산 천지에서 김정숙 여사와 리설주 부인과 함께 역사적인 기념 촬영도 했다.

문재인 대통령은 김정은 위원장에게 "서울에 오면 한라산 방문으로 답해야겠다"고 제안했다.

김정은 위원장은 "미국에 속임수 쓰면 보복 감당하겠나"라고 진정성을 보였고, 문 대통령은 "진정성 믿어달라"며 김정은의 비공개 메시지 밝히며 트럼프 대통령을 설득했다.

트럼프 대통령은 "매우 가까운 미래에 김정은을 만날 것"이라고 응답했다.

2. 북-미, 남-북 정상회담을 펼쳤으나

(1) 비핵화를 위한 싱가폴 북-미 정상회담

2018년 6월 12일 개최된 미국 트럼프 대통령과 북한 김정은 국무위원장의 싱가폴 정상회담을 청와대는 기도하는 심정으로 지켜봤다.

두 정상은 줄다리기를 거듭하다 완전하고 검증가능하며 불가역적인 비핵화 (CVID) 명시와 북한 체제의 보장을 위한 빅딜의 합의가 이뤄지기를 기대했다.

북-미 정상은 공동성명에서 ●새로운 북미관계수립 ●한반도 평화체제 구축을 위한 협력 ●북한의 한반도의 완전한 비핵화 노력 ●전쟁포로와 실종자 유해의 송환 수습 등에 합의했다.

다만 완전하고 검증가능하며 불가역적인 비핵화(CVID)는 포함되지 않았다.

트럼프 대통령은 "평양에도 가고 여러 번 만날 것"이라고 2차, 3차 북미 회담을 공식화했고, 김정은 위원장은 "발목 잡는 과거를 이겨내고 왔다"면서 김정일 시대와의 단절을 시사했다.

문재인 대통령은 "냉전 체제 해체의 세계사적 사건"이라고 높이 평가했다.

전 세계의 언론이 두 정상의 회담을 헤드라인으로 장식하고 분(分)

단위로 업데이트하며 속보 경쟁을 벌였다.

김정은 국무위원장의 한미훈련 중단 요구에 트럼프의 수용을 두고 한반도 유사시 공동 대응능력이 약화될 것이라는 우려도 제기됐다.

북한의 체제 보장 장치의 대가 요구에 미국이 CVID 명시를 포기한 것으로 알려졌다.

(2) 역사적인 북-미 하노이 정상회담

트럼프 미국 대통령과 김정은 북한 국무위원장의 2차 정상회담 장소가 베트남 하노이로 정해졌다.

하노이를 고수했던 북한은 이번 회담을 통해 북한 체제의 보장과 경제개혁, 개방이라는 두 마리 토끼 잡기를 위한 대내 선전용으로 안성맞춤이었기 때문이다.

하노이는 분단국 상태에서 미국과 싸워 공산 진영에 의한 통일을 이룩한 북 베트남(월맹)의 수도였다.

문 대통령은 "평창 올림픽에서 굴린 눈덩이가 평화의 눈사람이 됐다"고 자화자찬했다.

김정은 국무위원장은 트럼프 대통령을 향해 "북한의 뒤에는 중국이 있다"는 메시지를 전달하기 위해 비행기가 아닌 3박 4일의 열차편을 이용하여 중국을 관통하여 하노이에 도착했고, 트럼프 대통령은 "북한은 핵무기만 없앤다면 세계 경제강국이 될 잠재력이 있다"고 추켜세웠다.

하노이 소피텔 호텔에서 만난 트럼프 대통령은 "1차 회담 이상으로 성공적이고 또 많은 진전을 이룰 수 있을 것으로 생각한다"고 말했고, 김정은 위원장은 "260일 동안의 불신과 오해를 깨버리고 하노이까지 걸어왔다"면서 미국의 제재에 불만을 내비쳤다.

실무협상에서 간극(間隙)을 못 좁힌 채 두 정상의 결단에 맡겼으나, 노딜로 비핵화의 하노이 탈선으로 합의문 서명을 취소한 채 등을 돌렸다.

김정은 위원장의 "대북한 제재의 전면 완화" 요구에, 트럼프 대통령은 "영변 등 완전한 비핵화"라는 평행선을 달려 협상 여지는 남겼지만 다음 일정도 못 잡고 결렬됐다.

트럼프 대통령은 "제재 문제 때문에 결렬됐다. 북한은 전면 제재 완화를 원했지만, 미국은 그 요구를 들어줄 수 없었다"고 말했다.

트럼프 대통령은 "문재인 대통령이 김정은 위원장과 대화해서 그 결과를 알려주는 등 적극적인 중재 역할을 해달라"고 당부했다고 청와대에서 밝혔다.

북한은 석탄 수출이 막힌 뒤 2년 연속 마이너스 성장하여 이번 회담에서 석탄 수출, 석유 반입, 노동자 송출을 요구했으나, 미국의 정찰 위성이 우라늄 농축 시설의 가동을 잡아내 회담이 결렬된 것으로 알려졌다.

문재인 대통령에게는 북-미 대화 궤도의 이탈을 막는 게 급선무가 됐다.

김정은 위원장은 트럼프 대통령이 보란 듯 ICBM을 만들고 쏘는 곳을 복합된 계산속에서 노출했다.

'하노이 노딜' 이후에도 우리 정부는 금강산 관광과 개성공단 재개 등 남북 경협을 추진하겠다고 밝혔으나, 미국 국무부가 공식적으로 부정적인 반응을 내놓아 한미 간 엇박자가 심화됐다.

(3) 판문점에서 역사적인 남-북-미 회담

문재인 대통령이 싱가포르 북-미 정상회담을 맞아 북한을 향해 다시 한번 남북 정상회담을 노르웨이 오슬로에서 공개 제안했다.

트럼프 미국 대통령의 방한 등을 계기로 남북 대화를 통한 비핵화 동력을 다시 만들어 보겠다는 것이다.

그러나 성사까지 놓인 난관은 여전히 만만치 않다. 북한이 바라는 개성공단, 금강산 관광 재개는 여전히 불투명한 상황이고, 미국이 원하는 구체적인 비핵화 조치를 북한은 내놓지 않고 있기 때문이다.

미국 트럼프 대통령과 북한 김정은 위원장이 전격적으로 판문점에서 자유의 집 3차 정상회담을 가졌고, 정전 이후 66년 만에 처음으로 트럼프 대통령은 현직 대통령으로는 최초로 군사 분계선을 넘어 북한 땅을 밟았다.

동시에 남북미 정상도 판문점에서 처음으로 한 자리에서 만났다.

트럼프 대통령은 2019년 6월 30일 청와대에서 문재인 대통령과 정상회담을 마친 뒤 함께 비무장지대를 찾았고 북측 통일각에서 걸어 나온 김정은 위원장과 조우(遭遇)했다.

트럼프 대통령은 "김 위원장이 희망한다면 언제든 백악관을 방문할 수 있다"며 워싱턴에서의 4차 북-미 정상회담을 제안했다.

김정은 위원장은 "트럼프 대통령은 우리 땅을 밟은 최초의 미국 대통령"이라며 "좋지 않은 과거를 청산하고 새로운 미래로 나아가기 위한 남다른 용단의 표현"이라고 말했다.

트럼프 대통령은 "우리가 만난다는 사실 자체가 역사적인 것"이라며 "우리가 이뤄낸 관계는 많은 사람들에게 크나큰 의미를 준다"고 화답했다.

뉴욕타임스는 "트럼프 대통령은 타고난 쇼맨이자 드라마틱한 순간을 즐기는 전문가"라며 재선을 노린 트럼프의 TV쇼로 폄하했다.

문재인 대통령은 "북한과 미국의 사실상 적대 종식 선언"이라고 높게 평가했을 뿐이다.

제4장 더민주당이 압승을 거둔 지방선거

1. 광역지방단체장에 출전을 준비한 후보들

2. 광역지방단체장 14곳을 더민주당이 싹쓸이

3. 더민주당은 기초지방단체장 151곳(67%)을 석권

4. 친전교조 교육감 후보들이 이번에도 압승을

1. 광역지방단체장에 출전을 준비한 후보들

(1) 광역단체장 선거에 대한 각 당의 전략

더민주당은 4년 전 승리한 9곳을 최대한 지키면서 인천·경기를 탈환하고 부산·울산·경남에서 최소 1곳 이상 이길 것을 기대하고 지방 선거에서 승리 시 적폐 청산과 현 정부의 경제 및 외교·안보 정책이 더욱 탄력을 받을 것으로 전망했다.

자유한국당은 정권 심판론을 내세우고 경제파탄 대책위원회와 북핵폐기 추진위원회를 설치하고 정진석과 김무성을 위원장으로 임명했다.

자유한국당은 6곳 이상의 승리를 목표로 불리한 판세 속에서도 현재의 6곳을 지키겠다는 각오이다.

바른미래당은 안철수 전 대표의 서울시장 입후보와 더민주당과 자유한국당에 실망한 유권자층을 결집한다면 수도권과 영남권에서 교두보를 마련할 수 있을 것으로 기대했다.

민주평화당은 지지 기반인 호남 지역 세 곳을 모두 이기겠다는 목표를 세웠다.

일부에선 최저 임금의 대폭 인상으로 자영업자 표심이 돌아서고 있다는 관측이 나돌고, 한국GM 사태 처리 방향과 청년 취업난이 개선되지 않고 있는 것도 집권 여당에게는 부담이 되고 있다.

북핵 문제에 별다른 진전도 없이 한·미 동맹에 균열이 노출되거나 북한이 무력 도발을 감행한다면 보수 진영의 대북 강경론이 지지를 받을 가능성도 높다.

자유한국당과 바른미래당이 후보 단일화를 모색하고 있으며, 안철수 전 대표가 서울시장에 입후보하면 자유한국당이 서울시장을, 바른미래당이 경기와 인천의 후보를 내지 않을 가능성도 점쳐지고 있다.

(2) 광역자치단체장 후보들의 빨라진 발걸음

서울은 3선을 기대한 박원순 시장을 비롯하여 민병두, 박영선, 우상호, 전현희 후보들이 군침을 흘리고 있고 정봉주 전 의원도 도전 의지가 충만하다.

박원순 시장의 3선 피로감을 부각시키고 있는 박영선 의원은 '서울을 걷다', '영선이 시장 가자' 등의 현장 이벤트를 벌였다.

박영선 의원 외에도 우상호, 민병두 의원과 정봉주 전 의원들도 경선에 뛰어들었다.

자유한국당은 황교안 전 국무총리 출마설이 나돈 가운데 오세훈 전 서울시장, 나경원과 김용태 의원들이 도전 자세를 갖추고 있고 김병준 국민대 교수가 추대되기를 고대하고 있다.

바른미래당에서는 안철수 전 국민의당 대표의 출전을 기대하고 있고, 정의당에서는 강상구 교육연수원장, 김종민·정호진 전·현직 서울시당위원장들이 3파전을 전개하고 있다.

녹색당의 청년기업 오늘공작소 대표인 신지예 후보도 뛰어들 기세이다.

이번에 안철수 프레임은 "지난번에 양보했으니 이번에는 안철수 차례"라는 구도가 가능하다는 계산이다.

바른미래당 김관영, 오신환 의원 등 소장 의원들은 "안철수 인재영입 위원장의 선당후사 결단이 지방선거 승리의 핵심 동력이 될 것"이라며 총력 지원을 다짐했다.

2011년 서울시장 보궐선거 때 안철수 전 대표는 박원순 서울시장에게 후보직을 양보했다가 7년만에 서울시장 쟁탈전을 벌이게 됐다.

박원순 서울시장은 "민주당과 시민의 선택을 받아 시장직을 수행하는 것인데, 다른 노선, 다른 정당의 후보에게 양보할 이유가 없다"고 선언했다.

더민주당 우상호 의원은 "거짓말로 국민의당을 바른정당에 갖다바치고 급기야 자유한국당과 연대까지 하려 한다"고 안철수 후보를 비난했다.

부산은 2014년 부산시장 선거에서 50.7%를 득표한 자유한국당 서병수 후보와 49.3%를 득표하여 낙선한 더민주당 오거돈 후보의 재대결이 예상된다.

자유한국당 서병수 시장에게 오거돈 전 해양수산부 장관이 강력하게 재도전하고 있기 때문이다.

더민주당내에서는 김영춘 전 해양수산부 장관, 박재호 의원, 정경진 전 부산시 행정부시장도 거명되고 있다.

자유한국당 내에서 박민식, 이종혁 전 의원들이 도전의 꿈을 간직하고 있지만 꿈일 뿐이고, 이성권 전 의원은 바른미래당으로, 오승철 대한인성학회 이사장은 무소속으로 뛰어들 기세이다.

대구는 자유한국당 권영진 시장에게 김재수 전 농림축산식품부 장관, 이재만 전 최고위원, 이진훈 전 수성구청장이 당내 경선을 기대하고 있고, 더민주당에서도 김부겸 행정안전부 장관, 이재용 전 환경부 장관, 임대윤 전 최고위원, 홍의락 의원과 이상식, 이승천 후보들이 거명되고 있다.

바른미래당도 김희국 전 의원을 비롯하여 류성걸, 사공정규, 윤순영 후보들이 뛰어들 기세이고 장태수 대구 서구 의원은 정의당으로 출사표를 제출했다.

인천은 자유한국당 유정복 시장에게 더민주당에서 국회 사무총장을 지낸 김교흥, 남동구 국회의원인 박남춘, 부평구청장을 지낸 홍미영 후보들이 예선전을 거쳐 주자를 결정하여 도전할 예정이고, 전 국회의원인 문병호, 정당인인 이수봉과 김용호 후보들도 바른미래당과 정의당으로 출전할 기세이다.

광주는 더민주당 윤장현 시장에게 양향자 최고위원, 이용섭 전 청와대 수석, 강기정 전 의원, 민형배 광산구청장, 최영호 남구청장, 이병훈 광주 동남을구 위원장 등 더민주당 후보들만이 도전하고 있다.

울산은 자유한국당 김기현 시장에게 더민주당 송철호, 심규명 변호사와 임동호 울산시당위원장이 당내 경선에서 주자를 선정할 예정이지만, 이영희 후보도 바른미래당으로 도전을 준비 중이다.

민중당 김창현, 노동당 이갑용 후보를 비롯하여 김기봉, 이철수 후보들도 무소속으로 도전할 기세이다.

세종시에는 더민주당 이춘희 시장에게 고준일 세종시의회 의장이 대문을 두드리고 있고, 자유한국당은 송아영 부대변인, 이성용 도시발전연구소장, 조관식 국회 입법 정책위원이 3파전을 준비하고 있다.

경기도는 바른미래당에서 자유한국당으로 복귀한 남경필 지사에게 더민주당 후보들이 강렬하게 도전하는 형세이다.

성남시장 이재명, 광명시장 양기대를 비롯하여 김진표, 안민석, 전해철 의원들이 예비 경선을 준비하고 있고, 자유한국당 내에서는 김용남과 박종희 전 의원들과 이석우 남양주시장, 최중경 전 지식경제부 장관이 뛰어들 기세이다.

김영환 전 의원과 이언주, 이찬열 의원들도 바른미래당 주자 경선에 뛰어들었고, 정의당 심상정 대표와 홍성규 민중당 화성지역 위원장들도 군침을 흘리고 있다.

최문순 더민주당 강원도지사에게 자유한국당 권성동, 염동열, 황영철 의원들을 비롯하여 정창수 전 한국관광공사 사장이 도전하고 있다.

바른미래당 정문헌, 정의당 강선경과 김용래, 무소속 윤운한 후보들도 상황을 지켜보고 있다.

충북은 70대의 고령에도 불구하고 더민주당 이시종 지사가 버티고 있는 가운데 오제세 의원이 당내 경선을 주장하고 있고, 자유한국당은 박경국과 이준용 후보들이, 바른미래당은 신용한, 정의당 김종대 의원들이 거명되고 있을 뿐이다.

충남은 안희정 지사의 낙마로 무주공산인 상황에서 박수현 전 청와대 대변인, 복기왕 전 아산시장, 양승조 의원들이 3파전을 전개하고 있고, 자유한국당도 70대의 이인제 최고위원과 이명수, 홍문표 후보들의 당내 3파전이 예상되고, 바른미래당에서는 김용필 충남도의원이 도전하고 있다.

전북은 더민주당 송하진 지사에게 김춘진 전 의원과 정의당 권태홍 전북도당 위원장이 도전하고 있을 뿐이다.

무주공산인 전남은 김영록 농림축산식품부 장관, 노관규 전 순천시장, 이개호 의원들이 더민주당 당내 3파전을 전개하고 있고, 주승용 의원은 바른미래당으로, 박지원 의원은 민주평화당으로, 장만채 전남도 교육감은 무소속으로 출전을 저울질 하고 있다.

민중당 이성수, 무소속 이석형 후보들도 군침을 삼키고 있을 뿐이다.

무주공산인 경북은 김광림, 박명제, 이철우 의원들이 출사표를 제출했고 김영석 전 영천시장, 남유진 전 구미시장이 뛰어들 기세이다.

더민주당 오중기, 정의당 박창호, 김장구 경북도 행정부지사도 뛰어들 기세이나 들러리 수준을 벗어나지 못할 것으로 예상된다.

무주공산인 경남에도 박완수, 안홍준, 윤한홍 의원들 외에도 강민국 경남도의원, 김영선, 김태호, 김학송 전 의원, 하영제 전 농림축산식품부 차관 등 군웅이 할거하여 준비중이다.

더민주당에서는 공민배 전 창원시장, 권민호 거제시장, 김경수 의원들이 출전 준비 중이고 여영국 경남도의원도 정의당으로 출전 태세이다.

민주당 예비후보로 등록한 공민배 전 창원시장 등은 김경수 의원의 변칙 출마에 강하게 반발하고 있다.

자유한국당은 김태호 전 경남지사의 전략 공천을 구상하고 있다. 2012년 19대 총선 때 김해 을구에서 맞붙어 52.1%를 득표한 김태호 후보가 47.9%를 득표한 김경수 후보를 꺾었다.

제주는 바른미래당 원희룡 지사에게 장성철 후보가 당내에서 도전하고 있고, 더민주당과 자유한국당 후보들의 도전이 거세다.

더민주당은 김기탁 변호사, 김우남 전 의원, 문대림 전 청와대 비서관들이 도전하고 자유한국당에서는 김방훈 정당인, 김용철 공인회계사들이 도전하고 있다.

더민주당 박희수, 녹색당 고은형 후보들도 도전할 기세이다.

(3) 광역자치단체장 각 당 후보들의 선정

광역자치단체장 후보 선정을 위한 당내 경선은 더민주당은 수도권과 호남권에서 치열하게 전개됐고, 자유한국당은 영남권에서 활발하게 진행됐다.

더민주당의 서울시장 경선은 박원순 서울시장과 박영선, 우상호 의원 간에 이루어져 박원순 시장이 선정됐고, 인천은 박남춘 의원과 김교흥 국회 사무총장과 홍미영 전 부평구청장의 경선에서 박남춘 의원이 대승을 거두었고, 경기도는 성남시장 이재명, 광명시장 양기대, 전해철 의원 간에 벌어져 이재명 성남시장이 대승을 거두었다.

광주는 이용섭 청와대 수석, 강기정 전 의원, 민형배 청와대 비서관들이 도전하여 강기정 전 의원은 민형배, 최영호 후보들과 단일화에 성공했으나 이용섭 후보의 적수가 되지 못했다.

전북은 송하진 도지사가 김춘진 전 의원을 가볍게 제압했고, 전남은 김영록 농림축산식품부 장관이 노관규 전 순천시장과 이개호 의원들을 가볍게 뛰어넘었다.

부산시장은 오거돈 전 해양수산부 장관이 박재호 의원, 정경진 부산 부시장을 가볍게 제압했고, 울산시장은 송철호 변호사가 임동호 울산시당위원장과 심규명 변호사들을 어렵게 따돌렸다.

자유한국당의 당내 경선에서 부산시장은 서병수 부산시장이 박민식 전 의원과 이종혁 전 최고위원을 가볍게 제압하고, 대구시장도 권영진 대구시장이 김재수 전 농림축산식품부 장관과 이재만 전 최고위원을 가볍게 제압했다.

경북은 이철우 전 경북부지사가 김광림, 박명제 의원들과의 3파전에서 신승을 거두고 주자로 선정됐다.

현직 시·도지사인 박원순 서울시장, 서병수 부산시장, 권영진 대구시장, 유정복 인천시장, 박성효 대전시장, 김기현 울산시장, 이춘희 세종시장, 남경필 경기지사, 최문순 강원지사, 이시종 충북지사, 송하진 전북지사, 김태호 경남지사, 원희룡 제주지사들이 이번 선거에 재도전하고 있다.

2. 광역지방단체장 14곳을 더민주당이 싹쓸이

(1) 더민주당과 자유한국당 대결구도 확정

수도권은 더민주당 박원순 서울시장에 자유한국당은 김문수 전 경기도지사를 전략 공천했고, 바른미래당 안철수 인재영입위원장이 7년 전의 빚을 받겠다고 도전하고 있다.

인천은 자유한국당 유정복 시장에게 더민주당 박남춘 의원이 도전주자로 결정됐고, 경기도는 자유한국당 남경필 지사에게 더민주당 이재명 성남시장이 난관을 뚫고 도전자로 결정됐다.

정의당 김종민, 김응호, 이홍우 후보들이 뛰고 있고 문병호, 김영환 전 의원들이 바른미래당 공천으로 뛰어들었다.

영남권은 자유한국당 서병수 부산시장에 더민주당 오거돈 전 해양수산부 장관이, 자유한국당 권영진 대구시장에 더민주당 임대윤 전 청와대 비서관이, 자유한국당 김기현 울산시장에 더민주당 송철호 국가발전균형위원회 고문이, 무주공산인 경북지사에는 경북도 정무부지사 출신인 이철우 의원이 쟁쟁한 의원들을 당내 경선에서 제압하고 자유한국당 주자가 되어 선점하자, 더민주당 오중기 전 청와대 행정관과 바른미래당 권오을 전 의원들이 도전했다.

경남도지사는 자유한국당에서는 김태호 전 경남지사가 주자로 확정됐고, 더민주당은 김경수 의원이 당내 경선에서 승리하여 한판승부가 펼쳐졌다.

충청권에서는 자유한국당 박성효 대전시장에게 더민주당 허태정 전 유성구청장이 도전하고, 더민주당 이춘희 세종시장에게 자유한국당 송아영 선대위 부대변인이 도전자로 결정됐다.

더민주당 이시종 충북지사에게 자유한국당 서원대 석좌교수가, 무주공산인 충남도지사에는 더민주당 양승조 의원과 자유한국당 이인제 전 노동부장관이 대결하게 됐다.

호남권에서 광주시장에는 더민주당 이용섭 청와대 일자리 수석, 바른미래당 전덕영 전남대 교수, 정의당 나경채 후보들이 경쟁하게 됐고, 더민주당 송하진 전북지사에 자유한국당 신재봉, 민주평화당 임정엽, 정의당 권태홍, 민중당 이광석 후보들이 도전하고 있다.

무주공산인 전남 지사에는 농식품부 장관을 지낸 김영록 후보가 더민주당 주자가 되어 선점한 가운데 바른미래당 박매호, 민주평화당 민영삼 후보들이 도전하는 형국이다.

강원도는 더민주당 최문순 지사에게 자유한국당 박경국 전 안전행정부 차관이 도전하고, 바른미래당을 탈당한 무소속 원희룡 제주지사에게 더민주당 문대림, 자유한국당 김방훈, 바른미래당 장성철, 녹색당 고은영 후보들이 도전했다.

(2) 선거전은 치열하게 전개했지만 기울어진 운동장

최종 여론조사에서 17개 광역단체장 선거에서 TK를 제외한 14곳에서 더민주당이 우세한 것으로 나타났고 제주도는 무소속 원희룡 후보가 앞선 것으로 나타났다.

이와같은 결과에 대해 자유한국당은 자체조사 결과 '5곳+@'라고 강하게 반발했다.

자유한국당은 20년 만에 광주, 전남 지역 광역단체장 후보를 내지 못했다. 홍문표 사무총장은 "앞으로 호남에 더욱 다가가 진정한 전국 정당으로 거듭날 수 있도록 노력하겠다"고 밝혔다.

추미애 더민주당 대표는 "켜켜이 적폐를 쌓아온 자유한국당이 문재인 정부의 발목을 꺾으려 한다"면서, "북-미 정상회담이 성공적으로 끝날 수 있도록 힘을 실어 달라"고 대북 이슈를 선거에 적극 활용했다.

홍준표 자유한국당 대표는 "더민주당은 지역주의 타파를 주장하는데 호남에선 더민주당 지지율이 93%로 자기 밥그릇 챙겨 놓고 남의 밥그릇 뺏어먹으려는 못된 심보"라며 부산 표심에 자극을 주는 지역 정서를 적극 활용했다.

손학규 바른미래당 대표는 "지방선거 이후 자유한국당과 통합은 절대 없을 것이라고 국민께 약속드린다"며 "바른미래당은 피를 토하는 심정으로 '제3의 길'을 끝까지 지키겠다"고 밝혔다.

또한 자유한국당에 대해 "국정농단의 원흉이자 댓글 여론 조작의 원조로 '반대를 위한 반대'만 해온 과거 집착·시대착오 세력"이라고 매도했다.

여론조사에서 우위를 보인 박원순 서울시장 후보는 자신의 선거운동 못지않게 구청장 후보 지원유세에 집중했다.

김문수 자유한국당 후보는 "최저생계비(월 189만원) 미달 4인 가구에 월 32만원을 지급하는 서울형 최저소득 보장제"를 공약했다.

김문수 자유한국당 서울시장 후보는 '세월호 천막'을 두고 "세월호처럼 죽음의 굿판을 벌이고 있는 자들은 물러가라"고 공격하자, 바른미래당 안철수 서울시장 후보는 "유가족의 상처를 비하했다"면서 공방을 벌였다.

그동안 안철수 후보는 김문수 후보를 능가한다는 점을 내세워 안 후보로의 단일화를 주장했다.

지난해 대선 당시 서울에서의 득표율 22.7%를 기반으로 다시 한 번 안철수 돌풍을 일으키겠다는 각오였으나 자유한국당 김문수 후보에게 2위 자리까지 내어주고 3위로 주저앉았다.

안철수 후보는 2011년 정치 입문 후 최대의 위기를 맞게 됐다.

인천은 제물포고, 행정고시 1년 선후배 사이로 친노무현-친박근혜 대결로 관심을 받았다.

박남춘 후보는 노무현 정부 시절 청와대 인사수석을 지냈고, 유정복 후보는 박근혜 한나라당 대표 비서실장을 지냈다.

힘 있는 여당 후보가 돼야 한다는 여론과 인천 부채 갚은 유정복 후보가 낫다는 여론이 팽팽했다.

정태옥 의원은 '이부망천(이혼하면 부천 가고 망하면 인천 간다)' 발언으로 박남춘 후보의 압승을 거들었다.

이번 지방선거에서 노무현 정부에서 장관을 지낸 오거돈 부산시장을 비롯하여 이용섭 광주시장, 이춘희 세종시장, 정순균 강남구청장, 한범덕 청주시장 등 폐족이라고 했던 친노 정치인들이 화려하게 부활했다.

김부선 스캔들 등 각종 추문을 딛고 당선된 이재명 후보는 "기득권 세력에 굴복하지 않고 공정하고 평등한 세상을 만드는 데 혼신의 힘을 다하겠다"는 소감을 밝혔다.

재선을 노리던 자유한국당 남경필 후보는 바른미래당을 탈당하고 복당하여 입후보한 당적 변경이 발목을 잡았다.

이재명 후보는 선거 막바지에 형수 욕설 통화 논란, 여배우 김부선 씨와의 교제 의혹 등 사생활 논란이 잇따라 제기되면서 고전했다. 그러나 이번에 큰 차이로 남경필 후보를 꺾고 당선되면서 여권 내 대선주자로 입지를 다지게 됐다.

바른미래당 김영환 경기도지사 후보는 더민주당 이재명 경기도지사 후보와 여배우 김부선의 스캔들 의혹을 제기하며 이재명 후보의 사과를 요구했으나, 이재명 후보는 사실이 아니라고 해명하여 네거티브 공방전이 확산됐다.

"이재명 후보는 자꾸 의혹이 나오는 것을 보니 도덕적 결함이 있는 것 같다. 이 후보의 불륜 의혹이나 형수 욕설 사건은 인간적으로 있을 수 없는 일"이라며 "다른 건 몰라도 도덕성이 비뚤어진 사람은 못 쓴다"는 여론도 비등했다.

김부선 씨는 방송사 인터뷰에서 "이게 거짓이면 저는 천벌을 받을 것이고 당장 구속돼도 어쩔 수 없다. 제가 살아있는 증인"이라고 밝혔다.

김부선의 딸까지 가세하여 엄마 자체가 증거라며 "이 후보와 엄마의 사진을 고민 끝에 제가 다 폐기해버렸다"고 힘을 실어주었다.

이재명 후보는 김부선 스캔들 등 각종 추문과 가난으로 열세 살 때부터 공장 일을 전전하던 불우했던 과거를 딛고 경기도지사에 당선됐다.

오거돈 더민주당 부산시장 후보는 서병수 자유한국당 현역 시장을 꺾고 3전 4기로 당선됐다.

'드루킹 특검'의 조사대상으로 거론되는 김경수 후보는 43.3%로 김태호 후보(27.2%)를 멀찌감치 앞선 것으로 집계됐다.

'드루킹 사건' 연루 의혹에 휩싸인 김경수 후보는 "그렇게 야당과 언론이 두들겨 패도 경남도민들은 꿈쩍도 하지 않았다"고 자위했다.

김태호 후보는 "아무리 미워도 한 번만 더 살려달라"고 읍소했다. "우리 당에 해주신 따끔한 질책을 가슴 속 깊이 새기겠다"며 "이념과 정치에 갇힌 구태정치를 뛰어 넘겠다"고 밝혔다.

울산시장 선거에서는 '문재인의 절친' 송철호 후보가 자유한국당 김기현 후보를 14%포인트 차이로 꺾고 8전 9기의 감격에 울먹였다. 리턴 매치에서 13%포인트 석패 뒤에 14%포인트 차이로 대승을 거두었다.

문재인 대통령이 "송철호 후보가 당선되는 게 소원"이라고 말하여 쟁점화됐다.

TK 지역은 자유한국당의 정치적으로 고립된 섬처럼 돼버렸다. 'TK 자민련'으로 전락하는 것 아니냐는 관측이 선거 내내 있었다.

대구 권영진과 경북 이철우 후보들은 "4년 동안 뿌려놓은 씨앗들이 무럭무럭 자라나서 결실을 맺기까지 보듬고 지켜줄 따뜻한 손

길이 되겠다"고 보수 결집을 호소하여 TK를 사수했다.

이철우 후보의 당선은 경북도지사 경선에서 3선의 김광림 의원, 재선의 박명재 의원 등을 꺾었다.

더민주당은 광주, 전남과 전북 등 호남지역 광역단체장 선거에서 압승을 거두었다.

남북 화해무드를 성사시킨 도화선 역할을 했던 평창 올림픽을 성공적으로 개최한 더민주당 최문순 강원도지사 후보도 3선에 성공했다. 70대의 이시종 충북지사도 대승을 거두고 3선에 성공했다.

안희정 전 충남도지사의 불명예 퇴진 직후 치러진 선거에서도 더민주당 양승조 후보가 승리했다.

원희룡 당선자는 "도민들의 부름과 명령이 있기 전까지는 중앙 정치를 바라보지 않고 도민과 함께 도정에 전념해 새로운 제주도를 만들어 가겠다"고 각오를 밝혔다.

원희룡 제주도지사 당선자는 "보수가 이번 선거에서 참패했다고 해서 보수가 완전히 죽었다고는 볼 수 없다"며, 선거 과정에서 한때 민주당 입당 얘기를 했지만 자신이 보수임을 명확히 했다.

그러나 "제가 엉덩이가 무겁다는 것을 보여드리겠다"며 자유한국당 입당 계획이 없고 무소속 신분을 유지하겠다고 밝혔다.

야권의 패배는 탄핵과 대선에서 예고된 보수의 몰락이었다.

패배에 책임지는 사람도 없고 막말정치로 서로 남탓만 하고 남북미 평화 체제의 변화도 못 읽으면서 자유한국당과 바른미래당 분열로 표심을 분산시켜 패배를 자초한 셈이 됐다.

(4) 광역지방단체장 후보자별 득표현황

〈 서울특별시 〉

후보자	정당	연령	주요 경력	득표 (%)
박원순	더민주당	62	서울시장	2,619,497 (52.8)
김문수	자유한국당	66	경기도지사	1,158,487 (23.3)
안철수	바른미래당	56	당 대표	970,374 (19.6)
신지예	녹색당	27	서울시당운영위원장	82,874 (1.7)
김종민	정의당	47	서울시당위원장	81,664 (1.6)
김진숙	민중당	39	마트노조 사무국장	22,134 (0.4)
우인철	우리미래당	33	당 공동대표	11,599 (0.2)
안지연	대한애국당	45	당 대변인	11,222 (0.2)
최태현	친박연대	62	한국전자통신연구원	4,021 (0.1)

〈 부산광역시 〉

후보자	정당	연령	주요 경력	득표 (%)
오거돈	더민주당	69	해양수산부 장관	940,469 (55.2)
서병수	자유한국당	66	부산시장	632,806 (37.2)
이성권	바른미래당	49	국회의원	67,502 (4.0)
박주미	정의당	59	부산시의원	35,299 (2.1)
이종혁	무소속	61	국회의원	26,720 (1.6)

〈 대구 광역시 〉

후보자	정당	연령	주요 경력	득표 (%)
권영진	자유한국당	55	대구시장	619,165 (53.7)
임대윤	더민주당	60	청와대비서관	458,112 (39.8)
김형기	바른미래당	65	경북대 교수	74,955 (6.5)

〈 인천광역시 〉

후보자	정당	연령	주요 경력	득표 (%)
박남춘	더민주당	59	청와대 인사수석	766,186 (57.7)
유정복	자유한국당	60	인천시장	470,937 (35.4)
문병호	바른미래당	58	국회의원	54,054 (4.1)
김응호	정의당	45	인천시당위원장	37,472 (2.8)

〈 광주광역시 〉

후보자	정당	연령	주요 경력	득표 (%)
이용섭	더민주당	66	청와대 일자리수석	573,995 (84.1)
나경채	정의당	44	당 공동대표	40,916 (6.0)
전덕영	바른미래당	59	전남대 교수	34,487 (5.1)
윤민호	민중당	47	광주시당위원장	33,312 (4.9)

〈 대전광역시 〉

후보자	정당	연령	주요 경력	득표 (%)
허태정	더민주당	52	유성구청장	393,354 (56.4)
박성효	자유한국당	63	대전시장	224,306 (32.2)
남충희	바른미래당	63	경기도부지사	61,271 (8.8)
김윤기	정의당	44	대전시당위원장	18,351 (2.6)

〈 울산광역시 〉

후보자	정당	연령	주요 경력	득표 (%)
송철호	더민주당	69	국가균형발전위 고문	317,341 (52.9)
김기현	자유한국당	59	울산시장	240,475 (41.1)
김창현	민중당	55	울산 동구청장	28,621 (4.8)
이영희	바른미래당	55	울산시당위원장	13,589 (2.3)

〈 세종특별시 〉

후보자	정당	연령	주요 경력	득표 (%)
이춘희	더민주당	62	세종시장	96,896 (71.3)
송아영	자유한국당	54	당 대변인	24,546 (18.1)
허철회	바른미래당	38	청와대 행정관	14,414 (10.6)

〈 경기도 〉

후보자	정당	연령	주요 경력	득표 (%)

이재명	더민주당	53	성남시장	3,370,621 (56.4)
남경필	자유한국당	53	경기지사	2,122,433 (35.3)
김영환	바른미래당	63	국회의원	287,504 (4.8)
이홍우	정의당	58	민주노총사무총장	151,871 (2.5)
홍성규	민중당	43	통합진보당대변인	43,098 (0.7)

〈 강원도 〉

후보자	정당	연령	주요 경력	득표 (%)
최문순	더민주당	62	강원지사	518,447 (64.7)
정창수	자유한국당	61	국토해양부 차관	282,456 (35.3)

〈 충청북도 〉

후보자	정당	연령	주요 경력	득표 (%)
이시종	더민주당	71	충북지사	468,750 (61.2)
박경국	자유한국당	59	안전행정부 차관	227,371 (29.7)
신용한	바른미래당	49	서원대 석좌교수	70,330 (9.2)

〈 충청남도 〉

후보자	정당	연령	주요 경력	득표 (%)
양승조	더민주당	59	국회의원	615,870 (62.6)
이인제	자유한국당	69	노동부장관	345,577 (35.1)

| 차국환 | 코리아 | 61 | 지방공무원 | 23,012 (2.3) |

〈 전라북도 〉

후보자	정당	연령	주요 경력	득표 (%)
송하진	더민주당	66	전북지사	682,042 (70.6)
임정엽	평화민주당	59	완주군수	184,728 (19.1)
권태홍	정의당	53	당 사무총장	52,496 (5.4)
신재봉	자유한국당	65	충효예실천 총재	26,374 (2.7)
이황석	민중당	67	농민회총연맹회장	20,827 (2.2)

〈 전라남도 〉

후보자	정당	연령	주요 경력	득표 (%)
김영록	더민주당	63	농식품부 장관	807,902 (77.1)
민영삼	평화민주당	58	당 최고위원	110,973 (10.6)
이성수	민중당	49	도당위원장	51,410 (4.9)
박매호	바른미래당	51	자연과미래 대표	40,287 (3.8)
노형태	정의당	47	도당부위원장	37,433 (3.6)

〈 경상북도 〉

후보자	정당	연령	주요 경력	득표 (%)
이철우	자유한국당	62	경북도부지사	732,785 (52.1)

후보자	정당	연령	주요 경력	득표 (%)
권오을	바른미래당	61	국회의원	482,564 (34.3)
오중기	더민주당	50	청와대행정관	141,409 (10.2)
박창호	정의당	52	도당위원장	47,290 (3.4)

〈 경상남도 〉

후보자	정당	연령	주요 경력	득표 (%)
김경수	더민주당	50	국회의원	941,491 (52.8)
김태호	자유한국당	55	경남지사	765,809 (43.0)
김유근	바른미래당	44	KB코스메틱 대표	75,418 (4.2)

〈 제주도 〉

후보자	정당	연령	주요 경력	득표 (%)
원희룡	무소속	54	제주지사	178,255 (51.7)
문대림	더민주당	52	청와대 비서관	137,901 (40.0)
고은영	녹색당	32	창당준비위원장	12,188 (3.5)
김방훈	자유한국당	63	제주도 부지사	11,241 (3.3)
장성철	바른미래당	49	도당위원장	5,019 (1.5)

3. 더민주당은 기초단체장 151곳(67%)를 석권

(1) 탄핵의 폭풍보다 더 세게 몰아친 문재인 바람

북한의 김정은과 미국의 트럼프 대통령이 싱가폴에서 정상회담이 열린 상황에서 지역 일꾼 4,016명을 뽑은 제 7회 전국 동시지방선거는 전국 1만 4,134개 투표소에서 실시됐다.

선관위 등록 33개 정당 중 더민주당, 자유한국당, 바른미래당, 민주평화당, 정의당 등 교섭단체와 민중당, 대한애국당, 가자코리아, 우리미래당, 진리대한당, 친박연대, 한국국민당, 국제녹색당, 노동당, 녹색당, 새누리당, 한국국민당, 한반도미래연합, 홍익당 등에서 434명의 후보들이 등록했다.

서울·경기·부산 기초자치단체장 선거에서도 더민주당은 이례적으로 강세를 보인 반면, 자유한국당은 보수색이 짙은 부산과 강원, 경기 북부 기초단체장 선거에서 선전을 기대할 뿐이다.

자유한국당의 텃밭인 부산에서도 여·야 모두 과반 승부가 예상되고, 강원에서도 민주당이 약진하고 일부 지역은 박빙이거나 혼전 양상이다.

기존 여야가 주장해온 정치적 텃밭의 지형이 근본적으로 흔들렸다.

문재인 정부가 이끈 남북 정상회담과 북·미 정상회담 이슈에 선거가 묻힌 탓도 적지 않았고, '정상회담에 대한 기대감'이 야당의 '현 정부 경제실정' 비판을 덮어버렸다.

급격한 최저임금 인상 등을 내세워 경제 실정을 부각하고 있는 자유한국당에 대해선 "지난 10년간 국민 생각 안 하고 너무 해 먹었다"면서 "민주당이라고 뾰족한 수야 없겠지만 그래도 투표 대상을 한번 바꿔보는 게 좋겠다고 생각한다"는 여론이 비등했다.

권영진 대구시장은 "국민들이 여러 번 우리에게 기회를 줬는데 보수가 오만했고 한편으로는 분열했다"며 유권자들이 매서운 회초리를 들었다고 자성했다.

자유한국당은 "지난 해 박근혜 전 대통령 탄핵 이후 형성된 정치적 중력이 너무 무겁고 무섭다. 무슨 계기를 잡아 원심력을 발휘해야 하는데 전혀 감조차 못 잡고 있다"면서, 총선에서 패배한 뒤엔 탄핵 논란으로 당이 쪼개졌고, 대선에 패배한 뒤에도 친박 인사들에 대한 출당 논란으로 계파 싸움을 계속해 온 것 자체가 국민들을 등 돌리게 한 원인이었다.

홍준표 대표는 2011년 한나라당 대표 시절엔 총선을 앞두고 당내 반란으로 밀려났고, 지금은 선거를 진두지휘해 치뤘지만 선거 결과에 책임을 지게 됐다.

15개 광역 의회도 더민주당이 단독 과반 확보하여 야권의 견제력이 크게 위축됐고 지방 권력의 '여대야소'가 심화됐다.

2004년 노무현 대통령 탄핵 이후 총선에서 불었던 '탄핵 바람'보다 더 강했다. 야당이 '사실상 전멸'하는 선거였다.

투표율 60.2%로 23년 만에 최고를 기록했고, 1995년 제1회 지방

선거의 68.4% 이후 가장 높았다.

선관위는 "높은 사전 투표율(20.1%)이 전체 투표율을 끌어올렸다"고 분석했다.

(2) 더민주당도 깜짝 놀란 대승을 거둬

기초단체장 226곳 중 더민주당이 151곳에서 승리했고 자유한국당이 53곳, 민주평화당이 5곳, 무소속이 17곳이다.

서울은 서초구만 자유한국당에 할애했을 뿐 24개구를 더민주당이 휩쓸었다. 2006년 지방선거에서 한나라당이 25개구 모두 싹쓸이 한 지 12년 만에 권력 구도가 완전히 역전된 것이다.

31개 경기지역 기초단체장도 더민주당이 27곳을, 자유한국당이 4곳을 건져 올렸을 뿐이다.

수도권 기초 단체장은 더민주당이 62곳을 휩쓸었고 야권에서 4곳에 불과했고, 광역 의원도 더민주당이 257석을 확보했으나 야권은 5석에 머물렀다.

서울시 광역의원 비례대표 선거에 11개 정당이 입후보하면서 투표용지 길이가 30.8cm짜리가 됐다.

더구나 계룡시의원 선거에는 32명의 후보가 난립하면서 투표용지 길이가 57.5cm나 돼 선거법 개정이나 후보자 난립 방지를 위한 대책의 필요성이 부각됐다.

19대 국회의원으로 청와대 여성가족비서관을 지낸 은수미 경기 성남시장 후보는 폭력 조직 출신 사업가로부터 차량 지원을 받았다는 의혹이 제기되었으나, 공천 재심위원회에서 기각 결정을 받고 기사회생했다.

더민주당 은수미 후보는 도덕성 시비 등 각종 논란을 딛고 50%가 넘는 득표율로 성남시장에 당선됐다.

부산 기초단체장도 더민주당이 13곳을 점령하고 자유한국당은 서구와 수영구만을 앞섰고 기장은 무소속이 점령했다.

부산도 시장과 기초단체장은 물론 시의회까지 더민주당이 독식하여 여도 부산으로 탈바꿈했다.

인구 106만 명인 창원시는 더민주당 허성무 후보가 무소속 안상수, 자유한국당 조진래 후들을 여유 있게 따돌리고 당선됐다.

강원도는 지난 지방선거에서 18곳의 기초단체장 중 원주, 삼척, 속초를 제외한 15곳을 휩쓸었던 자유한국당은 철원, 화천, 영월, 양양, 강릉에서 수성에 성공했다.

민주당에서조차 "강원도에서 이렇게 많은 지지를 보내줄 것으로 예상하지 못했다"고 의아해했고, 자유한국당은 "전 정권 국정 실패에 대한 반성이 부족했고 남북 관계 개선 등 새로운 변화에 적응하지 못한 효과가 너무 크다"고 자조했다.

강원도 인제에서는 더민주당 최상기 후보가 라이벌과 세 번째 맞대결에서 승리하여 2전 3기를 이뤄냈다.

호남에서 민주평화당이 기초단체당 5곳을 차지하여 더민주당의 싹쓸이를 막는 것은 박지원 의원의 힘이 컸던 것으로 분석됐다.

자유한국당 정상혁 후보는 충북 보은에서 3선 군수로 등장했다.

보수 심장인 강남구청장, 구미시장에도 더민주당 후보들이 당선됐다. 더민주당 정순균 후보는 보수 텃밭인 서울 강남구 최초 민주당 출신 구청장이 됐다.

(3) 전국 기초지방자치단체장 당선자 면모

〈 수도권 〉 수도권은 서울이 25곳, 인천이 10곳, 경기도가 31곳으로 66곳의 지방자치단체가 있다. 더민주당이 93.9%인 62곳을 휩쓸었고 자유한국당이 겨우 4곳을 차지했을 뿐이다. 서울 서초구, 인천 서구, 경기도 가평과 연천을 지켜냈다.

서울: 더민주당 24명, 자유한국당 1명

◆종로: 김영종(민) ◆중구: 서양호(민) ◆용산: 성장현(민)

◆성동: 정원오(민) ◆광진: 김선갑(민) ◆동대문: 유덕열(민)

◆중랑: 류경기(민) ◆성북: 이승로(민) ◆강북: 박겸수(민)

◆도봉: 이동진(민) ◆노원: 오승록(민) ◆은평: 김미경(민)

◆서대문: 문석진(민) ◆마포: 유동균(민) ◆양천: 김수영(민)

◆강서: 노현송(민) ◆구로: 이성(민) ◆금천: 유성훈(민)

◆영등포: 채현일(민)　◆동작: 이창우(민)　◆관악: 박준희(민)

◆서초: 조은희(한)　◆강남: 정순균(민)　◆송파: 박성수(민)

◆강동: 이정훈(민)

| 인천: 더민주당 9명, 자유한국당 1명 |

◆중구: 홍인성(민)　◆동구: 허인환(민)　◆남구: 김정식(민)

◆연수: 고남석(민)　◆남동: 이강호(민)　◆부평: 차준택(민)

◆계양: 박형우(민)　◆서구: 이재현(민)　◆강화: 유장호(한)

◆옹진: 장정민(민)

| 경기: 더민주당 29명, 자유한국당 2명 |

◆수원: 엄태영(민)　◆성남: 은수미(민)　◆의정부: 안병용(민)

◆안양: 최대호(민)　◆부천: 장덕천(민)　◆광명: 박승원(민)

◆평택: 정장선(민)　◆양주: 이성호(민)　◆동두천: 최용덕(민)

◆안산: 윤화섭(민)　◆고양: 이재준(민)　◆과천: 김종천(민)

◆의왕: 김상돈(민)　◆구리: 안승남(민)　◆남양주: 조광한(민)

◆오산: 곽상욱(민)　◆시흥: 임병택(민)　◆군포: 한대희(민)

◆하남: 김상호(민) ◆파주: 최종환(민) ◆여주: 이항진(민)

◆이천: 엄태준(민) ◆용인: 백군기(민) ◆안성: 우석제(민)

◆김포: 정하영(민) ◆광주: 신동헌(민) ◆포천: 박윤국(민)

◆연천: 김광철(한) ◆양평: 정동균(민) ◆가평: 김성기(한)

◆화성: 서철모(민)

〈 영남권 〉 영남권은 부산 18곳, 대구 8곳, 울산 5곳, 경북 23곳, 경남 18곳으로 72개 기초자치단체가 있다.

자유한국당의 모태인 영남권은 50.0%인 36곳은 자유한국당이 차지했고 더민주당이 38.9%인 28곳을 차지한 대약진이 이뤄졌다.

울산은 5곳을 더민주당이 싹쓸이했고 부산에서도 83.3%인 15곳을 차지하여 자유한국당이 소수 정당으로 전락했다.

무소속 후보들이 8곳을 점령했다.

| 부산: 더민주당 15명, 자유한국당 2명, 무소속 1명 |

◆중구: 윤종서(민) ◆서구: 공한수(한) ◆동구: 최형욱(민)

◆영도: 김철훈(민) ◆부산진: 서은숙(민) ◆동래: 김우룡(민)

◆남구: 박재범(민) ◆북구: 정명희(민) ◆해운대: 홍순희(민)

◆기장: 오규석(무)　◆사하: 김태석(민)　◆금정: 정미영(민)

◆강서: 노기태(민)　◆연제: 이성문(민)　◆수영: 강성태(한)

◆사상: 김대근(민)

대구: 자유한국당 7명, 무소속 1명

◆중구: 류구하(한)　◆동구: 배기철(한)　◆서구: 류한국(한)

◆남구: 조재구(한)　◆북구: 배광식(한)　◆수성: 김대권(한)

◆달서: 이태훈(한)　◆달성: 김문오(무)

울산: 더민주당 5명

◆중구: 박태완(민)　◆남구: 김진규(민)　◆동구: 정천석(민)

◆북구: 이동권(민)　◆울주: 이선호(민)

경북: 한나라당 17명, 더민주당 1명, 무소속 5명

◆포항: 이강덕(한)　◆울릉: 김병수(한)　◆경주: 주낙영(한)

◆김천: 김충섭(무)　◆안동: 권영세(무)　◆구미: 장세용(민)

◆영주: 장욱현(한)　◆영천: 최기문(무)　◆상주: 황천모(한)

◆문경: 고윤환(한)　◆예천: 김학동(한)　◆경산: 최영조(한)

◆청도: 이승율(한)　◆고령: 곽용한(한)　◆성주: 이병환(한)

◆칠곡: 백선기(한)　◆군위: 김영만(한)　◆의성: 김주수(한)

◆청송: 윤경희(한)　◆영양: 오도창(한)　◆영덕: 이희진(한)

◆봉화: 엄태항(무)　◆울진: 전찬걸(무)

경남: 더민주당 7명, 자유한국당 10명, 무소속 1명

◆창원: 허성무(민)　◆진주: 조규일(한)　◆통영: 강석주(민)

◆고성: 백두현(민)　◆사천: 송도근(한)　◆김해: 허성곤(민)

◆밀양: 박일호(한)　◆거제: 변광용(민)　◆의령: 이선두(한)

◆함안: 조근제(한)　◆창녕: 한정우(한)　◆양산: 김일권(민)

◆하동: 윤상기(한)　◆남해: 장충남(민)　◆함양: 서춘수(무)

◆산청: 이재근(한)　◆거창: 구인모(한)　◆합천: 문준희(한)

〈 강원·충청권 〉 강원도는 18곳, 대전 5곳, 충북 11곳, 충남 15곳 등 49곳의 기초지방자치단체가 있다.

더민주당이 대전시의 5곳을 휩쓰는 등 69.4%인 34곳을 차지했다.

자유한국당은 26.5%인 13곳을 겨우 건져 올렸고 무소속 후보들이 강원도 동해, 횡성에서 당선됐다.

```
강원: 더민주당 11명, 자유한국당 5명, 무소속 2명
```

◆춘천: 이재수(민) ◆원주: 원창묵(민) ◆강릉: 김한근(한)

◆동해: 심규언(무) ◆삼척: 김양호(민) ◆태백: 유태호(민)

◆정선: 최승준(민) ◆속초: 김철수(민) ◆고성: 이경일(민)

◆양양: 김진하(한) ◆인제: 최상기(민) ◆홍천: 허필홍(민)

◆횡성: 한규호(무) ◆영월: 최명서(한) ◆평창: 한왕기(민)

◆화천: 최문순(한) ◆양구: 조인묵(민) ◆철원: 이현종(한)

```
대전: 더민주당 5명
```

◆동구: 황인호(민) ◆중구: 박용갑(민) ◆서구: 장종태(민)

◆유성: 정용래(민) ◆대덕: 박정현(민)

```
충북: 더민주당 7명, 자유한국당 4명
```

◆청주: 한범덕(민)　◆충주: 조길형(한)　◆제천: 이상천(민)

◆단양: 류한우(한)　◆영동: 박세복(한)　◆보은: 정상혁(한)

◆옥천: 김재종(민)　◆음성: 조병옥(민)　◆진천: 손기섭(민)

◆괴산: 이차영(민)　◆증평: 홍성열(민)

| 충남: 더민주당 11명, 자유한국당 4명 |

◆천안: 구본영(민)　◆공주: 김정섭(민)　◆보령: 김동일(한)

◆아산: 오세현(민)　◆서산: 맹정호(민)　◆태안: 기세로(민)

◆금산: 문정우(민)　◆논산: 황명선(민)　◆계룡: 최홍묵(민)

◆당진: 김홍장(민)　◆부여: 박정현(민)　◆서천: 노박래(한)

◆홍성: 김석환(한)　◆청양: 김돈곤(민)　◆예산: 황선봉(한)

〈 호남권 〉 호남권은 광주 5곳, 전북 14곳, 전남 22곳으로 41곳의 기초지방단체를 지니고 있다.

더민주당이 70.7%인 29곳을 휩쓸었고, 호남의 종주권을 자랑하는 민주평화당이 12.2%인 5곳을 겨우 건져 올렸다.

무소속 후보들이 의외로 강세를 보여 전북의 무주, 임실, 전남의 여수, 광양, 장성, 장흥, 신안을 점령했다.

```
광주: 더민주당 5명
```

◆중구: 임택(민) ◆서구: 서대석(민) ◆남구: 김병내(민)

◆북구: 문인(민) ◆광산: 김삼호(민)

```
전북: 더민주당 10명, 민주평화당 2명, 무소속 2명
```

◆전주: 김승수(민) ◆군산: 김임준(민) ◆익산: 정헌율(평)

◆정읍: 유진섭(민) ◆남원: 이환주(민) ◆김제: 박준배(민)

◆완주: 박성일(민) ◆진안: 이항로(민) ◆무주: 황인홍(무)

◆장수: 장영수(민) ◆임실: 심민(무) ◆순창: 황숙주(민)

◆고창: 유기상(평) ◆부안: 권익현(민)

```
전남: 더민주당 14명, 민주평화당 3명, 무소속 5명
```

◆목포: 김종식(민) ◆여수: 권오봉(무) ◆순천: 허석(민)

◆나주: 강인규(민) ◆광양: 정현복(무) ◆담양: 최현식(민)

◆장성: 유두석(무) ◆곡성: 유근기(민) ◆구례: 김순호(민)

◆고흥: 송귀근(평)　◆보성: 김철우(민)　◆화순: 구충곤(민)

◆장흥: 정종순(무)　◆강진: 이승옥(민)　◆완도: 신우철(민)

◆해남: 명현관(평)　◆진도: 이동진(민)　◆영암: 진동평(민)

◆무안: 김산(민)　◆영광: 김준성(민)　◆함평: 이윤행(평)

◆신안: 박우량(무)

4. 친전교조 교육감 후보들이 또 압승을

(1) 교육감 선거전에 뛰어든 후보들의 면모

이번 교육감 선거 출마자는 59명이다. 득표율 15% 이상은 선거비용을 전액 보전해줬고 10% 이상이면 절반을 보전해줬다.

서울은 조희연 서울시 교육감과 이성대 전 전교조 서울지부장, 최보선 전 서울시의회 교육위원이 3파전을 전개했다.

보수진영도 두영택 광주여대 교수, 신현철 전 부성고 교장, 최명복 한반도 평화네트워크 이사장 등이 단일화에 참여했다.

이주호 전 교육과학기술부 장관과 안양옥 한국장학재단 이사장 등도 후보군으로 거론됐다.

김대중 정부에서 교육문화 비서관을 지낸 조영달 서울대 교수도 출마를 선언했다.

이청연 교육감이 뇌물수수 혐의로 구속된 인천은 박용수 부교육감이 출마를 선언했고 고승의 덕신 장학재단 이사장, 최순자 전 인하대 총장, 도성훈 전 전교조 인천지부장이 도전했다.

부산은 김석준 부산시 교육감에 함진홍 전 신도고 교사, 김성진 부산대 교수가 도전하는 형국이다.

김복만 교육감이 선거법 위반과 뇌물 수수로 사임한 울산은 7명의 예비 후보가 등록하여 권오영, 김석기, 박흥수 후보가 보수 후보 단일화를 모색하고 있고 노옥희, 정찬모 후보들도 진보 진영 후보 단일화를 모색하고 있다.

대구는 우동기 교육감에 강은희 전 여성가족부 장관으로 단일화를 이뤄 도전하고 진보 진영은 김사열 경북대 교수, 홍덕률 대구대 총장이 단일화를 추진하고 있다.

광주는 장휘국 교육감에게 이정선 광주교대 총장, 정희곤 광주시의원, 최영태 전남대 교수가 출사표를 냈다.

이번 교육감 선거에서 특이한 점은 "교육엔 진보도 보수도 없다"며 '탈정치'를 내세운 후보들이 대거 등장했다.

서울 조영달 후보는 "유일한 탈정치 후보"라며 "정치인 아닌 교육 전문가"를 캐치 프레이즈로 내걸었다.

지난 선거 땐 세월호 사고 영향으로 '앵그리 맘(화난 엄마)'들이 야당 성향 교육감에게 표를 던졌지만 지난 4년 간 학력 저하와 사교육비 증가에 불만이 쌓인 학부모들이 냉소적인 경향을 보였다.

(2) 진보성향, 전교조 출신 후보들이 휩쓸어

17개 시·도 교육감 선거에서 진보 진영 후보들이 4년 전에 이어 다시 압승을 거두었다. 후보도 모르고 공약도 모르는 '깜깜이 선거' 속에서 인지도와 조직·표심이 당락을 갈랐다.

진보 성향 후보가 14명 당선됐으며 전통적인 보수 텃밭인 울산에서 이변이 발생했다.

진보성향 후보가 교육감에 당선된 적이 없었던 울산에서 전교조 울산지부장을 지낸 노옥희 후보가 당선되어 2010년 이후 처음 여성 교육감이 탄생됐다.

울산 지역 노동운동계 대모(代母)인 노옥희 후보가 울산 교육감에 당선되어 4전 5기의 신화를 만들어냈다.

보수진영이 서울, 대구, 부산, 충북, 제주, 강원 등 6곳에서 단일화에 성공했으나 여성가족부 장관을 지낸 강은희 후보가 대구 교육감에 당선됐다.

현직 교육감 12명 중 10명이 재선과 3선 교육감에 성공했다. 박주호 한양대 교수는 "교육감 선거에 대한 국민적 관심도가 떨어지면서 아는 사람을 찍는다는 경향이 나타나 현직 프리미엄이 극대화됐다"고 분석했다.

또한 전교조 출신 후보 11명 중 10명이 당선되어 2014년의 8명을 웃돌았다.

송기창 숙명여대 교수는 "정책 이슈가 사라진 사이 여당 압승 분위기에 교육감 선거도 진보가 우세한 '동조화 현상'이 나타났다"고 분석했다.

보수 진영 후보들은 대구, 경북과 대전만 수성에 성공했다.

보수 교육감으로 진보 진영의 단일 후보를 꺾고 설동호 대전 교육감이 재선됐다.

(3) 시·도 교육감 당선자와 낙선자 면모

시·도	성명	연령	주요 경력	득표 (%)
서울	조희연	61	서울시 교육감	2,271,413 (46.6)
	박선영(여)	62	18대 국회의원	1,762,658 (36.2)
	조영달	57	서울대 교수	841,599 (17.3)
부산	김석준	61	부산시 교육감	793,013 (47.8)
	김성진	60	부산대 인문대학장	449,861 (27.1)
	함진홍(여)	58	신도교 교사	248,655 (15.0)
	박효석	50	아시아공동체학교장	167, 533 (10.1)
대구	강은희(여)	53	여성가족부장관, 의원	464,296 (40.7)
	김사열	61	경북대 교수	434,296 (38.1)
	홍덕률	60	대구대 총장	241,285 (21.2)
인천	도성훈	57	전교조 인천지부장	570,789 (43.8)
	고성의	66	덕신고 교장	388,511 (29.8)
	최순자(여)	65	인하대 총장	344,717 (26.4)
광주	장휘국	67	광주시 교육감	258,321 (38.0)
	이정선	59	광주교대 총장	243,574 (35.8)
	최영태	63	전남대 교수	178, 330 (26.2)
대전	설동호	67	대전시 교육감	363,708 (53.0)
	성광진	60	대전교육연구소장	322,558 (47.0)
울산	노옥희(여)	60	울산시 교육위원	211,590 (35.6)
	김석기	72	울산시 교육감	107,173 (18.0)
	구광렬	62	울산대 교수	67,756 (11.4)

	박흥수	63	울산교육청 교육국장	66,541 (11.2)
	정찬모	65	울산시의원	65,490 (11.0)
	권오영	73	울산시의원	44,783 (7.5)
	장평규	54	울산교원노조 위원장	31,854 (5.4)
세종	최교진	64	세종시 교육감	64,207 (50.1)
	최태호	58	중부대 교수	40,589 (31.7)
	송명석	55	세종교육연구소장	23,417 (18.3)
	정원희	62	청주대 조교수	사퇴
경기	이재정	74	경기도 교육감	2,385,410 (40.8)
	임해규	58	17, 18대 의원	1,374,952 (23.5)
	송주명	54	한신대 교수	1,026,135 (17.6)
	김현복	53	경민대 조교수	534,851 (9.2)
	배종수	70	서울교육대 교수	522,892 (8.9)
강원	민병희	64	강원도 교육감	426,465 (57.1)
	신경호	65	춘천 교육감	361,523 (45.9)
충북	김병우	60	충북도 교육감	429,465 (54.1)
	심의보	64	충청대 교수	322,272 (42.9)
	황신모	63	청주대 총장	사퇴
충남	김지철	66	충남도 교육감	421,123 (44.1)
	명노희	58	충남도 교육위원	284,428 (29.8)
	조삼래	66	공주대 학장	249,879 (26.1)
전북	김승환	64	전북도 교육감	385,151 (40.1)
	서거석	64	전북대 총장	278,361 (28.9)
	이미영(여)	58	교육시민운동가	162,603 (16.9)

	황호진	56	교육포럼 이사장	68,053 (7.1)
	이재경	63	전라고 교장	67,193 (7.0)
전남	장석웅	63	전교조 위원장	394,395 (38.4)
	고석규	61	정책기획위원	351,881 (34.2)
	오인성	62	나주시 교육감	281, 830 (27.4)
경북	임종식	62	경북교육청 국장	388,078 (28.2)
	안상섭	55	고려대 교수	348, 125 (25.3)
	이찬교	59	전교조 경부기부장	308,362 (22.4)
	이경희	65	포항시 교육감	235,065 (17.1)
	문경구	54	교총 소원지원단장	96,302 (7.0)
경남	박종훈	57	경남도 교육감	843, 735 (48.4)
	박성호	61	19대 국회의원	415,084 (23.8)
	김선유	64	진주교육대 총장	294,042 (16.9)
	이효환	60	공업고 교장회장	190,485 (10.9)
제주	이석문	59	제주도 교육감	174,868 (51.2)
	김광수	65	제주제일고 교장	166,620 (48.8)

제5장 세상을 들썩거린 사건들의 모음

1. 박근혜 정권의 아킬레스건인 사드 배치

2. 전략적으로 제안했다 무산된 개헌론

3. 문재인 정권 몰락에 일조한 조국

4. 적폐 청산의 미명으로 보수 정권을 단죄

5. 문재인 정권의 실정으로 남겨진 유산

6. 문재인 정부의 검찰 개혁은 빈 수레만 요란

1. 박근혜 정권의 아킬레스건인 사드 배치

(1) 울며 겨자를 먹을 수밖에 없는 사드 배치

박근혜 대통령은 갑작스럽게 한미 간에 북한의 기습적인 미사일 공격에 대비하여 주한 미군의 전략적 판단에 의해 경북 칠곡 지역에 사드를 배치한다고 발표했다.

중국은 즉각적인 강력한 반대 입장을 표명하고 한국과 미국 대사를 불러 항의했고, 사드를 배치할 경우 단호한 조치를 취할 것이라며 한국은 감당하지 못할 것이라고 거듭 경고했다.

정계에서는 여야 의원들을 망라하여 반대하고 나섰으며, 안철수 전 대표는 사드 배치는 국회의 비준을 거쳐야 한다는 피켓을 들고 반대에 앞장섰으며, 정세균 국회의장도 국회의 비준은 당연하다고 화답했다.

박근혜 대통령은 사드 배치는 국민을 지키는 일이며 어떤 비난도 달게 받겠다면서 "북한의 미사일에서 국민을 보호할 방법이 사드 외에 있다면 제시해 달라"고 밝혔다.

황교안 국무총리가 뒤늦게 성주 군민들을 설득코자 성주에 방문하자, 성주 군민들은 황 총리에게 계란 세례를 퍼붓고 감금하는 망신과 추태가 벌어졌다.

한민구 국방부 장관은 "사드가 서울 방어에 도움이 된다고 얘기한 적이 없으며, 중국의 정상적인 전력과 군용기의 움직임을 탐지하지 못한다"고 발뺌하는가 하면 "서울 ○○동 옆에도 미사일 기지가 있다는 군사 기밀을 공개하는 등 우왕좌왕했다.

박 대통령은 "사드를 반대한 일부 의원들은 북한과 같은 황당한 주장을 하고 있다"면서, TK 지역과 의원들이 반대할 줄 정말 몰랐다면서 섭섭함을 표명했다.

이에 이철우 경북도지사는 사드 배치에 찬성했고, TK의 11명의 의원들도 찬성 쪽으로 방향을 선회했다.

사드 배치 지역이 롯데의 성주 골프장으로 확정되자, 성주 주민 908명은 "성주 참외가 기가 막혀"라는 피켓을 들고 삭발을 하고 시위를 주도했고, 서울에서 2,000명이 명찰 시위 투쟁을 하고 북한의 핵미사일 화형식도 거행했다.

정부는 사드 전파는 공중 표적을 향해 직진하기 때문에 주민 피해의 가능성은 없으며, 괌 기지 주민들은 전자파에 대한 소음 민원 제기가 전혀 없었다고 주민 설득에 나섰다.

박 대통령도 사드 괴담 진화에 나섰고 "전자파 우려하는 게 이상할 정도"라고 전자파 우려 불식에 앞장섰다.

(2) 야권에서도 사드 배치를 묵인으로 후퇴

중국은 사드배치 발표 후 한국 물품의 통관 거부와 판매 불허가 급증하여 대한(對韓) 보복이 가시화됐다.

중국은 사드 부지를 제공한 롯데그룹 계열사를 대상으로 대대적인 세무조사에 착수했다. 이번 조사는 통상적인 수준을 넘어 보복을 위한 조사로 추정됐다.

중국 당국은 여행사를 불러 한국 여행상품 판매 중단을 지시하고 단체-자유 관광을 제한하는 등 무차별 보복에 나섰다.

사드배치 결정 8개월 만인 2017년 3월 8일 발사대 2대가 우리나라에 상륙했다. 중국은 강력히 반발하며 한미 양국을 겨냥해 고강도 보복을 예고했다.

트럼프 미국 대통령은 "한미 FTA는 끔찍하다. 조만간 재협상하거나 폐기하겠다", "사드는 10억 달러짜리 시스템이다. 한국이 사드 비용을 내는 게 적절하다"고 1조원 사드 청구서를 내밀었다.

미국에서는 "한국이 사드 배치 원치 않으면 9억 달러 예산을 다른 곳에 쓸 수 있다"고 문재인 대통령을 압박했다.

미국 한반도 전문가인 스나이더는 한국이 사드 결정 번복 땐 주한미군 철수 구실이 될 수 있다고 우려했고, 뉴욕타임즈는 트럼프 대통령이 미국과 중국 사이에 낀 한국 입장을 존중하여 문재인 대통령에게 너무 압박하지 말 것을 권유했다.

사드기지 내 장병 생활 여건 개선 공사를 위한 장비와 자재를 반입하려는 계획이 150명의 사드 반대 성주군민들의 완강한 반대로 경찰관 3,000명도 어찌하지 못하고 무산됐다.

성주 골프장을 사드 부지로 제공한 롯데마트 등 롯데 계열사들은 중국에서 모두 철수하는 손실을 입었고, 최순실에게 뇌물을 제공한 혐의로 구속된 신동빈 롯데그룹 회장은 보석으로 석방됐다.

2. 전략적으로 제안했다 무산된 개헌론

(1) 박근혜 대통령은 난국 돌파를 위해 개헌을 전격 제안

대통령 선거를 1년 2개월 앞두고 박근혜 대통령은 전격적으로 개헌 카드를 꺼내들었다.

하지만 야권 대권주자들은 '최순실 의혹'을 덮기 위한 전략적 의도라며 박 대통령의 승부수에 반격을 가했다.

박 대통령은 "1987년 개정돼 30년 간 시행돼 온 현행 5년 단임대통령제 헌법은 과거 민주화 시대에는 적합할 수 있었지만 지금은 몸에 맞지 않은 옷이 됐다"며, "임기 내에 헌법 개정을 완수하기 위해 정부 내에 헌법 개정을 위한 조직을 설치해 국민의 여망을 담은 개헌안을 마련하도록 하겠다"면서 개헌 추진을 공식화했다.

이어 "정파적 이익이나 정략적인 목적이 아닌 대한민국의 50년, 100년 미래를 이끌어나갈 미래지향적인 2017 체제 헌법을 국민들과 함께 만들어가길 기대한다"며 "국회도 헌법개정 특별위원회를 구성해 논의해달라"고 제안했다.

더민주당 문재인 전 대표는 "박근혜표 개헌은 안 된다"고 반대했고, 국민의당 안철수 전 대표도 "국회의원 선거제도 개편에도 합의를 못 하면서 난도(難度)가 높은 개헌은 더욱 합의가 불가능하다"고 부정적인 입장을 밝혔다.

한국 갤럽의 박 대통령의 국정 수행 지지율은 25%로 취임 이후 최저치를 기록하는 상황에서 개헌을 제안하게 된 배경에는 정치적 난관에서 벗어나 정국 주도권을 회복하기 위한 포석이 깔려있다는 분석이 지배적이다.

지금까지 박 대통령은 대통령 4년 중임제 개헌을, 새누리당 김무성 전 대표는 오스트리아식 이원집정부제 개헌을, 더민주당 김종인 전 대표는 의원내각제를, 헌법학자 정종섭 의원은 다당(多黨)구조가 되어 특정 정당의 독식을 막을 수 있는 대통령 직선 내각제를 주장하기도 했다.

(2) 박 대통령의 임기 단축과 개헌이 추진됐으나 무산

새누리당 김무성 전 대표의 대선 불출마 선언으로 개헌 논의의 물꼬가 터졌다는 정치권의 일부 반응에 쐐기를 박기 위해 "개헌 꿈꾸는 정치인 물리쳐야 한다"는 정치권의 독설도 난무했다.

김무성 전 대표는 "최순실 사태보다 100배 중요한 게 개헌"이라고 거듭 역설했고, 정진석 원내 총무도 "헌법 개정 없이 차기 대선을 치룬다면 다음 정부에서도 비극이 반복된다"며 탄핵과 개헌을 동시에 추진하자고 제안했다.

더민주당은 개헌론을 교묘한 물타기로 가정하고 탄핵연대에 균열이 생겨서는 안 된다며 반대 입장을 분명히 했다.

손학규, 김종인, 비문재인 진영은 "대선 전 개헌은 충분하다"고 대치 전선을 형성하고 있으나 문재인, 이재명, 박원순 등은 "차기 정부에서 개헌이 이뤄져야 한다"고 한 목소리를 냈다.

국회 헌법 개정 특별위원회가 인선에 착수하는 등 본격적인 가동을 준비했다. 활동 기한은 2017년 6월 30일까지이고 위원은 36명이다.

국회 개헌특위는 대통령 중심제가 아닌 이원집정부제 도입에 합의했다.

이종걸, 강창일, 김두관 의원 등 '경제민주화와 대통령제 극복을 위한 국회의원 모임' 비문(非文) 의원 35명은 개헌 촉구 성명서를 추미애 대표에게 전달했다.

정세균 국회의장은 "제왕적 대통령제가 적폐의 뿌리"라며 연내라도 개헌을 해야한다고 주장했다.

더민주당내 개헌파 및 비문진영의 좌장격인 김종인 전 대표가 비례대표 의원직 박탈을 감수하고 자유롭게 행동하기 위해 탈당한다는 명분을 내세우고 탈당했다.

자유한국당, 바른정당, 국민의당이 개헌안을 마련해 대선일 국민투표에 부치는 방안을 추진하기로 했다. 이는 대선 프레임을 '개헌 대 호헌'으로 만들겠다는 구상이다.

19대 대선후보들이 차기 정부에서 개헌을 추진하고 2018년 제7회 동시 지방선거 때 국민투표를 하자는 데 일치된 의견을 보였다.

자유한국당 김성태 원내대표는 "내년 지방 선거에서 개헌이 패키지로 묶여선 안 된다"며 지방선거 이후 개헌을 주장하며 협상이 결렬됐다.

문재인 대통령은 "헬기 사격까지 포함해 발포의 진상과 책임을 반드시 밝혀내겠다"면서 "5.18 정신을 헌법 전문에 담겠다는 저의 공약을 반드시 지키겠다"고 말했으나, 개헌이 이뤄지지 않아 공염불이 됐다.

문재인 대통령은 저 스스로의 말에 강박 관념을 갖는 사람이라며 내년 6월 지방선거 때 반드시 약속대로 개헌을 하겠다고 다짐했다.

국회 헌법개정 특별위원회는 '내년 2월 개헌안 마련, 5월 본회의 처리'라는 대원칙에만 합의했을 뿐 여야가 권력구조 개편에 대한 이해가 엇갈려 진전된 안을 내놓지 못했다.

정세균 국회의장은 2018년 2월까지 개헌안 합의가 안 되면 대통령에게 발의를 요청할 것이라고 밝혔다.

문재인 대통령은 "국회와 합의할 대통령의 개헌안을 준비해 달라. 국회 합의만 바라볼 상황이 아니다"라고 개헌 드라이브를 공식화했다.

문재인 대통령이 개헌안을 발의했다. 대통령의 개헌안 발의는 1980년 이후 38년만이다.

문 대통령은 "대통령을 위한 개헌이 아니라 국민을 위한 개헌"이라며 '개헌 대 호헌'의 프레임을 분명히 했다.

국무회의 심의 절차 등 개헌 내용과 절차에 대한 공세 수위를 높인 자유한국당 김성태 원내대표는 "국민을 위한 개헌이 아니라 독재 개헌의 길을 그대로 따르고 있다"고 비판했다.

자유한국당은 대통령 개헌안을 철회하라며 국회 의장단 선출을 보이콧했다. 이리하여 자유한국당의 끈질긴 반대로 개헌 논의는 수면 하로 가라앉았다.

3. 문재인 정권 몰락에 일조한 조국

(1) 문재인 정부 적폐 청산 선봉장이 된 조국

조국 서울대 교수가 민정수석에 취임하여 '정윤회 문건 파동'과 관련해 "민정수석실과 검찰의 책임자들이 벌을 받지 않는 것은 잘못됐다"면서 검찰에 대한 고강도 압박이 본격화 될 것으로 전망됐다.

조국 수석은 '십상시'의 동향 문건에 대해 우병우 수석, 김기춘 비서실장, 문고리 3인방 등이 짜고 최순실의 국정 농단을 묵인한 것으로 의심하고, 민정수석실이 검찰에 영향력을 행사하여 검찰 수사가 부실하게 이뤄졌다는 시각이다.

정호승 시인은 "응징 대신 화해를 선택한 만델라처럼 적폐 청산보다 통합에 팔을 걷어붙여야 한다"고 문재인 정부에 주문했지만, 문재인 정부는 조국 민정수석을 내세워 적폐 청산을 국정 과제의 최우선 순위에 올려놓았다.

안경환 법무부장관 후보자가 허위 혼인신고 등 파문이 커지자 "나를 밟고 검찰개혁 나아가길 바란다"고 하차했다. 부실 검증에 대한 조국 민정수석의 책임론이 불거졌다.

더민주당 조응천 의원이 청와대 특별감찰반 직원들의 비위로 전원 교체된 데 대한 책임을 지고 조국 민정수석 사퇴를 촉구했다.

그러나 이해찬, 박광온, 안민석, 민병두 의원들이 '조국수석은 촛불 정권의 상징', '흔들리며 피는 개혁의 꽃' 등으로 미화하며 옹호했다.

민정수석 비서관실 김태우 검찰수사관은 특검반장이 민간기업인의 감찰을 지시했다고 폭로하자, 청와대는 공항철도를 공기업으로 착각한 것이라고 궁색한 변명을 했다.

김태우 수사관은 민간인 동향을 보고했고, 우윤근 주 러시아 대사의 금품수수 의혹을 폭로한 데 대하여, 청와대는 법무부에 징계를 요구하고 우윤근 대사는 명예훼손 혐의로 고소했다.

김태우 수사관은 현역의원 실세 장관인 비위를 수집하다 팽(烹) 당했다며 연이어 폭로하여 청와대와 더민주당을 곤혹스럽게 했다.

김태우 수사관은 특감반장의 지시로 친야당 인물로 임기가 많이 남은 인사를 대상으로 블랙리스트를 만들어 지방선거 뒤 사퇴를 종용했다면서 특감반의 무자비한 감찰에 폭로를 결심하게 됐다고 첩보문건 10여 건을 작성하여 폭로를 준비해 왔다고 설명했다.

청와대 이인걸 특별감찰반장은 김태우 수사관이 특검반에서 활동하다 물의를 일으켜 검찰로 돌아가라는 통보를 하고 1개월 근신 처분을 받자 앙심을 품고 폭로했으며, 청와대에서는 민간인 동향을 보고받거나 지시한 바가 없다고 해명했다.

문무일 검찰총장은 공무상 비밀 누설 혐의를 받은 김태우 수사관 사건을 윤석열 서울중앙지검장과 대검 중앙수사부에서 함께 근무하며 절친한 관계였던 사실을 감안하여 수원지검에 배정했다.

자유한국당은 임종석 비서실장, 조국 민정수석, 박형철 비서관 등을 직무유기 혐의로 서울중앙지검에 고발했다.

국회에서 나경원 의원이 "문재인 정부는 무차별로 민간인을 사찰

하고 블랙리스트를 작성했는데 '나 몰라라'하고 개인의 일탈 행위라고만 한다"고 공격하자, 조국 수석은 "김태우 수사관의 개인 비위 그 이상도 그 이하도 아니다"라고 응대했다.

문재인 대통령은 김태우 수사관에 대해 "자신의 행위로 시비가 벌어졌다"고 폄하했고, 대검찰청 징계위원회에서는 김태우 수사관 해임을 의결했다.

김태우 수사관은 "청와대 특근반 내근자들이 허위로 외근비 1,600만 원을 챙겼다"고 폭로하자, 청와대는 "퇴근 후 정보활동 비용을 지급했을 뿐"이라고 궁색한 변명에 급급했다.

국민권익위원회는 김태우 수사관을 공익신고자 보호법에 따른 공익신고자로 인정하지 않기로 결정했다.

문재인 정부 2기 내각을 구성할 7명의 장관 후보자를 둘러싼 의혹이 끊임없이 이어지면서 인사 검증 라인에 대한 비판이 확산되고 있으나, 문 대통령은 조현옥 인사수석, 조국 민정수석에 대한 신뢰는 여전하다면서 교체를 검토하지 아니했다.

(2) 정권의 실세로 개혁 전도사가 된 조국

조동호 과학기술정보통신부 장관 후보자가 지명 철회되고, 최정호 국토교통부 장관 후보자가 자진 사퇴한데 대해, 나경원 자유한국당 원내대표는 조국 민정수석을 경질 안 하면 후속 인사도 험난할 것이다라고 경고했다.

공수처 문제를 담당하는 조국 수석은 패스트트랙 성사가 이루어지자 새로운 시작이라는 제목에서 의회주의적 타협의 산물이라는 페이스북 정치를 하여 자유한국당과 검찰의 분노에 기름을 끼얹었다.

문무일 검찰총장은 공수처 설치 법안과 검경수사권 조정 법안에 대해 "민주주의 원리에 반한다"고 청와대에 반기를 들었다.

박상기 법무부 장관은 "검찰의 수사 관행과 권한은 견제와 균형의 원리에 맞도록 재조정 돼야한다"면서, "수사권 조정 반발은 검찰조직의 이기주의"라고 검찰총장과 정면충돌했다.

문무일 검찰총장은 경찰에 대한 검찰의 수사 지휘권을 없애고, 경찰이 수사를 자체 종결할 수 있도록 한 검경 조정 조항을 문제 삼아 기자회견을 개최했다.

인사 검증 부실 논란, 특별 감찰반 비위 의혹 등으로 자유한국당은 조국 수석의 사퇴를 줄기차게 요구했으나, 문재인 대통령은 적폐청산과 검찰개혁의 완성을 조국에게 맡기기 위해 "조국의, 조국에 의한, 조국을 위한" 개각을 단행했다.

조국 수석이 자신을 둘러싼 의혹등에 대한 해명자료를 더민주당에 전달한 사실이 알려지자, 야권에서는 일제히 법무부장관행을 향한 조급증이라고 반발했다.

일본 경제 보복을 계기로 활발해진 조국 민정수석의 페이스북 정치에 대해 더민주당 윤호중 사무총장은 "공직자로서 갈등을 오히려 확산시키고 심화시키는 역할은 적절치 않다"고 공개적으로 지적했다.

조국 민정수석은 "촛불 명예 혁명의 시대적 요청에 부응하기 위해 법과 원칙에 따라 좌고우면(左顧右眄)하지 않고 직진했고, 소기의

성과를 거두었다"고 자평했다.

조국 전 민정수석이 서울대 복직의 양해를 페이스북에 올리자 너무 이기적이라는 비판론이 올라오고 사퇴 요구 대자보가 나붙었다.

문재인 대통령이 조국 전 민정수석을 법무부 장관에 임용하자 야권에서 '코드 인사', '회전문 인사'라는 비판과 '전쟁 선포 개각'이라고 강하게 반발했다.

조국 후보자는 남한 사회주의 노동자 동맹 사건에 연루되어 징역 1년, 집행유예 2년 선고를 받은 전력에 대해 "자랑스럽지도 부끄럽지도 않다"고 가볍게 대응했다.

(3) 장관 후보를 사퇴하라는 빗발치는 요구에도

조국 후보자의 가족이 유일하게 175억 원 납입한 사모펀드가 가로등 점멸기 생산 업체 대주주로 매출과 영업이익이 폭증했고, 조국 후보자의 모친이 빚 때문에 위장 이혼한 제수 집에 동생과 거주하는 이상한 부동산 거래도 장관 후보자 검증단에 포착됐다.

자유한국당은 조국 동생의 부부가 웅동학원 소송 때 채권 증서를 위조한 의혹도 제기했다.

조국의 딸 조민은 2주간에 걸쳐 인턴을 한 후 고교생이 쓰기 어려운 논문에 박사라고 허위로 기재하고 제1저자로 등재됐고, 이듬해 이 논문을 발판삼아 고려대에 입학했다.

조민은 인터넷에 자기소개서를 올려 500원~5만원에 팔기도 했다.

나경원 자유한국당 원내대표는 "조국을 지키려고 온 국민의 조국(祖國)을 버렸다"고 후보 사퇴를 요구했다.

주광덕 의원은 조국의 처남도 코링크 지분을 보유하여 사실상 가족 펀드 의혹이 있다고 폭로했다.

궁지에 몰린 조국은 "조국 펀드 투자자 6명은 가족과 친인척으로 사모펀드는 사회에 기부하고, 웅동학원 운영에서 가족들은 손을 떼겠다"고 밝혔다.

진보성향인 신평 변호사는 공개적으로 "진보 귀족으로 살아 왔다"며 "조국 씨 이제 내려오세요"라고 장관 사퇴 요구를 주장했다.

서울대 환경대학원장은 "조민은 장학금을 신청하지 말았어야 했다"고 페이스북에 글을 올리고, 촛불 집회를 개최한 서울대-고려대생들은 "장관 후보자 사퇴하라"고 요구했다.

이해찬 더민주당 대표는 "송구하고 죄송하다"고 대국민사과를 했고, 김해영 더민주당 의원도 "조민의 의혹은 국민 납득이 어렵다"며 사퇴를 촉구했다.

검찰은 조국의 처, 모친, 동생, 처남들을 모두 출국금지하고 펀드 운용사, 웅동학원, 조민의 논문에 관련된 단국대 등에 최정예 특수부 검사들을 투입해 30여 곳을 압수 수색했다.

당혹스러운 청와대는 검찰이 검경 수사권에 불만을 갖고 사태를 키웠다는 시각을 갖고 불안하게 사태 추이를 관망했다.

검찰은 조국 가족 펀드 운용사의 미공개 정보 이용 여부도 수사했다.

조국의 딸 조민의 지도교수인 노환중의 부산의료원장 임명을 둘러싼 의혹과 관련해 오거돈 부산시장 집무실도 압수 수색했다.

조국의 부인 정경심 교수가 조국의 딸 조민의 KAIST 허위 인턴 활동 증명서 조작에 개입한 혐의가 있어 검찰이 동양대를 압수 수색했다.

청와대에서 조국 후보자의 수사 과정에서 벌어진 피의사실 공표 논란에 대해 윤석열 검찰총장을 수사해야 한다는 주장이 제기됐다.

조민의 논문 공동 저자의 아들은 서울법대 인턴으로 그 당시에는 조국 수석이 재직하여 상호 연계하여 편의를 제공한 의혹도 제기됐다.

대한의사협회에서는 조민이 논문에 기여 가능성이 전혀 없으므로 조민의 의학 논문을 철회하라고 요구했다.

조민의 6학기 연속 장학금 지급에 의전원은 지도교수를 불러 심사숙고하라고 경고했다.

조국은 조민의 환경대학원 장학금을 반납하려 했다면서도 의학전문원에 진학하고도 6학기 동안 장학금을 받은 파렴치 행위를 했다.

최장집 고려대 교수도 "조국의 임명은 문재인 정부의 도덕성과 직결되며 인사청문회 무시는 초법적 권력 행사"라고 질타했다.

KAIST 박사는 "조민의 증명서 발급과 서명도 내가 한 게 아니다"고 허위 발급을 확인하고, 정경심 교수가 동양대에서 허위로 표창장을 발급하여 딸인 조민에게 전달한 것으로 드러났다.

(4) 문재인 정권을 추락시킨 조국 법무부장관

최성해 동양대 총장은 "조민의 표창장은 공식적인 표창장과 다르다"고 허위로 발급되었음을 폭로했다.

조국 후보는 정경심과 조민의 입시 의혹에 잘 모르겠다만 반복하며 회피했다.

청와대는 "조민의 표창장 허위 발급 의혹은 사실이 아닌 것을 확인했다"고 발표하자, 검찰은 "수사 개입이 우려된다"고 즉각 반박했다.

서울대 로스쿨생들도 "평소 주장한 정의와 실제 삶 간에 간극이 있다"면서 "의혹 못 풀면 사퇴해야 한다"고 주장했고, 서울대 총학생회 촛불집회에서 사퇴 의견이 84%의 찬성을 넘어섰다.

서울대 총학생회는 "조국 법무부장관 후보자의 임명은 청년들의 공정, 열망을 외면했다"면서 강력히 반대한다며 사퇴를 촉구했다.

검찰은 동양대 교수 정경심을 조민의 동양대 총장 표창장을 위조한 혐의로 소환조사 없이 전격 기소했다.

청와대 조경호 행정관은 "검찰이 미쳐 날뛰는 늑대마냥 자기 마음에 들지 않는 사람은 물어뜯겠다고 하얀 거품을 물고 있다. 마녀사냥이다"고 공격하는 등 청와대 관계자들은 30군데 이상을 압수수색하는 것은 내란음모죄를 수사하는 듯 하는 것이라며 원색적으로 비난했다.

그러나 이것들은 검찰의 지나친 압수수색도 문제가 있을지라도 원천적으로 공정을 외쳐온 조국의 가족에 대한 불신 의혹이 더욱 커져 조국 장관을 지키기 위한 호위대들의 헛고함으로만 들렸다.

리얼미터가 조사한 여론조사에서도 임명 반대가 56.2%로 찬성 40.1%를 크게 앞섰다.

검찰이 정경심의 기소로 임명 강행의 부담이 커진 상황에서 당정청 핵심 관계자들은 조국 임명을 강행한 것으로 알려졌으며, 야권에서는 임명 땐 민란 수준의 저항이 있을 것으로 경고했다.

모든 언론이 조국의 부인, 아들, 딸, 조카, 어머니, 동생들까지 하이에나식 물어뜯기에 여념이 없고 검찰이 30여 곳을 사냥개처럼 압수수색하는 와중에 문재인 대통령은 조국을 임명하는 강수를 두었지만, 검경 수사 조정권에 뒤틀린 윤석열 검찰은 장관 임명 여부와 관계없이 실체 규명 의지를 분명히 밝혔다.

청와대 비서관이 어리석게도 정경심의 해명문을 올려 논란만을 키웠다.

문 대통령의 검찰개혁 필요성을 앞세워 조국의 장관 임명에 대해 야권에서는 "헌정 사상 가장 불행한 사태"라고 규정하고 국조-특검-해임안 등을 추진하기로 했다.

조국 법무부 장관이 "통제 안 받은 검찰에 대한 감독을 실질화하겠다"고 검찰에 날을 세우자, 검찰은 "수사를 법대로 진행하겠다"고 칼날을 세웠다.

검찰은 정경심 교수가 코링크 주식 5억 원 어치를 차명으로 보유한 의혹도 수사하고, 조국의 5촌 조카도 구속영장을 청구했다.

조국 사태 이후 더민주당을 떠난 중도층은 지지정당을 못 찾아 무당파로 남았고, 자유한국당은 '조국 사퇴'를 향한 장외투쟁을 벌였고, 황교안 대표는 조국 파면을 외치며 삭발했다.

전국 대학교수 1,100여 명은 "조국 장관 임명으로 사회 정의와 윤리가 무너졌다"며 시국 선언문에 서명했다.

"딸이 고려대에 논문을 제출한 적 없다"고 해명한 조국 장관이 해명과 달리 조민의 논문은 고려대에 제출됐고, 논문을 제출하지 않았더라면 조민은 떨어졌을 것이라고 고려대 입학사정관이 검찰에서 진술했다.

(5) 온갖 비리의 화신으로 전락한 조국

조국 법무부 장관은 부친이 설립한 고려종합건설에 이사로 재직한 적이 없다고 강조했지만, 이사로 재직하여 중임한 것이 폐쇄된 법인 등기부 등본에서 확인됐다.

검찰은 조국 장관의 문서 위조와 증거 인멸 가능성을 수사하기 위해 조국 장관의 자택과 자녀들이 지원했던 대학 4곳을 압수 수색하여 검찰에 압수 수색 당한 최초의 법무부 장관이 됐다.

정경심 교수가 표창장을 위조한 컴퓨터를 반출한 것에 대해 "증거를 지키기 위한 것"이라고 두둔한 유시민 이사장을 향해 김태규 부산지법 부장판사는 "유시민 이사장의 말은 현란한 말재주라고 환호하신 분이 계실지 모르겠지만, 논리적이지도 아니하고 이즈음 되면 막 가자는 거지요"라고 되물었다.

조국 장관이 집을 압수 수색한 검사와의 통화를 두고 야권에서는 명백한 수사 개입과 직권남용이라고 탄핵 추진을 강구했다.

조국 장관을 둘러싼 의혹을 수사 중인 중앙지검 앞에선 "조국 물러나라", "검찰 개혁하라"는 집회가 동시에 개최됐다.

자유한국당은 조국의 장관 수행이 불가능하다고 직무 효력 정지 신청을 제출했고, 진중권 동양대 교수는 조국 장관의 임명에 찬성한 정의당에 탈당계를 제출했다.

검찰은 조국의 딸을 소환한 데 이어 아들을 소환하여 인턴 증명서 발급, 장학금 수령 경위 등을 조사했다.

유시민 이사장은 "조국 부인 영장 기각 땐 검찰 책임"이라며 "윤석열 검찰총장은 지금이라도 수사를 멈추라"고 소리쳤고, 더민주당은 피의사실 공표 혐의로 검찰을 고발하는 방안을 검토했다.

서초동 촛불집회가 연일 계속되자 더민주당은 "검찰개혁의 열망을 촛불로 확인했다"고 반기는 반면, 검찰은 옳고 그름이 무너지는 충격을 받게 됐다.

유시민 이사장은 "대통령에 맞선 검찰은 위헌적 쿠데타"라고 규정하자, 진중권 교수는 "조국 장관의 도덕성에 문제가 있는 것은 분명하다"고 맞받아쳤다.

"검찰을 향한 정권의 압박이 이성을 잃었다"는 자유한국당은 '조국 파면'을 외치는 주말 집회를 전국에서 동시에 개최하기로 했다.

문재인 대통령이 검찰총장에게 검찰 개편안을 만들라고 특별 지시한 것을 두고, 야권에서는 "대통령의 심기를 읽고 조국 수사를 덮으라는 뜻"이라고 공격했고, 검찰에서는 "조국을 약자로, 검찰을 공룡으로 보느냐"고 반발했다.

조국 사태를 놓고 보수단체들은 광화문에서 조국 사퇴를 외쳤고,

서초동에서는 검찰개혁 촛불집회를 개최하여 갈라진 광장에서 진영 전쟁을 펼쳤다.

자유한국당이 전국 총동원령을 내려 만든 광화문 집회에는 "조국 사태 더는 참을 수 없어 나왔다"는 시민들도 많았다.

검찰의 공개소환 폐지의 첫 대상이 조국 장관의 가족인 처와 조카들이었다.

검찰에 소환당한 정경심 교수는 표창장 위조 의혹에 대해 "기억이 없다"며 혐의를 부인했고, 조국 장관 부부의 자산관리인 김 씨는 "표창장은 위조된 것이 맞다. 조교가 나 몰래 위조한 것 같으니 수긍하라"는 정경심 교수의 전화 통화를 들었다고 진술했다.

정경심 교수가 5차로 검찰에 소환되자 법무부장관에 취임한 35일 만에 조국 법무부장관이 사표를 제출했고, 문재인 대통령은 사표를 즉각 수리했다.

(6) 조국의 사태가 언론의 지면을 뒤덮고

대학교수들이 올해의 사자성어로 '조국사태'로 인한 국론 분열을 지적하며 공명지조(共命之鳥)를 결정했다.

검찰은 김기현 울산시장 첩보 작성자가 근무하고 있는 국무총리실을 압수 수색하여 문건 가공 과정을 수사했다.

검찰의 끈질긴 수사 끝에 조국 전 민정수석이 유재수 부산부시장 감찰 중단은 정무적 판단에서 내가 했다는 진술을 받아냈다.

검찰은 유재수 감찰 무마는 재량권을 넘어선 중대한 위법 행위라며, 조국 전 민정수석을 기소하고 백원우 비서관도 구속 영장을 청구했다.

법원은 범죄 혐의는 소명됐지만 증거인멸 우려가 없다고 조국의 영장을 기각했다.

검찰은 조국 전 민정수석이 최강옥 청와대 공직기강비서관 아들의 인턴 증명을 위조했음을 공소장에 추가했다. 또한 딸이 부산대에서 받은 장학금을 뇌물로 간주하여 기소했다.

서울대는 정상적인 강의가 어렵다고 조국 교수를 직위 해제했다.

법원은 전자발찌를 차겠다며 보석을 신청한 정경심 교수의 보석 신청을 기각했다.

조국 전 장관은 첫 재판에서 "아들과 딸의 입시비리, 가족 펀드 등 모두가 사실을 왜곡하고 있다"면서 모든 혐의를 부인했다.

정경심 자산관리인은 정경심 교수가 "검찰에 배신당했다며 하드 교체를 지시했다"고 검찰에서 진술하여 표창장 위조는 명백함을 증명했다.

조국 민정수석과 법무부장관 시절은 물론 장관 사퇴 이후에도 언론에서는 하이에나처럼 조국 관련 기사를 미주알고주알 연일 대서특필했다.

(7) 정권의 교체와 더불어 한없이 추락한 조국

조국 법무부장관은 "저는 검찰 개혁을 위한 불쏘시개에 불과하다. 불쏘시개 역할은 여기까지"라고 퇴임사에서 밝히고 퇴임식도 없이 이러려고 장관직에 올랐나라는 회한을 남기고 씁쓸하게 법무부 청사를 나섰다.

자유한국당은 "정의를 요구한 국민의 승리"라고 환호했고, 더민주당에서는 "조국 장관을 못 지킨 이해찬 대표의 사퇴"를 주장하기도 했다.

정경심 교수는 뇌종양, 뇌경색 진단서를 제출하여 검찰 소환을 회피했고, 부산대 총장은 "조민의 표창장 위조가 확인되면 입학을 취소시키겠다"고 밝혔다.

조국 장관 동생 조 모 씨가 웅동학원 사무국장으로 웅동중 교사 지원자에게 1억 원의 돈을 받고 시험 문제와 답안지를 제공한 사실이 밝혀져 구속됐고, 시험 관리자인 조국 장관의 모친도 소환조사가 불가피해졌다.

윤석열 검찰총장은 '조국 일가 수사 성과'에 대하여 "총장의 결심과 승인 없이는 못 하는 수사"라고 좌고우면(左顧右眄)하지 않고 원칙대로 직접 지휘했다고 밝혔다.

조국 전 장관의 사퇴 책임론과 지지층 이탈로 문재인 대통령의 심리적 지지선인 40%가 처음으로 붕괴됐다.

검찰수사 두 달 만에 법원으로부터 "범죄 혐의가 소명되고 증거인멸의 염려가 있다"며 구속영장을 발부받아 조국의 동생도 강제집행 면탈 및 범인 도피 교사 혐의 추가 등으로 구속 수감됐다.

검찰은 미공개 정보를 이용하여 주식을 헐값 매입한 사실을 알았는지에 대해 조사하기 위해 조국 전 장관을 소환할 방침을 세웠다.

검찰은 조국 전 장관이 보관하고 있는 6억 원 상당의 더블유에프엠 주식을 미공개 정보를 이용하여 2억 4천만 원의 부당 이익을 챙긴 범죄 수익이며 모친의 부동산도 차명 매입이라고 공개했다.

검찰은 조국 전 장관이 서울대 공익인권법센터에서 발급받은 조국 전 장관의 딸과 아들의 인턴 증명서의 허위 여부를 가리기 위해 조국 전 장관의 서울대 사무실을 압수하여 조국 전 장관의 pc 등을 확보했다.

검찰은 '조국의 가족 펀드 의혹'을 조사하기 위해 상상인 저축은행을 압수 수색했고, 서울대 교수인 남편의 지위와 인맥 등을 활용하여 딸의 허위 스펙을 쌓았다고 정경심 교수의 공소장에서는 밝혔다.

조국 전 장관은 검찰이 대규모 압수수색을 하며 수사를 본격화한 지 79일 만에 차명주식과 장학금의 대가성을 확인하기 위해 소환됐다.

조국 전 장관은 "법정에서 모든 시비를 가리겠다"며 진술 거부권을 행사하여 검찰 질문에 8시간 동안 무응답하고 귀가했다.

조국의 아들도 검찰에 소환됐으나 아버지처럼 진술 거부권을 행사했다.

박형철 전 청와대 비서관은 "조국 수석의 지시로 유재수 부산부시장의 감찰을 중단했다"고 검찰에서 진술했다.

검찰은 조국 민정수석실에서 경찰에 김기현 울산시장의 비위를 조사하라는 하명수사의 정황을 파악하고 선거 중립 위배의 소지 혐의로 수사에 착수했다.

검찰은 박형철 전 청와대 비서관이 "김기현 첩보 보고서를 백원우 비서관이 줬다"고 진술했다고 폭로하자, 황운하 당시 울산지방경찰청장은 "터무니없는 이야기로 무책임한 정치 공세를 하고 있다"고 반박했다.

검찰이 1백 명이 넘는 엘리트 검사들을 동원하여 1백여 곳 이상을 압수하면 심산유곡에서 수행하고 있는 수도승일지라도 꼬투리를 찾지 못하겠으며 태풍처럼 밀려오는 검찰의 칼날을 피할 자가 누가 있겠는가.

학원을 소유하거나 관계하고 있는 장제원, 나경원 의원들도 백설처럼 깨끗하다고 보장할 수 있을까라고 한다면 웅동학원의 비리로 동생과 모친을 엮어낸 것이나 전화 한 통화면 인턴 증명서를 주고받은 교수들의 관례를 감안하면 허위 인턴 증명서 발급으로 최강욱 공직기강 비서관을 기소한 것은 검찰의 전방위 수사와 기소가 너무했다는 측면도 있는 것은 분명하다.

그러나 논문과 표창장을 위조하여 대학에 입학시키고 강남 좌파로서 장학금을 계속 받았다는 사실은 촛불 혁명의 상징인 조국 장관으로는 모든 허물을 벗어버릴 수밖에 없다는 것을 알고 국민 앞에 석고대죄 하는 것이 마땅하다고 보며, 그러한 사실을 은폐하거나 호도하려는 청와대 관계자나 유시민 이사장 등 불나비들의 비난은 당연한 것으로 보이기도 했다.

4. 적폐청산의 미명으로 보수 정권을 단죄

(1) 박 대통령에 이어 이명박 대통령도 구속

문재인 정부가 출범 이후 부처별 적폐 청산 태스크포스와 검찰 등 사정기관을 통해 박근혜 정부를 넘어 이명박 정부까지 전방위로 압박하자, MB는 "이런 퇴행적 시도는 국익을 해칠 뿐 아니라 결국 성공하지도 못한다"고 비판했다.

MB 정부 시절 '왕의 남자'로 불린 이재오 전 의원은 "정권을 잡았다고 6.25 전쟁 직후 완장 부대가 설친 것과 똑같은 짓을 하고 있다"고 4대강이나 자원 외교에 대한 적폐 청산에 반발했다.

MB는 김관진의 구속을 심각하게 여기면서 "적폐 청산을 보면서 이것이 과연 개혁이냐, 감정풀이냐, 정치보복이냐 의심이 들기 시작했다"고 적폐 청산을 비난했다.

MB의 적폐 청산 비판에 대해 추미애 민주당 대표는 "국민들은 4대강, 자원외교, 방위산업을 둘러싼 '사자방' 비리의 진상 규명을 요구하고 있다"면서 적폐청산의 원조는 MB라고 반박하자, 홍준표 자유한국당 대표는 "최근 문재인 정부의 행태를 보니 마치 조선시대 망나니 칼춤을 연상시키는 작태를 보이고 있다"고 비판했다.

검찰은 120억 원대의 비자금을 조성했다는 의혹을 밝히기 위해 MB가 실소유주라는 의심을 받고있는 자동차 부품회사인 다스 본사와 MB의 큰 형인 이상은 회장 댁을 압수 수색했다.

또한 검찰은 국정원 특활비 수억 원을 받은 혐의로 김백준 전 대통령 총무기획관과 김희중 전 대통령 부속실장을 소환했다.

MB는 검찰수사에 "보수를 궤멸시키기 위한 짜맞추기식 정치 공작이자 노무현 대통령의 죽음에 대한 정치보복이다"라고 주장했다.

MB 집사인 김백준 비서관이 "MB의 지시로 국정원의 특활비를 받았다"고 검찰에서 진술했다.

김백준 청와대 비서관의 요구로 다스의 미국 소송비 40억 원을 삼성그룹 이학수 부회장이 대납한 것으로 알려졌다. 소송비 대납이 이건희 삼성 회장의 특별사면과 연관이 있는 것으로 추정됐다.

검찰에 출석한 MB는 "다스와 도곡동 땅은 내 소유가 아니다"면서, 국정원 특활비를 받고 삼성이 대신 내도록 한 뇌물수수 혐의에 대해서도 "모르는 일"이라고 모든 혐의를 부인했다.

박근혜 전 대통령의 구속 1년 만에 검찰은 MB를 뇌물 11억 원, 다스에서 350억 원 횡령 혐의로 구속 영장을 청구했고, MB는 성명서를 통해 "정치 검찰을 비롯한 국가 권력이 총동원돼 진행된 이명박 죽이기"라고 반발했다.

이명박 전 대통령이 서울 동부 구치소에 수감되어 구속 수감된 네 번째 전직 대통령이 됐다.

이명박 전 대통령은 페이스북을 통해 "누굴 원망하기보다 이 모든 것은 내 탓이라는 심정이고 자책감을 느낀다"며, "언젠가 나의 참 모습을 되찾고 할 말을 할 수 있으리라 기대해 본다"고 밝혔다.

MB는 체념한 듯 담담한 표정이었고 측근 25명이 도열하여 마지막 배웅을 했다.

검찰이 MB를 11억 원의 뇌물과 349억 원의 횡령 혐의로 기소하자 MB는 "저 자신에 대한 어느 정도 한풀이는 있을 것으로 예상했지만 청와대 수석 등 100여 명이 검찰조사를 받아 가히 무술옥사(戊戌獄事)라 할 만하다"고 반발했다.

검찰은 2008년 18대 총선 당시 MB 측에서 불법 정치 헌금을 받은 정황을 포착했다.

법원은 다스의 회삿돈 349억여 원을 횡령하고 111억여 원의 뇌물을 받은 MB에게 다스의 실소유자라면서, 징역 15년과 벌금 130억 원, 추징금 82억 7천만 원을 선고했다.

재판부는 MB는 다스 설립 과정에 적극 관여하고 비자금 조성도 지시했다고 판시하자, MB는 "상상했던 여러 상황 중 가장 나쁜 결과를 가져왔다"고 반발했다.

이명박 전 대통령이 허가 없인 집에서 한 발도 못 나간다는 엄격한 보석 조건으로 보석이 결정되어 구속 43일 만에 석방됐다.

이학수 삼성 부회장이 재판정에서 불리한 증언을 하자 MB가 "미친놈"이라고 중얼거리자 재판장은 퇴정시킬 수 있다고 경고했다.

(9) 양승태 전 대법원장도 영어의 신세로

김명수 대법원장은 "사법행정권 남용 사태에 대해 성역 없는 엄정한 수사가 필요하다"며 법원 행정처 410건의 문건을 특별 조사하자, 양승태 전 대법원장이 기자회견을 열어 '재판 거래' 의혹을 강하게 부인했다.

양승태 전 대법원장의 기자회견에 대해 법원 내에서는 "사실 왜곡 판사에 일침을 가했다", "김명수 대법원장에 불쾌감만 드러내며 검찰 고발을 회피하기 위한 해명이다"로 양분됐다.

재판 거래 및 사법행정권 남용 의혹을 수사 중인 검찰은 양승태 전 대법원장의 차량과 법원행정처장을 지낸 대법관의 사무실과 자택을 압수 수색했다.

역대 16명의 대법원장 중 검찰에 압수 수색을 당한 경우는 이 번이 처음이다. 윤석열 중앙지검장은 "법원을 죽이기 위한 수사가 아닌 살리려는 수사"라고 강변했다.

서울중앙지검 한동훈 검사는 양승태 전 대법원장의 재임 중 일제강점기 전범기업의 강제징용 피해자 손해배상 소송 관련 보고를 받고 지시를 내렸다는 임종헌 법원행정처 차장의 진술을 확보했다.

대법원은 "강제 징용 피해자들에게 일본 기업이 1억 원씩 배상하라"라 판정하여 피해자들은 일본에서의 패소를 딛고 승소가 확정됐다.

1965년 한일청구권 협정에는 강제징용 피해자들의 손해배상이 없었기 때문에 전범기업인 일본제철의 후신 신일본제철이 배상해야 한다는 것이다.

이에 일본 아베 신조 총리는 "국제법에 비춰볼 때 있을 수 없는 판단"이라며 "한일청구권 협정으로 청구권 문제는 완전하고 최종적으로 해결됐다"고 주장했다.

대법원이 이 사건 판결을 5년간 지연 시킨 배경이 법원행정처의 재판 개입 때문이라는 것이 밝혀지자, 대법원이 속전속결로 재판을 완료했다.

양승태 전 대법원장은 재판 개입 및 사법행정권 남용 의혹 사건의 피의자로 소환되자 "법관들이 많은 상처를 받고 적지 않은 사람들이 수사기관의 조사를 받은 데 참담한 마음을 금할 수 없다"고 밝혔다.

양승태 전 대법원장은 25년 후배 영장 전담 판사 앞에서 후배 법관들의 진술을 왜곡이나 조작이라고 몰아세운 것이 자충수가 되어 영장이 발부된 것으로 알려졌다.

사법부 수장의 첫 구속영장 발부를 놓고 일부 판사는 "우울하고 참담한 날"이라며 당혹스러워했다.

서울 고법의 어느 판사는 "사법부 수장을 감방에 넣는다는 것이 말이 되는가. 결국 정권의, 권력의 힘이 사법 독립까지 망치고 있는 것"이라고 목소리를 높였다.

검찰이 양승태 전 대법원장을 상고법원 추진 등 법원 위상 강화 및 이익 도모, 대내외 법원 비판 세력 탄압, 법관 명예 실추를 막기 위한 부당한 조직 보호, 공보관실 운영비 불법 편성 및 집행 등 47개 범죄 사실을 엮어 구속하고 15년 징역형을 구형했다.

양승태 전 대법원장은 "검찰의 공소장은 근거 없는 소설의 픽션"이라고 주장하자, 검찰은 "검찰에 대한 근거 없는 모욕 수준"이라고 반박했다.

(3) 적폐 청산의 칼날을 전방위로 휘둘렀으나

박상기 법무부장관은 MB 정부 시절 국가정보원의 국내 정치 개입 의혹에 대한 수사는 성역 없이 진행하겠다고 밝혔다.

원세훈 전 국정원장이 퇴임 직전 21억 원을 유용하여 해외 도피자금으로 쓰려했다는 의혹에 대해 검찰이 수사에 나섰다.

4대강 의혹에 대해 파고 또 파고 4번째 감사를 했으나 맹탕으로 끝났다.

계엄문건을 수사 중인 검찰은 조현천 전 기무사령관에 대한 체포영장을 청구하여 발부받았다.

MB 시절 댓글 지시 혐의로 조현오 전 경찰에 대한 영장을 신청했다.

검찰은 강신명 전 경찰청장을 20대 총선 때 친박 후보들을 위한 판세 분석, 경쟁 후보 약점 등이 담긴 보고서를 작성한 혐의로 구속수감했다.

검찰은 박근혜 정권은 물론 이명박 정권 시절의 청와대, 국가정보원, 경찰 등을 전방위로 수사하여 구속 수감자가 1백여 명에 달하는 매서운 칼날을 휘둘렀다.

5. 문재인 정권의 실정으로 남겨진 유산

(1) 문재인 정부 최대 실책인 탈원전 정책

4명의 교수들이 문재인 정부의 탈원전 정책에 반대 성명을 내고 정책 중단을 요구하는 등 집단 반발에 나섰다.

이들은 "국민에게 보편적 '전력 복지'를 제공해 온 원자력 산업을 말살시키는 탈원전 졸속 추진을 즉각 중단하라"고 요구했다.

독일 뮌헨공대 교수인 빈프리트 페트리도 "연구용 원자로가 의료 분야 등에 활용되어 신재생 에너지 활성화에도 도움이 되므로 탈원전 정책이 원자력 연구까지 흔들리게 해선 안 된다"고 조언했다.

정부가 울산 원자력 발전소 5호, 6호기 공사 일시 중단을 결정하면서 공사 중단이 가져올 문제점과 법적 논란 가능성 등을 제대로 검토하지 않고 세마디 회로 중단 결정을 했다고 비판을 받았다.

문재인 대통령은 "공론화위원회의 최종 결정에 따르겠다"며 건설 중단을 밀어붙이지 않겠다는 방침을 밝혔다.

그러나 한국수력원자력(한수원)이 울산 신고리 5호, 6호기 건설의 3개월 일시 중단을 호텔에서 기습 처리했다.

한수원 노조는 원자력 발전소 5호, 6호기 공사 일시 중단을 결정한 이사회 결정이 무효라며 소송을 제기했다.

백운규 산업통상자원부 장관은 "정부가 원자력 발전소 수출에 도움을 주겠다고 한 말을 끝까지 초지일관 지키겠다"며 수출 경쟁력 약화 우려의 진화에 나섰다.

원자력 발전소 5호, 6호기 공사 중단을 추진했던 정부 정책이 공론화위원회 시민 참여단의 결정으로 뒤집혔다.

문재인 정부는 출범 후 처음으로 공약이 뒤집히는 상황에 직면했다. 공사 3개월 중단에 따른 손실은 1,000억 원으로 추산됐다.

경제성이 떨어졌다는 이유를 내걸어 한수원은 월성 1호기를 조기 폐쇄하고, 신규 원전 4기 건설도 백지화했다.

이에 한수원 노조에서는 6,400억 원의 손실이 예상된다며 정부에 책임을 물을 것이라고 밝혔다.

(2) 문재인 정부 실책인 소득주도성장(소주성)

문재인 정부가 2020년 최저임금 시급 1만 원 달성을 위한 시동을 걸었다. 최저임금위원회는 2019년 최저임금을 2018년보다 16.4% 올린 7,530원으로 확정하여 파격적으로 인상했다.

김동연 경제부총리는 "최저임금 인상은 소득주도 성장의 큰 모멘텀이 될 것"이라며 부담이 가중된 중소기업의 지원 대책을 마련하겠다고 밝혔다.

2014년 5,210원에서 2017년에는 6,470원으로 연평균 인상률은 7.3% 수준이었으나 파격적인 인상에 노동계도 깜짝 놀랐다.

문재인 대통령은 분배 위주 정책인 소득 주도성장 정책 우려에, 파이 키우는 성장 전략 강화를 기조로 하는 혁신 성장 개념을 빨리 정립하라고 지시했다.

정부는 30명 미만 영세기업과 소상공인의 최저임금 인상 부담을 덜어주기 위해 1인당 월 최대 13만 원의 임금을 지원하기 위해 3조 원 예산 편성에 들어갔다.

최저임금 여파로 식당, 편의점, 숙박 등 자영업자들이 임금 인상을 앞두고 고용을 줄여 서비스업 일자리 6만 개가 사라졌고, 청년 실업율도 9.9%로 사상 최고를 기록했다.

최저임금 쇼크로 아우성인데 정부는 현장과 동떨어져 단속에 대한 채찍만 강화하여 공장을 해외로 옮기는 중이며, 일자리 안정자금 신청 업주도 0.1%뿐이다.

최저임금 인상에 알바 시장도 꽁꽁 얼어붙었으며 자영업자들의 구인 광고도 9%로 줄어들었다.

한국경제학회가 개최한 학술대회에서 "무리한 최저임금 인상과 노동시간 단축, 비정규직의 정규직화 등은 생산성을 하락시키는 위험한 정책"이라며 "한국 경제의 '잃어버린 20년'을 불러오는 결과를 낳을 수 있다"고 문재인 정부에 쓴소리를 쏟아냈다.

문재인 대통령은 "일자리 증가 속도가 둔화되고 하위 20%의 가계 소득이 감소하면서 소득 분배가 악화됐다"며, 소득주도 성장정책을 점검하라고 지시했다.

최저임금 충격에 주 52시간 태풍이 몰아쳐 투자 의욕이 꺾여 '일자리 절벽'을 만들어냈다고 학계에서는 우려했다.

최저임금위원회에서 최저임금의 차등화 표결이 부결되자 사용자 측 위원들은 "소상공인의 현실을 외면한 처사"라고 반발하면서 "최저임금을 동결시키기 위해 최대한 싸울 것"을 밝혔다.

편의점주들은 "편의점 알바가 주인보다 더 벌어, 최저임금이 더 오르면 폐업하겠다"고 하소연했다.

최저임금위원회는 2019년도 최저임금을 2018보다 10.9% 올린 8,350원으로 의결했다. 이로써 2년 동안 29% 인상됐고 주휴수당을 포함하면 1만 30원이 된다. 정부는 충격 완화를 위해 일자리 안정 자금 등 6조 원의 혈세 투입을 검토했다.

최저임금 인상에 따라 아르바이트 자리가 날아가 청년 실업율이 10%에 도달해 19년 만에 최악을 기록했고, 도소매, 숙박, 음식점의 일자리 20만 개가 날아가 통계 작성 이후 최고를 기록했다.

구직 청년에 6개월간 월 50만 원 지급은 최저임금 충격에 대한 땜질 처방이라는 지적도 있었다.

문재인 대통령은 경제 정책 기조로 소득주도 성장 대신 포용적 성장으로 바꿔 혁신 성장을 통해 경제 활력을 되살리겠다고 밝혔다.

노무현 정부 때 노동부장관을 지낸 김대환은 "어설픈 진보와 무개념 정치가 만나 소주성을 핵심 정책으로 내세웠다"고 질타했다.

(3) 문재인 후보와 대립했던 안희정과 이재명

문재인 대통령은 미투운동을 지지하며 성폭력 범죄에 대하여 법정부 차원에서 발본색원하는 대책을 세우라고 특별 지시했다.

안희정 충남도지사 비서 김지은이 안 지사의 성폭행 사실을 폭로하자, 안 지사는 도지사직을 사퇴하고 일체의 정치 활동을 중단하겠다고 선언했다.

안 지사는 합의에 의한 성관계였다는 비서실의 입장은 잘못이며 모두 다 제 잘못이라고 밝혔다.

안 지사의 대선 경선 캠프에서 홍보업무를 맡았던 김지은은 수행비서를 하다 정무비서로 자리를 옮겼다. 그는 "지난 8개월 동안 네 차례 성폭행을 당했고 수시로 성추행을 당했다"고 폭로했다.

검찰에 출석한 안희정은 "두 여성과 성관계를 맺긴 했지만 강제성은 없었다"고 혐의를 부인했다.

안희정 전 지사의 구속영장이 상급자로서 압박해 강제로 성관계를 맺은 혐의가 분명하지 않다고 두 번째 기각됐다.

김지은은 "안희정은 권력으로 성을 착취했다"며 영혼도 파괴됐다고 진술하자, 안희정은 "지위 가지고 위력을 행사한 적은 없었다"며 합의에 의한 성관계였다고 계속 주장했다.

법원은 "강압적 성관계의 근거가 부족하다. 피해자의 진술도 그대로 믿기가 어렵다"면서 안희정에게 무죄를 선고했고, 김지은은 "끝까지 범죄를 증명할 것"이라고 반발했으며 "침묵을 강요하는 판결"이라는 여론이 비등했다.

서울 고등법원은 안희정 전 충남도지사의 항소심에서 "피고인은 현직 도지사이자 유력한 차기 대권주자로서 자신의 보호 감독을 받는 피해자를 9차례에 걸쳐 범행했다"면서, 3년 6개월의 징역형을 선고하고 법정 구속했다. 재판부는 안 전 지사가 상급자의 위세로 김지은의 성적 자기 결정권을 침해했다고 봤다.

안희정 아내는 "미투 아닌 불륜이라며 항소심의 판결을 수용할 수 없다"고 항변하자, 김지은은 "법정에서 결론 난 사안으로 불륜이라는 주장은 2차 가해가 될 수 있다"고 반박했다.

이재명 경기도지사가 '친형 강제 입원'과 '여배우 스캔들', '조폭 연루설' 등 각종 의혹과 관련하여 경찰 조사를 받았다.

이재명 지사는 "인생지사 새옹지마 아니겠느냐, 사필귀정이 될 것이라 믿는다"고 말했다.

김부선은 페이스북에 "점 빼느라 수고하셨네요. 거짓을 덮으려 또 다른 거짓말을 할수록 당신의 업보만 커져만 갈 텐데"라고 올렸고, 이는 최근 병원 신체 검증에서 '특정 부위에 점이나 점을 제거한 흔적이 없다'고 나온 결과를 반박하기 위한 글이다.

경찰은 ●친형 강제 입원과 관련한 직권남용과 공직선거법상 허위 사실 공표 혐의 ●검사를 사칭한 사실이 없다고 선거 과정에서 허위 사실을 공표한 혐의 ●대장동 개발과 관련해 수익금 규모가 확정되지 않았는데도 확정된 것처럼 허위 사실을 공표한 혐의에 대해 기소 의견으로 검찰에 송치했다.

문재인 대통령 등 이재명 경기도지사의 경쟁자를 비판하는 막말을 수없이 올린 혜경궁 김씨 계정을 경찰이 이재명 경기도지사의 부인 김혜경으로 결론을 내리자, 이재명 경기도지사는 분명한 증거가 없다고 반발했다.

경찰은 혜경궁 김씨의 트위터 계정에 등록된 ID가 경찰 수사 직후

탈퇴했으며, 이재명 도지사의 자택에서 마지막 접속이 이뤄진 것을 확인했다.

검찰이 혜경궁 김씨 트위터 계정 소유주를 찾기 위해 이재명 지사의 자택을 압수 수색했으나, 김혜경 씨가 "어디 있는지 잘 모르겠다"며 회피하여 휴대전화를 확보하지 못했다.

검찰은 친형을 정신병원에 강제 입원시키려 했다며 기소된 이재명 경기도지사에게 징역 1년 6개월을, 공직선거법상 허위사실을 공표한 혐의에 대해서는 벌금 600만 원을 구형했다.

법원은 친형 강제입원은 직권남용이 아니라고 무죄를 선고했다.

이재명 지사는 공직선거법 위반 항소심에서 당선 무효에 해당하는 벌금 300만원을 선고받았다. 그러나 친형 강제입원, 검사 사칭, 대장동 개발 업적 과장은 무죄가 선고됐다.

6. 문재인 정부의 검찰개혁은 빈 수레만 요란

(1) 문재인 정부는 검찰개혁을 제1과제로 설정

문재인 대통령은 국회 시정 연설에서 "검찰 개혁이 시급하다는 데 국민의 뜻이 하나로 수렴돼있고 잘못된 수사 관행을 바로잡아야 한다"면서 공수처법의 조속한 처리를 당부했으나, 자유한국당은 X 가 표시된 마스크를 쓰고 항의했다.

검찰은 최순실이 소유한 빌딩을 126억 원에 매각하고 양도소득세 19억 원을 내지 아니한 혐의로 최순실과 정유라를 소환했다.

대법원에서는 박 전 대통령이 국정원에서 받은 2억 원은 뇌물이므로 항소심에서 국고 손실일 뿐이라는 재판을 다시 하라고 파기 환송했다.

'정윤회 문건' 유출 사건을 잘못 처리했다는 문책성 좌천을 당한 유상범 창원지검장이 "오해와 편견이 크더라도 결국 진실은 밝혀진다"며 재조사를 해보자고 요청했다.

'통합진보당 해산'에 관해 "검찰 공안부는 국가의 존립과 안전을 위해 범죄와 싸웠다"며 인사에 대한 불만을 완곡하게 표현하고 정점식 공안부장도 공직을 떠났다.

박상기 법무부 장관은 검찰의 수사-기소권 독점의 폐해를 지적하며 고위공직자 비리 수사처(공수처) 설치와 법무부의 '탈검찰화'를 통한 '검찰 힘 빼기'를 우선 추진하겠다며 검찰과 각을 세웠다.

조국 청와대 민정수석은 경찰청 내의 안보수사처를 신설해 대공수사를 전담하여 국정원의 대공수사권을 폐지하고, 공수처를 신설하여 검찰의 권한을 줄이는 3대 권력기관 개혁안을 발표했다.

이는 국정원과 검찰의 힘을 빼고 경찰을 키운다는 전략으로 검찰은 의견 낼 권한이 없다며 뿌리 깊은 불신을 드러냈다.

문무일 검찰총장은 청와대의 검-경 개혁안은 내 생각과 다르다고 반발했다.

문무일 검찰총장은 "공수처 도입에 대한 국회의 논의 결과를 국민의 뜻으로 알고 존중하겠다"면서, 검찰과 병존적 수사권을 요구했다.

(2) 적폐청산과 개혁의 아이콘으로 발탁된 윤석열

문재인 대통령은 박영수 특검에서 수석 검사로 파견돼 국정농단 수사에 참여했던 윤석열 대전고검 검사를 파격적으로 서울중앙지검장에 임명했다.

자유한국당 홍준표 전 대선후보는 "새롭게 등장한 더 세련된 좌파들은 그때보다 더 정교한 방법으로 우파계열 괴멸 작전에 돌입할 것"이라고 경계했다.

검찰 내부에서는 "서울중앙지검장의 직급을 낮추면서까지 윤석열 지검장을 앉힌 것은 또 다른 줄 세우기를 시작한 것"이라고 비판했다.

5기수 후배의 임명에 사표를 던진 한 검찰 간부는 "윤석열 중앙지검장 임명은 기존 검찰 수뇌부는 다 나가라는 사인을 준 것 아니냐"며 정권이 바뀌었다고 '적폐'로 몰려 나가게 돼 착잡하다고 심경을 밝혔다.

대학 4학년 때부터 9년을 낙방한 후 33회 시험에 합격한 윤석열 검사장은 "나는 사람에게 충성하지 않는다"는 명언과 함께 항명하여 좌천됐다가 박영수 특검에 발탁되어 "검사가 수사권 가지고 보복하면 그게 깡패지 검사입니까"라는 명언을 날렸다.

윤석열 서울지검장은 장모의 사기 연루 의혹 사건의 배후로 자신을 거론한 자유한국당 장제원 의원에게 "아무리 국감장이지만 이거 너무 하신 거 아닙니까"라고 발끈했다.

문무일 검찰총장 후임에는 봉욱 대검 차장, 김오수 법무부 차관, 이금로 수원고검장, 윤석열 서울중앙지검장 등이 후보로 추천됐다.

윤석열 지검장이 기수는 낮지만 나이는 제일 많다.

문재인 대통령은 적폐 청산 사령탑 역할을 맡은 윤석열 서울중앙지검장을 검찰총장으로 발탁하면서, 적폐 청산 기조를 이어가겠다는 의지를 분명히 했다.

자유한국당 민경욱 대변인은 "청와대는 하명을 했고 검찰은 이에 맞춰 칼춤을 췄다. 이제 얼마나 더 크고 날카로운 칼이 반정부단체, 반문재인 인사들에게 휘둘러질 것인가"라고 우려했다.

윤석열 검찰총장의 파격적인 발탁으로 기수를 중시하는 검찰 관례대로라면 선배 고검장 9명과 검사장 22명이 옷을 벗는 인사 태풍이 불가피했다. 박상기 법무부 장관은 "윤석열 선배 다 옷 벗으라는 뜻 아니다"라고 위무했다.

박상기 법무부 장관은 "윤석열 총장은 검-경 수사권 조정과 공수처 신설에 동감했다"고 확인했다.

윤석열 검찰총장 후보 검증 과정에서 양쪽 눈의 시력차가 큰 부동시(不同視)로 병역 면제 판정을 받았고, 부인인 김건희 여사가 세금 체납으로 집을 세 차례 압류당한 것이 확인됐다.

(3) 윤석열 검찰총장의 수중에 들어온 김경수

경찰은 지난 대선 당시 더민주당 김경수 의원과 드루킹의 댓글 여론 조작 텔레그램 대화를 확인하자, 김경수 의원은 "드루킹의 무리한 인사 청탁을 거부하자 벌인 악의적 행동"이라며 부인했다.

김경수 의원은 "드루킹에게서 주오사카 총영사 후보를 추천 받아 청와대 인사 수석실에 전달했다", "청와대에서 어렵다는 얘기를 듣고 드루킹에게 연락했더니 가만히 있지 않겠다는 반협박성 발언을 들었다"고 밝혔다.

경찰은 휴대전화 170대를 동원하여 댓글을 조작한 드루킹에 대한 통화와 계좌 추적에 늦장을 부려 "여권의 눈치를 보며 수사에 부담을 느끼고 있다"는 우려를 자아냈다.

드루킹이라는 닉네임을 가진 김동원은 댓글 여론 조작 사건으로 구속되자, 경제공진화 모임 회원들에게 억울함을 호소하고 집권 여당에 저항했다.

김경수 의원은 경남도지사 불출마 결심을 굳혔으나 더민주당과 청와대는 댓글 책임을 시인하는 모양새라며 불출마를 만류했다.

댓글 여론조작 사건의 조건 없는 특별 검사 도입을 촉구하며 국회 본관 앞에서 단식 농성 중이던 자유한국당 김성태 원내대표가 30대 남성에게 폭행을 당했다.

더민주당 일부 의원들은 김성태 의원의 자작극이라고 비방했다.

경찰은 드루킹이 ID 2,290개를 동원하여 676건의 기사에 댓글 2만 개를 추가 조작한 사실을 확인하여 여론 조작이 조직적이고 광범위하게 이뤄진 것을 확인했다.

경찰은 드루킹이 2만여 건의 댓글 여론 조작을 했고, 드루킹 회원들이 김경수 의원에게 후원금 2,700만 원을 보낸 자료도 확보했다.

드루킹은 더민주당 김경수 의원의 허락을 받고 댓글 여론 조작을 시작했다고 주장하자, 김 의원은 "황당하고 어처구니없는 소설 같은 얘기"라고 일축했다.

그러나 드루킹 측근은 "김경수 앞에서 내가 직접 킹크랩 시연을 했다"고 증언했다.

문재인 대통령은 '드루킹 사건'을 조사할 특별 검사로 자유한국당이 추천한 허익범 변호사를 임명했다.

문재인 대통령은 "드루킹은 권력 비리 아닌 정치적 사건"이라고 규정하자, 허익범 특검은 "여론 조작은 부정부패보다 더 큰 범죄"라고 맞받아쳤다.

특검에서 드루킹이 노회찬에 4,600만 원을 줬다고 진술했다.

노회찬 정의당 원내대표가 드루킹 김동원 측으로부터 4,600만 원을 받은 것은 참으로 어리석은 선택이었으며 부끄러운 판단이었다며 스스로 목숨을 끊었다.

법원은 드루킹과 공모 관계의 성립 여부 및 범행 가담 정도에 관해 다툼의 여지가 있는 점 등을 들어 김경수 경남도지사의 구속영장 청구를 기각했다.

항소심 재판부는 김경수 경남도지사를 "드루킹의 킹크랩 시연을 봤고 기사 8만 개와 댓글 공감 수 조작에 가담했다"며, 대선 때 댓글 조작의 공범이라며 징역 2년을 선고하고 법정 구속했다.

자유한국당은 대선 결과의 정당성이 의심된다며 윗선의 규명을 요구했고, 더민주당은 "사법농단 양승태 측근 판사의 보복 재판"이라고 규정했다.

바른미래당 이언주 의원은 "문재인 대통령이 댓글 여론 조작을 알았는지 수사해야 한다. 문 대통령이 공범이라면 2017년 대선은 무효로 대통령 권한의 정통성도 사라진다"고 대선 결과의 정당성을 겨냥했다.

더민주당은 김경수 판결을 비판한 국민보고대회를 개최하고 김경수의 옥중 저서 판매에 열을 올렸고, 도가 넘는 겁박으로 '김경수 법정 구속' 판사가 신변 보호 요청을 했다.

도지사의 공백과 도주 우려가 없다고 구속 37일 만에 김경수 경남도지사는 보석 청구했으나 기각됐다.

재판부는 법정 구속 77일 만에 보석금 2억과 드루킹을 협박하거나 회유를 금지하는 조건으로 김경수 경남도지사를 석방하여 도지사직에 복귀했다.

(4) 패스트트랙 범법(犯法)의원들은 유야무야되고

바른미래당도 우여곡절 끝에 추인하여 패스트트랙 1차 연대가 완성되어 최장 330일 안에서 국회 본회의에서 법안 통과 여부가 결판나게 됐고, 바른미래당은 이번 의총으로 사실상 분당이 가시화 됐다.

바른미래당 김관영 원내대표는 패스트트랙 지정을 반대해온 오신환 의원에 이어 권은희 의원을 강제로 사·보임시키는 초강수를 뒀고 자유한국당 나경원 원내대표는 "민주주의 붕괴 사건"이라며 물리적 저지를 공언하고 헌법재판소에 권한쟁의 심판을 청구했다.

여야의 극렬한 대치 끝에 자유한국당을 뺀 더민주당, 바른미래당, 민주평화당, 정의당이 추진해 온 고위공직자 범죄수사처(공수처) 설치, 검경수사권 조정 관련 법안, 선거제 개편안 등이 패스트트랙(신속처리안건)으로 지정되었다.

자유한국당은 스크럼을 짜고 "좌파독재, 독재타도"등을 외치며 회의장 진입을 막았으나 무위에 그치자, 광화문 앞에서 천막농성 등 본격적인 장외투쟁을 전개했다.

패스트트랙 과정에서 국회 내 물리적 충돌로 68명의 의원들이 고소, 고발을 당했다.

패스트트랙의 저지를 위해 황교안 자유한국당 대표는 삭발에 이어 단식을 강행했다.

공수처와 선거법 개정을 저지하고 3대 친문농단 진상 규명에 매진하기 위해 입원 중인 황교안 대표가 단식을 중단했다.

자유한국당은 "문재인 정권 국정농단 3대 게이트" 규탄 장외 집회를 개최하고, 황교안 대표는 "죽기를 각오하고 패트 법안을 저지하겠다"고 선언했다.

자유한국당의 퇴장 속에 표결을 강행하여 더민주당이 공수처법을 통과시키자, 자유한국당은 더민주당의 일방적인 독주에 항의하며 '의원직 총사퇴'를 결의했다.

검찰은 패트 몸싸움을 벌인 여야 의원 37명을 총선을 앞두고 무더기 기소하여 파문을 일으켰다.

(5) 검찰과 청와대의 갈등은 깊어만 가고

청와대는 검찰이 유재수 전 부산 경제부시장의 감찰 무마 의혹과 관련해 청와대를 압수 수색한 것에 대해 "비위 혐의자인 김태우의 진술에 의존해 압수 수색을 결행한 것은 유감"이라고 불쾌감을 드러냈다.

문재인 정부가 추미애 의원을 법무부 장관에 내정하자, 더민주당은 "경륜 있고 강단 있는 검찰개혁 적임자"라고 극찬했으나, 자유한국당은 "사법 장악을 밀어붙이겠다는 대국민 전쟁 선언"이라고 반발했다.

더민주당은 청와대 압수 수색과 관련하여 검찰이 패스트트랙 수사는 지연시키며 검찰의 개혁을 좌초하기 위해 자유한국당과 뒷거래 하고 있는 것 같다고 비난하자, 자유한국당은 김기현 울산시장의 첩보 수사를 청와대 하명수사로 실체를 낱낱이 밝힐 것이라며 백원우, 박형철 비서관 등을 검찰에 고발했다.

패스트트랙 수사는 100여 일이 지나고 1,100편의 영상을 분석했으나 자유한국당 의원들의 소환은 이뤄지지 아니했다.

검찰은 백원우 비서관이 정권 초기에 비위가 알려지면 안 된다며 조국 수석에게 유재수 부산 부지사를 잘 봐달라고 청탁했다면서 백원우 비서관의 기소를 검토하고 송철호 울산시장을 피의자 신분으로 조사했다.

검찰이 최강욱 청와대 비서관을 조국 전 법무부 장관의 아들에게 허위 인턴 활동 증명서를 발급해준 혐의로 불구속 기소했다.

최강욱 비서관은 자신을 기소한 데 대해 "검찰권을 남용한 기소 쿠데타"라며 윤석열 검찰총장을 비난했다.

윤석열 검찰총장은 최강욱 비서관의 기소를 3차례 지시했으나, 이성윤 중앙지검장이 거부해 송 차장검사가 대신 결재했다.

검찰은 김기현 전 울산시장에 대한 수사를 청탁한 혐의 등으로 송철호 울산시장, 백원우 청와대 비서관 등 13명을 무더기 기소했다.

검찰은 임종석 전 대통령 비서실장을 공직선거법 위반 혐의의 피의자 신분으로 조사했다. 송철호 울산시장은 "검찰의 짜 맞추기 식 무리한 기소에 분노한다"고 반발했다.

추미애 법무부 장관은 인사위원회 개최 30분 전에 윤석열 총장 면담을 통보했으나 윤 총장은 요식 절차라며 불응했고, 윤 총장의 측근인 박찬호, 한동훈 검사 등을 전보했다.

자유한국당은 검찰 고위 간부의 전격 인사를 두고 "정권 셀프 면죄부 인사 폭거"라고 비판했다. 그러나 추미애 법무부 장관은 자유한국당의 '윤석열 사단'에 대한 숙청이라는 지적에 대해 "가장 형평성 있고 균형 있는 인사"라고 대응했다.

검찰이 선거 개입 의혹을 수사하기 위해 청와대 압수 수색을 시도하자, 청와대는 보여주기식 수사라며 자료 제출을 거부했다.

검·경 수사 조정안을 반대하다 좌천됐던 김웅 검사가 "수사권 조정은 거대한 사기극이므로 봉건적인 명(命)에는 거역하라"는 비판 글을 올리고 사직했다.

문재인 대통령은 "법무부 장관에게 인사안을 가져오라는 윤석열 검찰총장은 초법적이다"라고 비판하며, "민정수석으로서, 법무부장관으로서 기여가 굉장히 큰 조국은 이제 놓아주고 갈등을 끝냈으면 좋겠다"고 신년 기자회견에서 밝혔다.

인터넷 언론 뉴스타파는 윤석열 검찰총장 부인 김건희 씨가 주가 조작으로 경찰 내사를 받았다고 보도했으나, 검찰과 경찰은 사실이 아니라고 반박했다.

윤석열 검찰총장 장모인 최 모 씨가 350억 원대의 허위 잔액 증명서를 위조했고, 법무사에게 금품을 제공하여 유리하게 증언하도록 한 사건을 의정부지검이 수사했다.

의정부지검은 윤석열 검찰총장의 장모를 사문서 위조와 위조문서 행사, 부동산 실명법 위반 혐의로 불구속 기소했다.

(6) 고위공직자 수사처는 유명무실 기관으로 전락하고

세상을 온통 떠들썩하게 했던 검찰개혁이 국민들에게 이렇게 달라졌다는 변화가 아무데서도 찾을 길이 없었고, 문재인 정부가 검찰개혁의 핵심으로 검찰과 각을 세우고 설립한 고위공직자 범죄수사처는 제구실을 하지 못하고 유명무실한 기관으로 전락했다.

공수처를 설립한 지 2주년이 흘러갔지만 공수처의 실적은 전무의 상태로 언론 공격의 대상이 됐다.

경찰과의 업무 조정도 빈 수레만 요란했을 뿐 이렇게 달라졌다는 것을 국민에게 보여주지 못하고 어떠한 검경 수사권을 조정 했는지 피부에 와 닿은 것은 없었다.

이리하여 17대 국회에서 탄돌이들이 주도하여 보안법, 사학법 개정 등 법석만 떨다가 좌초한 과거의 사례가 반추되기도 했다.

제6장 역사 흐름 속의 4년간의 정치 상황일지

1. 촛불집회가 박 대통령 탄핵안 가결로 (2016)

2. 촛불집회로 탄생된 문재인 정부는 적폐 청산에 (2017)

3. 남북정상회담으로 평화 분위기가 절정에 (2018)

4. 조국 블랙홀로 한 해가 저물어 가고 (2019)

5. 더민주당이 압승을 거둔 제21대 총선 (2020)

1. 촛불집회가 박 대통령 탄핵안 가결로 (2016)

(1) 더민주당이 제1당으로 발돋움

◆4/1 대통령 후보 여론조사, 반기문-문재인 2.1%차 선두 다툼, 오세훈 깜짝 3위

◆4/4 우세지역 여론조사에서 새누리당 82개구, 더민주당 35개구로 조사

◆4/6 교차투표, 역대 최다 110만 명 이상 예상

◆4/9 움직이는 선거의 여왕 박근혜 대통령, 귀국 이틀 만에 지방 순방 강행군

◆4/11 새누리당 145석 안팎, 더민주당 100석 미만, 국민의당 35석 내외 예상

◆4/13 성난 민심 '선거의 여왕'을 심판, 더민주당 123석, 새누리당 122석, 국민의당 38석

◆4/30 박근혜 대통령 이란 방문, 인구 8,000만 명 이란시장 활짝, 최대 52조원 수주 기대

◆5/7 북한은 바깥세상 담 쌓은 채 김정은 대관식, 최고 수위에 높여 추대, 우상화 나서

◆6/10 국회의장 더민주당 정세균, 협치의 의사봉을 쥐다

◆6/12 신공항대신 김해공항 확장, 김해공항 터미널과 관제탑 신축, 활주로 40도 틀어 안전 해결

◆6/25 영국을 EU 밖으로, 세계 경제는 격랑 속으로, 금융시장 패닉, 국내 증시 하루새 47조 원 날아가

(2) 사드 배치로 중국의 대한(對韓) 정책 급변

◆7/9 한미 사드 배치 공식 선언, 1,000기 넘는 북한 미사일에 대응, 주한 미군사령관이 요격 명령토록 협의

◆7/14 경북 성주 사드 배치 확정, 전문가들은 "국민에 정보 낱낱이 알리고 이해 구하라"라고 조언

◆7/16 뒤늦은 사드 설득, 황교안 총리는 성주 군민들에게 계란세례, 감금

◆8/6 사드 후폭풍, 중국 반한여론몰이 후 무역 장벽으로 보복 수위 높여, 야권에서는 "백악관에 사드 철회 청원" 독려

◆8/10 새누리당 대표에 호남 출신 이정현 선출, 더민주당은 새누리당의 호남 대표에 긴장

◆8/29 더민주당 대표에 친문재인 진영의 추미애 당선으로 정계 개편 꿈틀

◆9/23 박 대통령은 "대화 위해 북에게 준 돈이 핵개발 자금됐다"고 햇볕론 비판

◆9/24 김재수 농식품부장관 해임안 가결, 거야(巨野)의 힘자랑, 거야는 단독국감 감행, 이정현 대표는 단식 농성

◆10/11 사드 부지를 성주 롯데 골프장으로 확정, 중국은 "사드 배치 대가 감당 못할 것"이라고 경고

(3) 최순실 게이트가 정국을 강타

◆10/20 최순실 딸 정유라 의혹으로 이화여대 총장 사퇴, 최순실 게이트 조짐으로 친박에서도 검찰에서 수사 나서야 한다고 주장

◆10/25 최순실 PC에 대통령 연설문 관련 파일 44개 발견 사실을 폭로, 박 대통령은 "최순실 의견 듣고 연설문 표현 도움 받았다"고 사과, 연설문 유출 처벌 문제 대두

◆11/1 검찰의 칼날 위에 선 국정 농단, 모자와 스카프로 얼굴 가린 채 최순실 검찰 출두

◆11/5 박근혜 대통령 두 번째 사과는 특검 수용서 멈춤, "이러려고 대통령 했나 자괴감" 술회

◆11/12 최순실 게이트로 서울 도심 대규모 촛불 집회로 분노의 주말, 경기 교육청의 중고생 참여 독려로 논란을

◆11/15 100만 촛불집회로 "즉각 하야하는 게 맞아", "퇴진 뜻 없으니 빨리 탄핵해야" 함성

◆11/21 피의자가 된 박 대통령, 국무총리와 검찰총장 인사안 등 기밀문서 47건 최순실에 넘겨

◆11/26 역사교과서 국정화 교육부 철회, 청와대는 교육부가 제 살길만 찾는다고 격앙

◆12/10 촛불의 탄핵, 박근혜대통령 탄핵안 가결로 직무 정지, 친박 의원도 상당수 탄핵 동참, 234명이 탄핵안 찬성, 반대는 56명으로 압도적 가결

◆12/22 김무성, 유승민 탈당으로 새누리당 쪼개진 날, 반기문은 정치권 때리며 대선 출사표

2. 촛불집회로 탄생된 문재인 정부는 적폐청산에 (2017)

(1) 헌법재판소는 박근혜 대통령을 파면 결정

◆1/6 최순실 "공직 기강 잡아야"한다며 대통령 행세했다, 윤전추 "박 대통령, 옷값 최순실 의상실에 갖다 주라 했다"고 진술

◆1/13 대선 링 오는 반기문 "정권 아닌 정치 교체를 선언"

◆2/2 반기문 20일만에 대선 불출마 선언, 인격 살해아 가짜 뉴스에 상처받고 편협한 정치에 대한 실망으로

◆2/11 최악 치닫는 구제역, "자식 같은 소를 묻고 큰절, 텅 빈 축사 보니 어찌할지 막막"

◆2/15 김정은 이복형 김정남 독침 피살, 말레이시아 공항에서 북

한 여자 간첩 소행인 듯

◆3/1 박영수 특검, 박 대통령과 최순실 뇌물 공모 피의자로 입건, 이재용 구속된 삼성그룹도 컨트롤 타워 58년 만에 해체

◆3/11 헌법재판소는 박근혜대통령 파면 결정, "최순실 사익 위해 권한 남용, 용납 못 할 헌법 위배이며 헌법 수호 의지 없다"고

(2) 더민주당 문재인 후보 대통령 당선

◆3/16 황교안 대통령 권한대행은 대통령 불출마 선언, 길 잃은 보수 "대표주자 깜깜이"

◆3/22 박 대통령 "국민께 송구", 검찰에서 혐의는 모두 부인

◆3/24 모습 드러낸 세월호, 그날처럼 기운 채 인양, 잠수함과 부딪쳐 침몰은 와전

◆4/1 박 대통령 수감, 헌재 파면 21일 만에 주요 혐의가 소명되고 증거 인멸 우려가 있다고

◆4/5 안철수 국민의당 대선후보 확정, "패권은 가고 통합의 시간이 왔다"고 선언

◆4/17 문재인, 홍준표, 안철수, 유승민, 심상정 구도 확정, 15명 대통령 후보 등록

◆5/8 대선 후보 마지막 호소, 문재인 "과반의 힘 모아달라", 홍준표 "친북좌파, 심판의 날", 안철수 "민심의 바다서 역전"

◆5/10 더민주당 문재인 후보 대통령 당선, 탄핵 이후 국가 리더십 공백 152일 만에 마침표, 3,280만 8,599표로 역대 최다 투표

◆6/14 성주의 사드기지까지 북한 무인기에 뚫렸다, 북한군 1명, 군사분계선 넘어 귀순

(3) 원전중단 등 좌편향 정책으로 뒤뚱거린 문재인 정부

◆7/1 평일 오후 거리 행진한 민노총, 서울 도심 교통 마비로 몸살

◆7/7 시진핑과 문재인 정상회담, 사드 문제에 강경한 시진핑 "한국이 양국 관계 장애물 없애야"

◆7/12 한국형 원전 영국에 수출하면서 원전 건설 중단을 전격적으로 결정, 탈원전 꿰맞추기 위해 전력 수요 낮춰

◆7/?? 최저임금 너무 올라 눈덩이 인건비 부담에 기업들 더 못 버티고 탈한국 러시

◆8/22 서열 파괴하여 춘천지원장인 김명수 대법원장 임명, 발상의 전환 통한 개혁 기대

◆8/26 이재용 징역 5년, 정유라 승마 지원 등 89억 원을 뇌물로 간주, 삼성은 리더십 부재로 투자, 인사 올스톱 우려

◆8/30 현대차 사드 보복 여파로 중국 공장 4곳 모두 스톱, 장기화 땐 동반 진출 부품 업체도 줄도산 우려, 롯데마트도 중국에서 철수

◆9/12 김이수 헌법재판소장 후보자 헌정 사상 첫 국회 부결, 국민의당 39명 중 절반 이상 반대표로

(4) 민생보다 적폐 청산에 주력한 문재인 정부

◆10/8 한국경제 덮친 트럼프의 미치광이 전략, 미국은 한미 FTA 개정 거센 압박, 협상 절차 본격 착수

◆11/13 이명박 전 대통령은 적폐 청산은 문재인 정부의 정치 보복이라고 비판

◆11/15 박근혜 정부 국정원장 3명 구속, 국정원 대공수사권 다른 기관에 이관

◆12/15 우병우 전 민정수석 구속, 국정원 비선 보고 문건에 구멍 뚫린 우병우의 방패

◆12/22 제천 스포츠센터 화재로 29명 사망, 여자 목욕탕에서만 20명 숨져

◆12/29 문재인 대통령 "위안부 합의 중대 흠결, 문제 해결 안돼 피해갈 수는 없어"라며 위안부 합의 파기

3. 남북정상회담으로 평화 분위기 절정 (2018)

(1) 평창동계올림픽은 성공적, 남북대화 물꼬

◆1/27 밀양 노인병원 화재, 37명 대부분이 질식사, 매트리스가 불쏘시개 역할

◆2/10 평창 동계올림픽 개막, 북한의 실세 김정은 여동생 김여정 참석, 한반도기 들고 남북 공동 입장

◆2/14 최순실은 박 대통령과 국정농단 공모 혐의로 징역 20년 선고

◆2/27 문 대통령 "미투운동 지지, 성폭력 적극 수사", 안희정 성폭행 여비서가 폭로

◆3/23 이명박 전 대통령 구속, 뇌물 110억 원, 다스에서 횡령 350억 원 혐의로, MB는 "다스는 내 것이 아니다"라고 해명

◆4/7 박근혜 대통령에 징역 24년, "반성 않고 책임 전가"한다고, 방청석에선 낮은 탄식 소리만

(2) 남북미 회담과 지방선거에서 더민주당 압승

◆4/28 문재인-김정은 판문점 공동선언문 발표, 비핵화 첫 명문화, 공동 목표 확인, 핵 실험장 폐쇄 공개 내세운 것은 미국에 진정성 과시 의도

◆5/19 드루킹은 김경수 허락 받고 댓글을 조작했다고 진술, 그러나 김경수는 황당한 소설이라고 일축, 드루킹 특검에 허익범 임명

◆6/12 트럼프 대통령과 김정은 싱가폴에서 핵 딜 담판, 완전한 비핵화 합의

◆6/13 지방선거에서 더민주당 사상 최대 압승, 광역단체장 14석을 더민주당이 싹쓸이, 미래한국당 홍준표 대표는 책임지고 사퇴

◆6/25 김종필 전 국무총리 타계, 무항산이면 무항심

(3) 평양 남북정상회담으로 평화 분위기 절정

◆7/16 최저임금 사실상 1만원, 그동안 29% 인상, 속도조절론으로 역풍 맞은 최저임금, 고용률도 하락

◆7/19 소득주도성장 정책 1년, 일자리 목표 반토막, 소득주도 성장의 실험 한계 드러나

◆9/19 평양에서 남북정상회담, 김정은은 종전선언과 영변 폐기 맞교환 제시, 두 정상은 백두산 천지 답방

◆10/6 "다스 주인은 MB"라며 이명박 전 대통령에게 징역 15년 선고

◆12/1 남북 철도 공동조사, 서울-신의주 표지 단 남한 열차가 18일치 연료 싣고 북한으로

◆12/26 '북한군은 적'이라는 표현을 국방백서에서 제외

4. 조국 블랙홀로 한 해가 저물어 (2019)

(1) 트럼프와 김정은 하노이 회담에서 노딜

◆1/12 검찰 앞에 선 전 대법원장 양승태 "참담, 송구", 징용재판 개입 등 40가지 혐의 모두 부인

◆1/31 대선 댓글 조작 공범으로 김경수 경남도지사 법정 구속, 야권에서는 "문 대통령이 댓글 조작 알았는지 수사해야" 주장, 안희정도 2심선 성폭행 유죄 법정 구속

◆2/23 4대강 지우기, 금강과 영산강 보 3개 해체

◆?/27 트럼프-김정은 베트남 하노이 회담, 미국은 북한에 "영변 핵 폐기만으로 제재 못 푼다"고 비핵화 '하노이 탈선', 북한-미국 노딜

◆4/3 트럼프 "북한 제재 유지 원해, 금강산과 개성공단 재개 적기 아니다"고 반대

(2) 선거법과 공수처법이 정가의 이슈로 떠올라

◆4/30 선거법과 공수처법 패스트트랙 지정, 한국당은 광화문에서

철야농성 돌입

◆5/2 문무일 검찰총장 "패스트트랙 공수처 수사 조정안 동의 어렵다"며 청와대에 반기

◆5/3 원로들의 협치 주문에 문 대통령은 "국정-사법농단 청산 뒤 협치"라며 적폐 수사 지속 주장 펼쳐

◆5/31 헝가리 다뉴브 강에서 악몽이 된 야경 투어 참사, 한국인 관광객 7명 사망하고 19명 실종

(3) 윤석열 검찰총장 조국 법무부 장관 토끼몰이

◆6/18 봉옥, 김오수, 이금로 후보들을 제치고 윤석열을 검찰총장에 임명

◆6/19 북한어선 삼척항 들어와 주민과 대화, 해상판 노크 귀순, 정부는 쉬쉬하다 뒤늦게 검역

◆7/1 정전 66년 만에 남(문재인), 북(김정은), 미(트럼프) 정상들이 판문점에서 회담

◆8/3 한일 파국, 징용 배상 판결이 경제 보복으로, 일본은 안보 위해 전략물자 수출 관리, 기업들은 부품 재고 확보 전쟁

◆8/9 미국은 48억 달러 방위비 청구서는 트럼프 대통령 뜻이라고, 청해부대 호르무즈 파병 구체화

◆8/10 조국 법무부장관 내정, 야당은 협치 포기한 몽니 인사라고

반발

◆8/28 윤석열의 검찰, 조국의 부인, 모친, 동생, 처남에 출국 금지, 이례적으로 30여 곳 동시 압수수색, 조국의 딸 조민의 논문 교수 등을 피의자로 소환

◆9/4 조국 부인 정경심, 표창장 위조 혐의로 전격 구속, 청와대와 검찰 정면 충돌

◆9/10 문 대통령 조국 임명 강행, 야권은 해임 투쟁, 윤석열 "정치 편향 검사는 부패" 주장, 법조계 "수사 방해 목적으로 장관 인사권 행사 땐 직권 남용"이라고

◆9/24 검찰에 압수수색 당한 첫 법무부장관, 조국 자택과 자녀가 지원했던 대학 4곳도 압수수색

◆10/4 조국사태 장기화로 거리로 쏟아진 민심, 광화문 꽉 채운 개천절 '조국 사퇴' 집회

◆10/15 법무부장관 취임 35일 만에 사퇴, '조국 퇴진' 대 '조국 수호' 극심한 갈등 사태 일단락

(4) 선거법과 공수처법 4+1로 강행 처리

◆10/21 성장 엔진 식는데 집값만 폭등, 한 달 새 3억 5천만 원 올라, 위태위태한 부동산 거품

◆10/24 정경심 교수 구속, 조국 전 장관도 곧 소환 예정, 조국 민정수석 때 4차례 테마주 차명매입

◆10/29 공수처법 본회의 부의, 패트 충돌 치달은 정국

◆11/18 김세연과 임종석 총선 불출마 선언, 불붙는 여야 세대교체, 물갈이 회오리 거센 더민주당

◆12/18 국회의장 출신 첫 국무총리인 정세균 임명

◆12/24 안건 순서 바꿔가며 선거법 기습 상정, 4+1 누더기 합의안으로 더민주당 9석, 미래한국당 11석 줄고 정의당 6석 늘 것으로 예상

◆12/31 공수처법 강행 처리, 한국당 의원 '의원 총사퇴', '위헌 공수처법 헌소 제기' 주장

5. 더민주당이 압승을 거둔 제21대 총선 (2020)

(1) 코로나 직격탄으로 입법부, 사법부가 멈추고

◆1/3 검찰은 총선 앞두고 패트 몸싸움한 여·야 37명의 의원들을 무더기 기소

◆1/9 추미애 법무부장관은 검찰 고위간부 전격 인사, 윤석열 검찰총장 측근 전부 쳐냈다

◆1/23 전 세계가 '우한 폐렴 포비아', 사스 사태 때와 같은 대유행 조짐, 무증상 감염자 비상

◆1/29 우한에 전세기, 교민 700명 국내 이송, 중국에서 집단 감염과 대유행 우려

◆2/4 신종 코로나 거센 후폭풍, 보육 공백, 헌혈 취소, 중국인 입국금지, 광주에서 16번째 환자 발생, 인구 밀집지 확산 비상

◆2/18 탄핵 3년 만에 다시 뭉친 보수, 미래통합당 출범, 황교안 대표는 보수와 중도 대통합 추진

◆2/20 신천지 교회에서 14명 슈퍼 전파, 대구시는 패닉 상태, 청도 대남병원이 진원지, 코로나 국내 첫 사망, 하루 103명 폭증, 신천지 신자들의 동선 따라 전국 확산

(2) 코로나 정국에서 더민주당이 압승한 총선

◆2/29 안철수 "지역구 후보 안 낼 것" 미래통합당과 사실상 연대 추진

◆3/5 박근혜 "거대 야당 중심으로 모두가 힘 합쳐 달라" 옥중 메시지 논란

◆3/14 공천 갈등 속에 김형오 미래통합당 공천관리위원장 사퇴, 친문 논란 공천 철회 요구

◆3/18 변칙 비례공천에 뒤죽박죽된 총선, 더민주당은 친문중심 비례연합, 미래통합당은 비례순번 집안싸움

◆3/28 비례정당 난립, '꼼수 총선', 투표용지 길어 수(手) 개표 불가피

◆3/30 모든 입국자 2주 격리, 코로나 해외 유입 차단, 재난지원금 1,500만 가구에 100만 원 지급

◆4/10 이해찬 "과반 얻을 승기 잡았다", 김종인 "1류 국민에 3류 청와대"로 대결

◆4/15 국난 극복 힘 실은 민심으로 더민주당 압도적인 과반, 힘 받은 청와대 "국민 믿고 담대하게 가겠다"고

◆4/23 "급할 때만 얼굴마담용 청년 급조, 수직적 정당 문화 바꿔야" 패배한 미래통합당에 쓴 소리

◆4/24 여성 공무원 성추행 시인한 오거돈 부산시장 사퇴

◆4/29 일자리 22만 개 줄었다, 코로나발 고용 역성장, 수출도 코로나 타격 본격화

[제3부] 제21대 국회의원 선거의 이모저모

제1장 연동제 실시로 위성·비례정당 대거 출현

제2장 미래통합당과 더민주당의 공천 난맥상

제3장 코로나와 문정부 실정에 대한 공방 치열

제4장 진보진영이 사상 최대인 190석을 석권

제1장 연동제 실시로 위성·비례정당 대거 출현

1. 위성정당인 미래한국당·더불어시민당 출범

2. 주요정당의 변천과 군소정당들의 발버둥

3. 34개 정당에서 1,410명의 후보들이 등록

1. 위성정당인 미래한국당·더불어시민당 출범

(1) 더민주당과 정의당의 결탁으로 연동제 선거법 개정

꼼수에 꼼수를 양산해 이번 총선의 수준을 바닥으로 떨어뜨린 누더기 선거법은 더민주당이 정의당 심상정 대표와 야합하고 결탁하여 만들어낸 걸작품이었다.

더민주당은 자유한국당을 제외한 더민주당, 바른미래당, 정의당, 민주평화당 및 대안신당 협의체와 공조해 연동형 비례대표제를 도입하는 공직선거법 개정안을 추진했다.

정의당은 "아무리 자유한국당이라 해도 비례한국당은 절대 못 만들 것이다"라고 낙관했다.

고위공직자 범죄수사처법 등 검찰개혁법안 통과에 마음이 급했던 더민주당은 비례 위성정당의 탄생을 예상하고도 연동형 비례대표제 도입안을 통과시켰다.

지역구 당선자와 연동하여 의석을 점유해야 한다는 연동형은 정의당은 전국 득표율이 8%에 지역구에서 3명이 당선되면 21명의 비례대표 의원을 배출할 수 있으나, 자유한국당은 전국 득표율이 35%이고 지역구에서 100명이 당선되면 5명의 비례대표 의원만을 당선시킬 수 있어 자유한국당의 결사적인 반대는 당연했다.

심재철 자유한국당 원내대표는 "만일 연동형 비례대표제 선거제를 밀어붙인다면 우리는 '비례한국당'을 만들 수밖에 없다"고 밝혔다.

개정 선거법에 따르면 정당 지지율 30%를 얻은 정당은 17석을 받을 수 있는데 만일 지역구에서 50석 이상을 얻으면 비례대표 의석을 1석도 받을 수 없어 오직 정의당의 의석수를 늘리기 위한 선거법이었다.

(2) 재빠르게 미래통합당은 미래한국당을 창당

보수진영 대통합을 이뤄 자유한국당의 당명을 갈아치운 황교안 미래통합당 대표는 총선 불출마를 선언한 현역의원들을 설득하여 미래한국당을 창당케 했다.

한선교 의원과 조훈현 의원이 대표와 사무총장을 각각 맡아 창당을 주도했다.

선관위가 미래한국당의 정당 등록을 받아들이자, 더민주당은 "민주주의 정치적 퇴행"이라며 철회를 요구했고, 바른미래당도 "비례대표 도적질로 한몫 챙기려는 유령 단체"라고 맹비난했다.

이인영 더민주당 원내대표는 "미래한국당은 종이정당이고 창고정당이며 한마디로 가짜 정당"이라고 공격했다.

미래통합당은 김규환, 김순례, 김종석, 문진국, 윤종필, 김승희, 송희경 등 비례대표 의원 7명을 제명하여 미래한국당으로 이적시켰다.

원유철 대표는 "투표지 상단에 들어가면 득표할 때 현실적으로 도움이 된다"며 미래한국당으로 이적한 의원들에게 감사를 표했다.

원내 교섭단체인 경우에는 선거보조금 220억 원을 우선 배정받기 때문에 미래통합당은 여상규, 박맹우, 백승주 의원들을 미래한국당에 입당시켜 원내교섭단체 구성에 성공하면 선거보조금 55억 원을 추가로 받게 된다.

(3) 황교안 대표는 한선교 대표를 축출하는 강단을

미래한국당 한선교 대표와 공병호 공천관리위원장은 조수진, 신원식, 김예지, 조태용, 김정현, 권신일, 이영, 우원재, 이옥남, 이용, 권애영, 박대수, 이경해, 신동호, 김수진, 하재주, 정선미, 정운천, 윤자경, 방상혁을 당선권에 배치하는 비례대표 추천안을 발표했다.

미래한국당 공천관리위원회의 비례대표 후보 명단은 정운천, 이종명, 김성찬 최고위원들의 반발에 부딪혀 확정되지 못했다.

미래통합당 황교안 대표의 밀명을 받은 미래한국당 최고위원회는 비례대표 당선권 4, 5명에 대해 재의(再議)를 요구하며 추천안을 부결시켰다.

미래통합당은 "자가당착 공천으로 영입인사들의 헌신이 정말 헌신짝처럼 내팽개 쳐졌다"고 비판했다.

황교안 대표가 영입한 외부 인사가 비례대표 공천에서 제외되거나 후순위로 밀리자, 미래통합당은 "미래한국당이 미래통합당이 추구하는 가치를 변함없이 함께 실천할 수 있는 운명공동체인지 묻고 싶다"고 강하게 반발했다.

황 대표의 리더십이 강화되지 않으면 미래한국당과의 갈등이 반복

될 수 있다고 우려했다.

미래한국당 비례대표 공천인 한선교 대표 체제의 결정을 황 대표가 뒤엎으면서 티격태격하는 상황이 연출됐다.

미래통합당 내부에선 "대표성이 있다고 보기 어려운 인사들이 앞 번호에 배치된 건 이해하기 어렵다", "한선교가 황교안 뒤통수를 쳤다. 사실상 공천 쿠데타"란 반응이 나왔다.

한선교 대표는 "참으로 가소로운 자들에 의해 정치 인생 16년의 마지막을 당과 국가에 봉사하겠다는 제 생각은 막혀버리고 말았다"고 푸념하면서 대표직을 사퇴했다.

'한선교 반란'을 선거인단 비토라는 우회적 방법을 동원해 진압하면서 황교안 대표가 강단을 보였다.

한선교 대표는 황교안 대표가 박진, 박형준 전 의원들의 공천을 요구했다며 영입 인재를 거론하는 것은 모두 껍데기일 뿐이라고 반발했다.

미래통합당 원유철, 정갑윤, 염동열, 장석춘 의원들이 탈당하고 미래한국당에 입당하여 미래한국당을 장악했다.

한선교 전 대표는 사퇴 기자회견에서 가소로운 자라고 했던 황교안에 대해 변함없이 존경한다고 돌변했고, 원유철 의원이 대표를 맡아 미래한국당을 이끌었다.

원유철 대표는 공병호 공관위원장을 해임하고 배규한 석좌교수를 위원장으로 전홍구, 황승연, 염동열, 조훈현 등으로 새로운 공관위를 구성했다.

(4) 조수진을 윤주경으로 교체하는 등 비례대표 전면 교체

미래한국당은 한선교 전 대표 당시 작성된 명단의 54%를 교체하고 미래통합당 영입 인재를 대거 당선권에 끌어올려 "통합당 황교안 대표가 한국당 장악력을 대폭 강화했다"는 평가를 받았다.

한선교-공병호 체제에서 당초 1번이었던 조수진 전 동아일보 논설위원을 5번으로, 3번인 김예지 전 숙명여대 강사는 11번으로 강등하는 등 한선교 대표 체제에서 상위권을 차지한 인사들이 대거 후퇴한 반면, 미래한국당 20번 이내에 미래통합당 영입 인사인 윤주경, 윤창현, 이종성, 지성호, 최승재, 전주혜, 허은아 등 7명이 배치됐고 현역의원은 정운천 의원이 포함됐다.

한선교 대표 체제에서 작성된 46명 중 25명(54%)이 물갈이됐다. 당선권(20번) 내에서도 기존 명단의 60%가 바뀌어 미래통합당 영입 인사로 채워졌다.

윤주경, 윤창현, 이종성, 전주혜, 허은아 후보들은 상위권으로 조정됐고, 조명희 경북대 교수와 서정숙 한국여약사회장은 당초 명단에 없었지만 당선권으로 직행했다.

배규한 공관위원장은 "우리당의 이념과 가치를 분명히 하고 무너져가는 경제와 국가 안보를 바로 세울 수 있는 인사를 공천하는 데 주안점을 뒀다"고 배경을 설명했다.

기존에는 21번에 배치됐다가 1번에 오른 윤주경 후보에 대해 원유철 대표는 "대한민국의 주체성과 애국심, 강한 대한민국의 상징성을 다 담아내는 메신저가 될 것"이라고 설명했다.

윤주경 후보의 1번 배치는 보수정당을 겨냥한 친일 프레임을 깨는 상징성을 부각시킨다는 전략이다.

(5) 제1당을 놓칠 수 있다는 위기감이 더불어시민당을 창당

지난해 패스트트랙 과정을 거치면서 원내 1당의 지위가 얼마나 중요한지, 그래서 국회의장을 배출하는 게 얼마나 절실한지 민주당은 절감했다.

그리하여 "비례 위성정당은 민주당이 공당으로서 꺼내서는 안 되는 얘기"라는 것을 알지만, 욕을 먹을지언정 제1당 지위는 뺏길 수 없는 것이라는 절박감에 위성정당 카드를 추진하게 됐다.

정권 후반기 민주당을 지켜줄 '절대 반지'가 될 수 있을까라는 의문 속에서, 더민주당 민주연구원은 "촛불 혁명 세력의 비례 후보 단일화를 통해 탄핵세력이 제1당이 돼 탄핵을 추진하는 것만큼은 막아야 한다"면서, 우리당이 먼저 마음을 비우고 절박한 심정으로 연합 정당에 함께할 여지와 명분을 만들어 추진하도록 위성정당의 필요성과 방법을 더민주당 지도부에 제안했다.

개혁진영 시민단체들이 추진하는 비례대표용 연합정당인 '정치개혁연합' 창당 논의가 본격화됐고 민생당, 정의당, 녹색당에 합류를 제안했고 창당 절차를 밟았다.

더민주당은 원외정당을 들러리로 세워 사실상 비례정당 창당을 주도했다. 결국 꼼수정당이라고 비난하더니 꼼수 따라 하기에 급급했다.

더민주당은 새정치민주연합 시절인 2014년 지방선거에서 기초단체장·기초의원 후보를 공천하지 않겠다고 했다가 당원 투표를 거쳐 공천으로 입장을 바꾼 선례를 좇아 이번에도 전 당원 투표를 거쳐 비례연합당 참여를 결정했다.

더민주당은 권리당원 79만 명에 대한 당원 투표에서 74.1%의 찬성으로 비례정당 창당 정당성의 근거를 마련했다.

현행 연동형 비례대표제 아래서 종전대로 선거를 치렀다가는 제1당을 놓칠 수 있다는 위기감이 고조되면서 위성정당을 만들었다는 비난에서 자유로워질 수 있다는 꼼수 기지(機智)를 발휘하여 군소정당과의 연합 정당을 구상하게 됐다.

민생당 박주현 공동대표는 "민주당이 별도의 비례대표 후보를 전혀 내지 않는다면 참여 제안을 받아들일 여지가 있다"는 의사를 밝혔다.

그러나 정의당 이정미 의원은 "비례 위성정당 꼼수 논란에 정의당이 알리바이가 되는 그런 행위는 하지 않을 것"이라고 단호하게 거절했고, 심상정 대표도 "정의당의 이름이 21대 총선 투표용지에서 사라지지 않도록 하겠다"며 불참 결정을 재확인했다.

손학규 바른미래당 대표는 "지역구 없이 비례대표만 내는 정당이 정당이냐, 이는 의회 민주주의의 근본적 부정"이라며 반발했고, 안철수 국민의당 대표는 "민주당의 '꼼수 비례 위성정당'의 광고를 보면 선거광고가 아니라 대통령 경호처 구인광고 같다"며 "대통령을 지키려면 자기를 뽑아 달라는 식"이라고 꼬집었다.

진중권 전 동양대 교수는 "더불어시민당, 열린민주당이 차지할 의석수의 상당수는 원래 소수정당 몫이었다"며 "적어도 비례대표 투표만큼은 반칙과 편법으로 제 몫을 빼앗긴 소수정당의 몫을 되돌려 주는 쪽으로 하셨으면 한다"고 응원했다.

'4+1' 협의체에 참여했던 정의당과 민생당은 "꼼수로 인한 진보개혁 분열과 지도층 이반을 피해갈 수 없다"고 반발했다.

손학규 바른미래당 대표도 "미래한국당을 비판했던 더민주당이 똑같은 길을 가겠다는 것은 실로 부끄러운 일"이라고 비판했다.

이근형 더민주당 전략기획위원장은 연합정당 참여 없이 선거를 치른다면 민주당이 얻을 수 있는 최대의석수가 137석 정도이고 미래통합과 미래한국당은 두 당이 합쳐 145~147석 가량이라고 시뮬레이션 결과를 발표했다.

"연합 정당 참여는 명분도 약하고 실리 면에서 오히려 손해일 수 있다"고 설훈, 박용진, 김해영, 조응천 의원 등은 반대했다.

이해찬 대표는 "이번 총선은 코로나 국난을 극복하고 국정 안정과 경제 회생을 이뤄낼 것이냐, 아니면 정부 발목만 잡는 야당이 다수당이 돼서 국가적 혼란과 민생 경제 파탄을 초래할 것이냐를 결정하는 선거"라고 규정하고 "지금 의석을 도둑맞게 생겼다. 엄중한 상황"이라며 위성정당인 더불어시민당 창당을 주도했다.

더불어시민당은 더민주당을 탈당해 이적한 이종걸, 신창현, 이규희, 이훈 의원을 포함해 윤일규 의원이 입당하여 5명의 지역구 의원을 확보했고 이종걸 의원이 대표로 활약했다.

더민주당과 미래통합당이 비례대표 위성정당의 제2야당 지위 확보를 위한 '의원 꿔주기'나 군소정당과 공동교섭단체 구성 등 합종연횡에 나서는 등 치열한 수 싸움을 벌였다.

더시민당은 심기준, 정은혜, 제윤경 더민주당 비례대표 의원들의 입당으로 현역의원 6명인 정의당을 제치고 기호 5번을 차지하게 됐다.

순위가 밀린 정의당은 더민주당의 내로남불이라며 강하게 비판했다.

중앙선거관리위원회는 전국 동일기호를 1번 더민주당(120석), 2번 미래통합당(95석), 3번 민생당(20석), 4번 미래한국당(17석), 5번 더시민당(8석), 6번 정의당(6석)으로 결정했다.

연동형 비례대표를 주장했던 서울대 강원택 교수가 "기득권 정당 간 거래와 다툼으로 변질됐다. 군소정당도 속고 국민도 속았다"고 개탄했다.

황교안 미래통합당 대표도 "민주당은 비례정당을 만들지 않겠다고 약속하지 않았나, 꼼수 부리면 안 된다"고 비난했고, 윤소하 정의당 의원은 "연동형 비례대표 취지를 훼손하는 위헌적 위성정당의 배에는 몸을 실을 수 없다"면서 "더민주당이 수구세력의 꼼수에 같은 방식으로 대응한다면 모든 진보 개혁 세력이 바닥으로 내려갈 것"이라고 경고했다.

이해찬 더민주당 대표는 "이번 탈법과 반칙을 막지 못하고 부끄러운 정치 모습을 보이게 돼 매우 참담하고 송구하다"면서 "21대 국회에서 선거법이 악용될 수 있는 미비점도 보완해 다시는 이런 일이 일어나지 않도록 하겠다"고 약속했다.

더민주당이 녹색당, 미래당 등 기성정당을 빼고 자신들의 입맛에 맞는 신생 원외 정당을 중심으로 구성했다는 점에서 더시민당은 사실상 비례민주당이라는 비판을 벗어날 수 없었다.

(6) 번갯불 공천으로 지탄받은 더불어시민당 비례공천

더민주당은 위성 비례정당의 추진을 진보진영 원로들이 주도하는 '정치개혁연합(정개련)' 대신 친문 성향의 '시민을 위하여'를 선택했다.

'시민을 위하여' 우희종, 최배근 공동대표는 "가자환경당, 기본소득당, 시대전환당, 평화인권당, 더민주당 등 6개 정당은 '단 하나의 구호, 단 하나의 번호'로 21대 총선에 참여할 것"이라며 더시민당의 비례대표 후보는 시민, 소수정당, 민주당 추천 후보 등 세 축으로 구성된다고 밝혔다.

하지만 녹색당, 미래당 등 기성 정당을 빼고 자신들의 입맛에 맞는 신생 원외 정당들로만 연합정당을 구성했다.

더시민당은 1~4번은 신생정당 몫, 5~10번은 자체 발굴, 11번 이후는 더민주당 몫으로 하겠다는 방침을 결정했다.

그러나 윤호중 더민주당 원내대표는 "과거 행적을 알 수 없는 '듣보잡' 후보들에게 왜 표를 줘야하는지 이해하지 못하고 있다"면서 "검증된 더민주당 비례대표 후보들이 전면 배치돼야 한다"고 주장했다.

더시민당 비례대표 선정은 후보 공모에서부터 신청, 심사, 후보 결정까지 일주일도 걸리지 않은 번갯불 공천이었고 기본소득당,

시대전환, 가자환경당, 가자평화인권당 등 소수정당 중 기본소득당 용혜인 대표와 시대전환 조정훈 공동대표만 추천됐다.

명단에서 누락한 가자평화인권당 최용상 대표는 "민주당이 비례대표 공천을 불법적으로 진행한 데 대해 폭로할 것"이라고 으름장을 놓았고, 더시민당 참여를 철회한 오태양 미래당 대표는 "민주당 일부 지도부의 속임수 정치에 환멸을 느꼈다"고 반발했다.

그러나 최배근 더시민당 대표는 "검증 과정을 통과하지 못하면 1석도 보장할 수 없다는 것을 합의를 받은 뒤 녹취도 했다"고 일축했다.

가자평화인권당은 "비례연합정당 플랫폼안에 실컷 써먹고 문 밖으로 쫓아낸 것은 전국 23만 강제동원 피해자들의 권리를 무참히 짓밟는 짓"이라고 비판했고, 박근혜 대통령 행사에 참석하여 배제된 최용상 대표는 "강제징용 유족단체가 뽑아준 나를 내치고 위안부만 안고 가겠다는 말인가"라며 윤미향 정의기억연대 이사장 추천을 비난했다.

가자평화인권당은 "우리가 낸 최용상 후보가 박근혜 전 대통령 행사 등에서 사진이 찍혔다는 이유만으로 부적격 통보를 받았다"고 반발했다.

(7) 열린민주당 출현으로 더민주당의 갈등 야기

더민주당에서 컷오프된 정봉주 전 의원과 손혜원 의원이 최강욱, 황희석 변호사들을 규합하여 "진짜가 나타났다"고 절규하며 열린민주당을 창당했다.

더민주당에서는 '진짜 민주당'에 대해 "그럼 우리는 가짜 민주당인 것이냐"라며 "남의 둥지에 알을 낳아 진짜 행세를 하는 뻐꾸기와 다를 바 없는 행태"라고 비난했다.

더민주당이 주도하는 더시민당과 친문·친조국 성향으로 특화된 열린민주당은 민주당 지지층을 놓고 경쟁이 불가피했다.

우희종, 최배근 더시민당 공동대표와 회담에서 이해찬 더민주당 대표는 열린민주당을 두고 "민주당과 문재인 정부를 사칭(詐稱)하는 것에 불과하다, 정치도의에 어긋나는 것"이라고 비난했다.

정청래 후보가 더불어 씨와 열린 씨는 성이 다르다고 공격하자, 열린우리당 손혜원 의원은 "임재범과 손지창도 성이 다르다"고 반격했다.

더불어시민당은 유일한 더민주당 비례정당이라는 신호를 꾸준히 발산했다.

더민주당 안팎에선 열린민주당은 "여론 주목도는 높을지 몰라도 사실상 더민주당 컷오프 모임"이라고 폄훼했다.

이해찬 더민주당 대표가 "민주당을 참칭(僭稱)하지 말라"고 공개적으로 날을 세우자, 김진애 열린민주당 선대본부장은 "'매운맛 민주당', '다부진 민주당', '야무진 민주당'의 역할이 분명히 있을 것"이라고 반박했다.

이해찬 대표는 "열린우리당이 자꾸 총선 후 민주당과 합당한다고 하는데 내 눈에 흙이 들어가기 전엔 우리당에 못 들어온다"고 대못을 박았다.

열린민주당 최강욱 후보는 "총선에 나와 있는 모든 후보들 중 제일 최근까지 대통령의 곁에 있던 사람"이라며 "분열보다는 민주개혁 진영의 지평을 넓혀가는 것에 대해 고민했으면 하는 바람"이라고 말했다.

손혜원 의원이 "우리는 더민주당의 적자도 아니고 서자도 아니고 효자"라고 하는 데 대해 이근형 더민주당 전략기획위원장은 "우리는 그런 자식을 둔 적이 없다"고 선을 그었다.

민주연구원 양정철 원장은 "노무현 전 대통령과 문재인 대통령은 정치를 하면서 탈당하거나 분당한 적이 없다"고 열린우리당 김의겸, 최강욱 후보들을 공격했다.

열린우리당은 이에 아랑곳하지 않고 자신들을 스스로 '매운맛 민주당'이라며 지지율 상승에 열을 올렸다.

열린우리당 후보들은 "열린민주당은 오로지 문재인 정부의 개혁 완수를 위해 민주당보다 한 걸음 앞서서 온 몸을 던지겠다"고 호소했지만, 정봉주 열린민주당 최고위원은 더민주당 지도부를 향해 "당신들이 이번 선거 기간 중 나에 대해 모략하고, 음해하고, 시정잡배 개쓰레기로 취급했다. 짐승만도 못한 짓을 하였다"고 유튜브 채널에서 폭로했다.

황교안 미래통합당 대표도 "불공정의 아이콘 조국 수호를 자처했던 친문 인사들이 전면 배치됐다. 정말 뻔뻔하기 짝이 없다"고 열린민주당을 비판했다.

2. 주요정당의 변천과 군소정당들의 발버둥

(1) 20대 총선에 출전한 더민주당, 정의당만 상존

20대 총선에서 더민주당 123석, 새누리당 122석, 국민의당 38석, 정의당 6석, 무소속 11석으로 나뉘었다. 비례대표는 새누리당 17석, 더민주당과 국민의당 각각 13석, 정의당 4석으로 배분됐다.

박근혜 대통령의 탄핵으로 새누리당은 소멸하고 홍준표의 자유한국당과 유승민의 바른정당으로 분열했고, 유승민의 바른정당과 안철수의 국민의당이 통합을 시도하자 호남 출신 의원들이 대거 탈당하여 민주평화당을 발족시켜 국민의당 안철수의 기세가 꺾였다.

21대 총선을 앞두고 자유한국당이 새로운 보수당, 미래를 향한 전진 4.0 등을 통합한 미래통합당을 출범시켰다.

자유한국당은 독자 교섭단체 구성에 무게를 두고 국민의당에 합당을 제안할 방침을 밝혔다.

국민의당에 대한 의원 빌려오기에 나섰다간 꼼수라는 비판을 피해가기 어렵고, 국민의당과 합당하면 당의 외연을 넓힐 수 있기 때문에 안철수 대표가 자유한국당에 온다면 공동대표직을 제안할 수 있다고도 했다.

그러나 안철수 대표는 국민의당 의원들의 미래통합당 입당은 묵인하되 국민의당을 고수했다.

바른미래당·대안신당·민주평화당 등 호남 계열 3당이 민생당으로 합당했다.

손학규 바른미래당 대표가 대표직에서 물러나기로 동의하여 물꼬가 터졌으며 김정화를 대표로 옹립했다.

(2) 보수 대통합을 이뤄낸 미래통합당

자유한국당 비대위원장 공모에 101명이 추천됐다.

자유한국당은 김병준, 박찬종, 이용구, 전희경, 김성원으로 비대위원장 후보를 압축했다가 김병준으로 결정하여 비토설이 솟구쳤다. 자유한국당 대표로는 홍준표 전 경남도지사가 '인물교체론'을 내건 신상진 의원과 새누리당 원내대표를 지낸 원유철 의원들을 꺾고 107석의 제1야당 대표로 정치 전면에 복귀했다.

청와대의 5당 대표 회동에 대해 홍준표 대표는 "한국당을 적폐 세력으로 지목하면서 정치 보복에 여념이 없는데 적폐 세력의 대표를 청와대로 불러서 무엇을 하겠다는 것이냐"면서 거절하고 더민주당을 본부 중대로, 국민의당·바른정당·정의당을 1·2·3중대로 빗대 조롱했다.

자유한국당 윤리위원회는 박근혜 전 대통령, 서청원과 최경환 의원 자진 탈당을 의결하여 탈당 거부 때에는 열흘 뒤 자동 제명토록 했다.

탈당 의결에 반발한 서청원 의원이 "홍준표 체제 무너뜨릴 것"이라고 반발하자, 홍 대표는 "노욕과 노추(老醜) 보이지 말고 떠나라"고 대응했다.

자유한국당 홍준표 대표는 당연히 처단해야 할 것을 주저하여 처단하지 않으면 훗날 그로 인해 도리어 재화를 입게 된다는 논어의 당단부단 반수기란(當斷不斷 反受其亂)의 서기를 인용하여 박 전 대통령과 서청원, 최경환 의원들을 출당했다.

자유한국당 원내대표에는 친홍준표 계열인 김성태 의원이 친박근혜 계열인 홍문종 의원을 꺾고 당선됐다.

김성태 의원은 도피용으로 바른정당에 피신했다가 복당한 철새 의원으로 "문 정권 포퓰리즘 막는 전사가 되겠다"고 밝혔다.

자유한국당에 복당한 김성태 의원은 "바른 정당은 '최순실 폭탄'을 피하는 도피용·면피용 정당"이라며 철새 정치에 대해서도 썩은 둥지로 돌아온 것은 희생으로 봐야 한다고 주장했다.

성완종 리스트에서 1억 원 뇌물을 받은 혐의에 대해 대법원에서 무죄 판결을 받은 홍준표 대표는 "폐목강심(閉目降心)의 세월을 보냈다"며 환호했다.

김성태 원내대표는 "더민주당이 법사위원장을 갖겠다는 건 강도적 요구"라고 북한의 화법을 패러디했다.

(3) 국민의당과 바른정당의 합당과 소멸

국민의당은 비대위원장에 박주선 국회부의장을 추대했다.

국민의당은 문 대통령 아들 의혹 조작 사건을 당원 이유미의 단독 범행으로 당의 지시나 개입은 없었다는 결론을 내렸다.

그러나 검찰은 이준서 최고위원이 제보 조작 가능성을 알고도 공표했다고 구속영장을 청구했다.

국민의당과 바른정당 의원들이 함께하는 '국민통합포럼'이 출범하여 두 당의 선거 연대와 통합론의 불씨를 당겼다.

국민의당 의원들은 바른정당과의 통합에 찬성 18명, 반대 11명으로 양분됐다.

박지원, 조배숙, 주승용 등 국민의당 호남 출신 의원들은 바른정당과 통합이 현실화되면 탈당을 감행하겠다고 제동을 걸었다.

안철수 국민의당 대표와 유승민 바른정당 대표는 "개혁 파트너", "협력할 부분 많아"로 합당 추진에 대한 상념에 젖어있었다.

안철수 대표가 "제3세력이 3, 4당으로 분리돼있으면 양당구도 회귀를 저지하는 데 역부족이다. 합리적 진보, 개혁적 보수를 중심으로 연대·통합의 빅 텐트를 치자"고 제의하자, 박지원 전 대표는 "양당의 통합은 명분상이나 실리상으로 조금 저능아들이 하는 것 아닌가"라고 비난했다.

국민의당 안철수 대표는 "바른정당과의 통합에 대한 전 당원 투표로 당 대표에 대한 재신임을 묻고, 찬성 의사가 확인되면 신속하게 통합 절차를 밟겠다"고 제안했다.

국민의당이 실시한 전 당원 투표에서 바른정당과의 통합 찬성 의견이 74.6%로 본격적인 통합 추진을 선언했다. 그러나 천정배, 정동영, 조배숙 의원들은 국민의당 지키기 운동 본부를 발족시키고 최종 투표율은 23%에 그쳤다고 주장했다.

안철수 대표는 국민의당과 바른정당의 통합이 부결되면 나는 한국에서 못 산다고 강한 의지를 보였다.

안철수와 유승민은 "구태정치와의 전쟁"을 선포하며 통합을 선언했다.

바른정당 창당 1주년을 맞이하여 새누리당을 탈당한 의원 33명이 '보수의 구심점', '개혁보수' 등을 내세워 창당한지 286일 만에 김무성, 주호영, 황영철 의원 등 24명이 탈당하여 9명의 의원만 남게 됐다.

국민의당 통합반대파는 민주평화당 창당 추진위원회를 구성하여 분당이 가시화되자, 안철수 대표는 "지역 볼모 구시대정치는 심판해야 한다"고 주장했다.

국민의당과 바른정당의 통합신당은 미래당으로 내정했다가 바른미래당으로 결정했다.

국민의당은 바른정당과 합당을 결정하는 전당대회를 취소하고 전당원 투표로 합당 승인을 받기로 했다.

양당 통합 결의 후 안철수 대표는 "전 당원 투표를 거쳐 합당이 결정된 것은 한국 정치 사상 처음이다. 양당 통합은 영호남 통합의 의미도 있다"고 강조했다.

바른미래당은 창당대회를 열고 유승민-박주선 공동대표, 김동철 원내대표 체제로 출범했다.

바른미래당은 20석으로 민주평화당과 동반 활동한 의원들이 9명에 달하지만 자유한국당 115명과 함께 4당 체제가 됐다.

(4) 제3당 대표에서 무관의 제왕이 된 국민의당 안철수

20대 총선에서 38석을 확보하여 제3당의 대표로서 캐스팅보트를 가졌던 국민의당 안철수 대표가 군소정당의 대표로 전락했다.

국민의당을 재창당한 안철수 대표는 계보의원들이 잇달아 미래통합당에 합류하면서 다른 선택의 여지가 없어 "중도 정치의 길을 가면서 문재인 정권을 심판할 수 있는 방법을 찾아야 했다"면서 지역구 공천을 하지 않겠다고 선언했다.

안 대표는 독자 노선으로 총선 승리가 어려운 형국에 몰리자 선제적으로 미래통합당과의 선거 연대라는 자발적 인수합병(M&A) 카드를 던지며 총선 이후를 바라보는 포석을 한 것이다.

국민의당 안철수 대표는 "국가적 위기를 표 얻기 위한 인기 영합주의로 이용하는 행태를 보며 우리 기득권 양당의 민낯을 또 한번 확인했다"며 "국민의당이 이겨서 오만한 집권여당을 견제하고 반사이익에만 기대어 먹고살려는 야권을 혁신하겠다"고 주장했다.

안 대표는 "현 정권의 최대 관심은 선거에서 이기면 윤석열 검찰총장 체제를 무력화시켜 울산시장 불법공작 선거 등 4대 권력형 비리를 덮는 데 있다"며 윤석열 검찰총장 보호를 강조했다.

또한 "공수처는 청와대 사병이 되어 그 폐해가 독재 정권시절 정보기관 못지않을 것"이라면서 공수처법 개정에 동참하고자 하는 어떤 당이라도 함께 손을 잡겠다고 미래통합당에 손짓을 했다.

안철수 대표는 "살진 돼지들을 국민들이 배불리 먹여주고, 기생충 정당까지 배불리 먹이면 잠만 자고 진흙탕에서 싸우기만 할 것"이라고 비례대표 위성정당을 맹비난했다.

안철수 국민의당 대표는 15일 간 대구 의료봉사를 마치고 "대구에 코로나가 소멸되기 전 활동을 중단하는 것이 아쉽지만 국민의당 대표로서 선거 준비를 하는 것 또는 저에게 주어진 책무이자 국민에 대한 예의"라며 "증오와 배제가 아닌 통합과 희망 중심의 선거를 하겠다"고 소회를 밝혔다.

"비례대표 등록조차 하지 않은 안철수 대표 혼자 마라톤을 하며 선거운동이랍시고 하고 있다"는 비판을 받았다.

(5) 연동제 기대가 물거품되자 더민주당을 비난한 정의당

정의당은 더민주당과 빅딜하여 연동형 비례대표제 선거법을 성공시켜 21대 총선에서 원내 교섭단체 기대에 부풀었으나 위성정당의 출현으로 물거품이 되자 위성정당에 대한 맹비난에 집중했다.

김종철 정의당 선대위 대변인은 "미래통합당의 의원 꿔주기를 맹비난하던 더민주당이 그대로 따라하는 모습을 보면서 국민들이 얼마나 한심해할지 짐작이 된다", "고작 정의당보다 한 칸 위에 올리기 위해 체면을 버리면서까지 이런 일을 하니 더욱 한심할 뿐"이라고 비난했다.

"영남과 호남에서 경쟁 없는 선거가 지속되다 보니 정당은 오만해질 수밖에 없다. 비례대표 수를 대폭 늘리고 연동형 비례제를 도입하면 자연히 다당제가 되면서 각 정당은 유권자의 의사를 더 존중할 수밖에 없다"는 정의당은 "거대 양당의 기득권 정치가 점입가경으로 치닫고 있다"며 더민주당의 플랫폼 정당 불참을 선언했다.

심상정 대표는 "민주당과 함께 선거제도 개혁을 추진한 사람으로 위성정당 출현을 제도적으로 대비하지 못한 데 깊은 책임감을 느낀다"며 "사회적 약자의 목소리가 더욱 우렁차게 울려 퍼지는 국회가 돼야 한다"고 호소했다.

정의당 심상정 대표는 "정의당이 원내 교섭단체가 될 수 있느냐 없느냐 이것이 21대 국회의 성격을 규정한다. 국회가 거대 양당의 극단적 대결로 치닫지 않도록 정의당을 교섭단체로 만들어 달라"고 호소했다.

정의당 관계자는 "지역구 상황이 만만찮은데 비례의석도 더시민당과 열린민주당에 포위된 형국"이라고 우려했다.

이종걸 더시민당 선대위원장은 "21대 총선에서 정의당은 경고를 받고 다시 시작해야 한다", "국민의당에 투표하면 중도가 아니라 '꼴통보수'가 강화되는 것"이라고 주장했다.

(6) 민생당 출범과 함께 20명의 의원들이 사라져

바른미래당, 대안신당, 평화민주당이 합당하여 민생당을 창당하기로 하되 손학규 대표는 대표직을 내려놓고 백의종군하기로 했다.

민생당은 바른미래당 호남계와 민주평화당, 대안신당 등 호남계가 뭉친 당이다.

민주평화당 출신인 정동영, 조배숙, 황주홍, 김광수, 박주선 의원 등은 "민생당이 반지역주의와 반개혁주의를 시정하지 않는다면 탈당하겠다"고 밝혔다.

민생당에서 셀프 제명 후 미래통합당에 합류해 대전 유성을에 공천을 신청한 신용현 의원이 공천을 받지 못하게 됐다.

민생당이 더시민당에 참여키로 했으나 김정화 공동대표가 추인을 거부하여 무산됐다.

바른미래당 출신인 김정화 민생당 대표는 "최고위 결정과 상관없이 민생당 독자 비례대표 후보를 낼 것이기 때문에 더시민당 합류는 불가능할 것"이라고 못 박았다.

손학규 전 대표가 비례 2번 후보에 올려 노욕(老慾)이라는 논란이 일자 민생당 최고위원회는 안병원 공천관리위원장을 해임하고 김영삼 민주평화당 대변인을 공관위원장으로 임명했다.

이에 안병원 전 공관위원장은 "당 지도부와 몰지각한 분들이 함께해 공관위원장을 편법으로 해임했다"며 "해임은 불법이고 위법"이라고 주장했다.

손학규 비례 2번에 대해서는 "당의 장래를 위해, 이번 총선을 위해 이런 분이 나와서 투쟁해줘야 한다는 공관위원 절대 다수의 의견에 의한 것"이라고 설명했다.

김영삼 공관위원장은 2번의 손학규 후보를 14번으로 밀쳐내고 바른미래당 부대변인인 이대훈을 2번에 배치하고 4번엔 6번이었던 민주평화당 최고위원인 김종구를 끌어올렸고, 12번이었던 민주평화당 장정숙 원내대표를 15번에 배치하여 선관위에 등록했다.

손학규 전 바른미래당 대표는 "더민주당의 호남 싹쓸이만큼은 안 된다. 호남의 더민주당 '몰빵'은 자살 행위"라고 주장했다.

손 전 대표는 "압도적 지지는 오히려 집권여당을 오만하게 만들고 이들이 호남을 배신하는 결과를 가져올 것이 분명하다"며 "오만한 친문재인정부와 집권여당에 정신차리라는 뜻"으로 민생당에 한 표를 주실 것을 호소했다.

법원은 바른미래당의 셀프 제명은 입법 취지에 어긋난다며 당적 이동이 인정 안 돼 제명 후 미래통합당에 입당해 공천을 받은 김삼화, 김수민, 김중로, 이동섭 의원 등은 후보 등록 시한 전까지 탈당하도록 했다.

민생당 2번 손학규(73세), 우리공화당 2번 서청원(77세), 친박신당 2번 홍문종(65세), 기독자유통일당 2번 김승규(80세) 후보가 비례대표 2번에 등재된 데 대해 김형준 명지대 교수는 "정치인으로서 최소한의 염치도 없는 노욕(老慾)"이라며 "자신들이 스스로 쌓아온 명성을 다 무너뜨리는 측면도 있어 측은하기까지 하다"고 비판했다.

(7) 열린우리당, 우리공화당, 친박신당들의 발버둥

열린민주당 정봉주 대표는 '진짜가 나타났다'는 현수막을 내걸고 '진짜 민주당'이라는 문구를 넣은 이미지 파일을 올렸다.

이에 더민주당은 "그럼 우리는 가짜 민주당인 것이냐"며 "남의 둥지에 알을 낳아 진짜 행세를 하는 뻐꾸기와 다를 바 없는 행태"라고 비판했다.

조대진 변호사는 "몇몇 쓰레기 같은 의원들이 문재인 정부를 흔들고 있다. 어디서 함부로 탄핵을 거들먹거리나. 정 할 게 없으면 한 줌 똥바가지라도 붙겠다"고 막말을 쏟아냈다.

열린민주당도 음주운전 이력 문제가 제기됐던 주진형 전 한화투자증권 대표와 서정성 달빛의료봉사단장이 후보직을 자진 사퇴했다.

미래통합당은 우리공화당을 흡수하거나 개별 입당하는 형식의 통합을 구상하고 있고, 우리공화당은 "우리 후보가 더 많이 나오면 박 전 대통령의 뜻을 받드는 것"이라며 "박 전 대통령의 기치를 지키는 연대를 위해선 제대로 된 협상력이 있어야 한다"고 화답했다.

박근혜 전 대통령의 메신저 역할을 담당했던 유영하 변호사가 미래한국당에 입당하고 비례대표 후보를 신청했으나 미래한국당 공천에서 배제됐다.

유영하 변호사는 "박 전 대통령이 '도와주려는 카드를 능욕당한 것이라서 효과는 소멸된 게 아닌가 생각된다. 두 번 칼질을 당한 것이다. 어쩌면 그럴 수 있나요'라고 말했다"고 전했다.

황교안 자유한국당 대표는 "나라 사랑이 각별한 박근혜 전 대통령은 보수 분열로 좌파 정권이 계속 이어져 가는 걸 바라지 않을 것"이라며 TK 신당 출현이나 반미래통합당에는 회의적이었다.

원유철 대표는 "보편적인 국민 정서를 고려해 결정할 수밖에 없었다", "박 전 대통령의 통합 메시지에 담긴 충심을 승리로 보답하겠다"고 해명했다.

우리공화당과 결별한 홍문종 의원이 친박신당을 준비하며 황교안 대표와 총선 비례대표 추천권을 놓고 통합을 논의했지만 무산됐다.

친박신당은 통합이 결렬되자 독자적으로 자역구와 비례대표 후보를 내세웠다.

3. 34개 정당에서 1,410명의 후보들이 등록

(1) 비례대표의 연혁과 여성후보 우대 정책

전국구 제도는 5.16 쿠데타 이후 수립된 제6대 국회에서 안정의석 확보 방편으로 처음 도입됐다.

175석의 4분의 1인 44석을 전국구에 할애하고 득표율과 관계 없이 제1당이 무조건 전국구 절반을 차지했고, 제2당은 남은 의석 중 3분의 2를 차지하게 됐다.

역대 선거에서 집권당이 떡시루를 차지했다면 제1야당이 떡고물을 주워먹고 묵인해왔다.

민주공화당은 지명도가 낮은 군인들의 정계 진출 창구로, 야당은 정치자금 조달 수단으로 활용했다.

유신 체제에서는 소선거구제가 1구 2인 중선거구제로 바뀌었고, 전체 의석의 3분의 1을 박정희 대통령이 추천하는 후보들을 통일주체국민회의에서 선출됐다.

12.12 쿠데타를 통해 집권한 신군부 세력은 전국구 의석의 3분의 2는 무조건 민주정의당에 할애했고 나머지 3분의 1은 의석수 비율로 야당에게 나눠줬다.

1987년 6월 항쟁 이후 소선거구제로 환원한 13대 총선에서 민주정의당이 전구국의 절반을 받고도 125석에 그쳐 여소야대의 사태를 초래했다.

1992년 제14대 총선에서는 제1당에 전국구 절반을 주는 제도를 없앴고, 1996년 제15대 총선에서는 정당별 의석 비율이 아닌 지역구의 정당별 득표율을 기준으로 배분했다.

2000년 제16대 총선 때에는 전국구 명칭을 비례대표로 바꾸었고 2004년 제17대 총선에서는 1인 2표제를 실시해 별도의 비례대표 득표 비율에 따라 비례대표 의석을 나누었다.

1995년에는 지역구 인구 편차가 5.9대 1로 벌어지자 헌법재판소는 4대 1로 줄이라고 결정했고, 2001년에는 3대 1로, 2014년에는 2대 1로 위헌 기준을 제시하여 13대 총선에서 75석의 비례대표 의석이 47석으로 줄어들었다.

17대 총선부터는 홀수 번호에 여성을 배치하도록 법제화하면서 여성 우대 정책을 펼쳤고 1번에 여성 후보를 추천하여 당의 정체성을 드러내는 방법으로 자리 잡았다.

17대 총선에서 열린우리당은 소아마비 장애인인 장향숙 장애인연합공동대표를, 18대 총선에서 통합민주당은 경제전문가 이성남 한국은행 금통위원을, 19대 총선에서 민주통합당은 전태일 열사 여동생인 전순옥 소상공인연구원 이사장을, 20대 총선에선 더민주당은 박경미 홍익대 교수를 공천했다.

17대 총선에서 한나라당은 김애실 외국어대 경제학 교수를, 18대 총선에서 '빈민촌 대모'로 불리는 강명순 부스러기사랑나눔회 상임이사를, 19대 총선에선 민병주 한국원자력 연구위원을 공천했다.

20대 총선에서 새누리당은 송희경 KT전무 출신을 내세웠다.

전례 없는 비례 전용 정당들이 우후죽순으로 생겨나면서 어느 때보다도 비례대표 후보들에 대한 관심이 뜨거워졌다.

더불어시민당 비례 1번에는 명지병원 가정의학과 신현영 후보를 내세워 코로나 국면에서 사태를 진정시킬 수 있는 집권여당의 안정적 이미지에 방점을 찍었고, 미래한국당은 윤봉길 의사의 장손녀인 윤주경 전 독립기념관장을 내세워 여권의 친일프레임을 방어하겠다는 전략이다.

민생당은 정혜선 가톨릭대 보건대학원 교수를 내세워 코로나 극복 메시지를 담았고, 정의당은 27세의 류호정 민노총 선전홍보부장을 내세워 청년과 세대교체 메시지를 담았다.

열린우리당은 민주당 4대강 사업 국민심판 특위위원장을 지낸 김진애 18대 의원을 내세웠고, 국민의당도 코로나를 의식해 방역관료 의료진인 최연숙 대구 동산병원 간호부원장을 낙점했다.

동국대 박명호 교수는 "비례대표는 정치 입문을 위해 차곡차곡 준비한 게 아니라 급조하는 경우가 많다보니 롱런이 힘든 것"이라며 "코로나19가 아니었다면 이번에 여러 당에서 비례대표 1번에 의료계 출신을 공천하지 않았을 것"이라고 비판했다.

(2) 비례대표 292명의 후보들이 출전하여 등원을 기대

이번 총선에는 민생당, 미래한국당, 더불어시민당, 정의당, 우리공화당, 국민의당, 친박신당, 열린민주당, 국가혁명배당금당, 기독자유통일당, 노동당, 녹색당, 새누리당, 충청의미래당 등 34개 정당에서 292명의 비례대표 후보들이 등록했다.

비례대표는 미래통합당 자매정당인 미래한국당이 34명, 더민주당 위성정당인 더시민당이 30명, 정의당 29명, 국민의당 26명, 민생당이 16명을 공천했다.

친조국, 친문재인을 자칭한 열린민주당이 17명, 국가혁명배당금당이 22명, 우리공화당이 15명, 민중당이 6명을 추천했다.

친박신당이 결성되어 6명을, 기독교인들의 결사체인 기독자유통일당도 21명을, 새누리당도 1명을 내세웠다.

저명인사로는 민생당의 손학규(14번) 전 바른미래당 대표, 미래한국당의 신원식(8번) 수도방위사령관, 정운천(16번) 20대 의원, 정의당의 배진교(4번) 인천 남동구청장, 이자스민(9번) 19대 의원, 우리공화당의 서청원(2번) 전 한나라당 대표, 민중당의 이은재(1번) 20대 의원, 국민의당의 이태규(2번)와 권은희(3번) 20대 의원, 친박신당의 홍문종(2번) 20대 의원, 열린민주당의 김진애(1번) 18대 의원, 김의겸(4번) 전 청와대 대변인, 황희석(8번) 전 법무부 인권국장, 국가혁명배당금당의 허경영(2번) 당 대표, 기독자유통일당의 김승규(2번) 전 국정원장, 노동당의 이갑용(2번) 울산 동구청장, 자영업당의 최원식(4번) 19대 의원, 한국복지당의 김호일(2번) 3선 국회의원 등을 들 수 있다.

비례대표 정당 지지율 여론조사에서 미래한국당이 22.6%로 선두를 차지하고 더불어시민당(19.9%), 정의당(7.5%), 열린민주당(6.5%), 국민의당(3.0%) 순으로 나타났다.

이를 토대로 준연동형 비례대표제 도입에 따른 예상의석수는 미래한국당 15석, 더불어시민당 14석, 정의당 7석, 열린민주당 6석,

국민의당 5석으로 나타났다. 다만 무응답자가 26.6%를 차지하여 비례대표 의석수는 변동될 것으로 예상됐다.

(3) 역대 네 번째로 많은 1,410명의 후보 등록

이번 총선에는 21개 정당 소속과 무소속인 지역구 후보 1,118명과 34개 정당이 292명의 비례대표 후보를 등록했다.

전문가들은 세계 정당사에서 비슷한 사례를 찾기 어려운 준연동형 비례대표제를 도입한 탓에 정당이 난립하게 됐다고 지적했다.

서울대 박원호 교수는 "1948년 초대 국회의원 선거에서 48개 정당이 난립한 적이 있는데 70년 전으로 시계를 돌린 것 같다"고 비난했다.

국민의당 안철수 대표의 지역구 공천 포기로 지역구 후보는 더민주당 153명, 미래통합당 137명, 정의당 77명, 민생당 58명이 출전했다.

허경영의 국가혁명배당금당이 137명, 통합진보당 후신인 민중당 60명, 박근혜 전 대통령의 추종세력인 우리공화당이 42명을 공천했다.

최고령 후보자는 무소속 김일윤 후보로 81세이고, 최연소 후보자는 기본소득당 신민주 후보로 25세이다.

후보들의 평균 재산은 15억 7,011만 원으로 재산이 가장 많은 후보는 웹젠 이사장인 김병관 후보로 2,311억 4,449만 원이고, 100

억 원 이상의 자산가는 미래통합당 박덕흠, 무소속 정근, 더민주당 박정, 미래통합당 김은혜 후보 등이다.

공직선거에 가장 많이 출마한 이력을 가진 후보는 무소속 서중현 후보로 이번이 15번째이고 무소속 백철 후보가 12번째이고 더민주당 김두관, 미래통합당 안상수, 민생당 정동영, 민중당 김미희 후보 등은 이번이 10번째 출마다.

연령별로는 20대가 15명, 30대는 56명, 40대가 181명, 50대는 539명(48.2%)이다.

전체 후보 가운데 여성 비율은 19.1%인 213명이다. 더민주당은 여성 후보가 32명으로 12.6%이고 미래통합당은 26명으로 10.9%에 불과했다.

역대 총선에서 입후보자는 2대 총선에서 2,225명으로 최다 후보를 기록했고 15대 총선에서 1,1550명이, 5대 총선에서 1,563명이 출전하여 이번 총선보다 많은 숫자이다.

지난 20대 총선에는 입후보자가 1,092명에 불과해 이번 총선보다 318명이 적었고 역대 최소 입후보는 9대 총선 때 339명이었다.

제2장 미래통합당과 더민주당의 공천 난맥상

1. 김형오 공천관리위원장의 활약과 낙마

2. 황교안 대표의 공천개입과 낙천에 대한 반발

3. 더민주당 컷오프와 총선 주자 선정

1. 김형오 공천관리위원장의 활약과 낙마

(1) 영남권 의원들과 중진의원들은 읍참마속(泣斬馬謖)

미래통합당은 국회의장을 지낸 김형오 전 의원에게 공천관리위원장을 맡겨 쇄신, 개혁공천을 기대했다.

공천관리위원회가 구성되자 김무성, 정갑윤, 김정훈, 유기준, 유승민, 한선교, 김성태, 김세연, 김영우, 이진복, 여상규, 김도읍, 김성찬, 박인숙 등 중진의원과 초선인 윤상직, 장석춘, 정종섭, 유민봉, 조훈현, 최연해 의원 등 20명이 불출마 선언을 했다.

김형오 위원장은 중진들에게 조용히 전화를 해 용퇴를 설득하는 특유의 '스텔스리더십'을 발휘하여 성과를 올렸다.

김형오 위원장은 "공관위 혼자 북 치고 장구 쳤지만 역대 최대 폭의 물갈이를 이뤄냈다"고 자평했으며, 미래통합당은 텃밭으로 불리는 영남권에서 절반 이상의 현역 의원을 갈아치웠다.

친박 인사인 강석호, 곽대훈, 김재원, 백승주, 정태옥 의원 등이 공천에서 배제됐고, 탄핵을 주도한 김무성, 김성태, 유승민 의원 등은 불출마 선언했다.

한규섭 서울대 교수는 "공천 과정 초반부터 당의 어려운 사정을 타개하기 위해 TK 의원들이 기득권을 내려놔야 한다는 여론이 형성된 데 따른 것"이라고 설명했다.

TK 지역 의원들의 물갈이도 대폭 이뤄졌다.

유승민, 김광림, 최교일, 장석춘, 정종섭 의원들은 불출마 선언했고, 김재원, 강석호, 백승주, 김석기, 곽대훈, 정태옥 의원들은 컷오프됐고 주호영 의원은 전환 배치됐다.

다만 곽상도, 김상훈, 윤재옥, 추경호, 송언석, 이만희 의원들은 공천을 받아냈다.

김형오 공천관리위원장은 "수도권을 이기기 위해 영남권에 노블레스 오블리주를 요구했고 고뇌와 결단에 찬 읍참마속으로 나타났다"며 "많은 불만과 비판을 알고 있지만 변하지 않으면 우리 모두 다 죽는다"고 읍참마속을 당연시했다.

"인물의 전략적 배치와 미래를 향한 묘목 심기라는 방책을 썼지만 배 12척을 가진 이순신 장군의 심정이었고 고육책의 일환이었다"고도 해명하고, 사천 논란에 대해 '택도 없는 소리'라며 "사천은 보스 정치의 산물인데 나는 1주일 후면 시민으로 돌아갈 사람"이라고 일축했다.

공천관리위원회는 안상수 전 대표를 공천에서 배제하고 이혜훈, 이은재, 윤상현 의원들과 민경욱, 이현재, 문병호 전 의원들을 컷오프했다.

김형오 위원장은 컷오프 결정은 막말 논란, 지방선거 패배에 대한 책임, 여론조사 결과 등을 종합했다고 밝혔다.

태극기 부대가 주장한 탄핵 7적(七賊)인 김무성, 유승민, 정진석, 김성태, 권성동, 이혜훈, 하태경 가운데 정진석, 하태경 의원만 공천을 받았다. 친박 핵심인 서청원, 정갑윤, 원유철, 유기준, 이정현, 윤상현, 조원진, 김재원, 홍문종, 최경환 의원 등 10인은 아무도 미래통합당 공천을 받고 출전하지 못했다.

(2) 73개 지역구는 경선을 실시하여 공천자 결정

미래통합당은 140개 지역구 공천을 확정하고 73개 지역구에서 경선을 실시했다.

서울 서초을 박성중 의원이 강석훈 전 의원을 0.4%포인트 차로 제치고, 서대문갑 이성헌 전 의원은 여명숙 전 게임물관리위원장을 누르고, 은평갑에서는 홍인정 부대변인이 신성섭 바른미래당 지역위원장을 제치고 공천장을 받아냈다.

노원갑에서는 이노근 전 의원이 현경병 전 의원을, 부평갑은 정유섭 의원이 유제홍 대한민국 젊은보수 대표를, 경기 하남은 이창근 서울대 부교수가 윤완채 한국재난구호 총재를 꺾었고, 파주을은 박용호 전 대통령직속 청년위원장이 최대현 전 MBC 아나운서를 꺾고 후보가 됐다.

이학재 의원이 인천 서갑에서 강범석 전 인천 서구청장을, 강승규 전 의원은 마포갑에서 황교안 대표의 김우석 정무특보를 꺾었지만, 김순례 의원은 권은희 의원과 함께 분당을에 도전했지만 탈락했다.

중랑을 경선에서는 윤상일 전 의원이 김재원 정책위의장을 이겼고, 중·성동갑에서는 진수희 전 보건복지부 장관이 강효상 의원을 따돌렸다.

류성걸 전 의원은 이진숙 전 대전 MBC 사장을 물리쳤고, 강대식 전 대구 동구청장은 김재수 전 농림축산식품부 장관을 이겼다.

부산 해운대에서 하태경 의원이 석동현 전 검사장, 조전혁 전 의원을 꺾었고 김기현 전 울산시장이 박맹우 의원을 제압했다.

김정재 의원은 강훈 전 조선일보 논설위원을 물리쳤고, 연수을에서는 민경욱 의원(55.8%)이 민현주 전 의원(49.2%)를 눌렀고, 달서갑에서는 홍석준 후보(72.3%)가 이두아 전 의원을 꺾었다.

공관위가 민현주, 이두아 전 의원을 전략 공천했는데 최고위에서 경선을 실시토록 번복했다.

황교안 대표가 공관위의 결정을 반대하고 나서자 공관위는 황 대표의 측근인 민경욱 의원의 공천을 무효화하며 반격했고, 황 대표가 다시 민경욱 의원의 공천을 재확정하는 소동을 벌였다.

민경욱 의원은 공관위 컷오프 → 경선 회생 → 허위 공보물 논란으로 공천 무효 → 긴급 최고위에서 부활 등 우여곡절을 겪었다.

(3) 태구민 후보 공천 논란과 김미균 후보 낙마

김종인 전 대표는 태구민 후보에 대해 "남한에 뿌리가 없는 사람이다. 강남갑 공천은 국가적 망신"이라고 직격탄을 날리자, 태구민 후보는 "후보의 등에 칼을 꽂는 발언"이라고 맞받아쳤다.

김종인 전 대표의 '국가적 망신'이라는 발언에 대해 심재철 원내대표는 "태영호 전 공사는 헌법상 엄연한 우리 국민이고 북한의 적나라한 실상을 전 세계에 고발해 온 인물"이라고 극찬했다.

김종인 전 대표는 "공천 결과를 보면 사천 논란이 많이 제기되니 최소한 강남 갑, 을은 바꿔야 한다"면서 "태 후보는 한국의 실정도 잘 모르는 데다 선거운동 중 사고라도 나면 안 되니 비례대표 후보로 돌려야 한다"고 주장했다.

이석연 공관위원은 "김종인 전 대표가 공천에 관여할 거였다면 처음부터 공천완리위원회를 맡지 그랬느냐"며 "이제 와서 공천이 잘못됐다고 하는 것은 책임 있는 정치원로로서 지나친 것"이라고 반박했다.

"황교안 대표를 보좌하며 당을 위해 싸워온 사람들이 낙천하면 앞으로 누가 싸우겠느냐", "김형오 위원장이 자기 사람 꽂기가 심해지고 있다"는 측면에서 최홍 후보가 김형오 양아들로 불리며 이른바 사천 논란의 중심인물이 됐다.

강남병에 전략 공천한 김미균 시지온 대표의 과거 친문성향 논란과 관련해 "김미균 후보 공천 결정을 철회한다"며 "이 모든 사태에 대한 책임을 지고 공관위원장 직에서 사직하기로 했다"고 김형오 위원장은 말했다.

김미균 후보는 "제가 하루 아침에 문빠가 되어 있더라"며 "기업인으로서 정치 교류를 했던 것이지 누군가 강하게 지지했던 게 전혀 아니다"라고 항변했다.

김형오 위원장의 사퇴는 더민주당 선대위원장을 지낸 김종인 전 대표를 선대위원장으로 영입하려는 황교안 대표에 대한 항의성 사퇴란 해석에 힘이 실렸다.

2. 황교안 대표의 공천개입과 낙천에 대한 반발

(1) 황교안 대표의 미래통합당과 미래한국당 공천개입

황교안 대표는 인천 연수을, 대구 달서갑, 부산 북-강서을, 부산 진갑, 경남 거제, 서울 강남을 등 6개 지역구 공천 심사 결과에 재의를 요구하자, 공심위는 인천 연수을, 대구 달서갑 2개 지역구만 선별 수용했다.

재의 요구 지역구는 황 대표 체제의 대변인 민경욱 원내수석 부대표, 김한표 대표 비서실장, 김도읍 의원의 지역구이고, 최홍, 서병수, 이두아 후보 등의 공천 재의는 김형오 공관위원장의 사전 견제에 나섰다는 해석이 주류를 이뤘고, 미래통합당 관계자는 "황 대표가 공천 번복으로 직할부대를 꾸리려고 나선 것은 총선 후 당권, 대권까지 바라보는 포석일 것"이라고 추측했다.

미래통합당 관계자는 "최고위 결정을 보고 2016년 새누리당 시절 공천 파동으로 선거를 망쳤던 기억이 떠올랐다"고 우려했다.

황교안 대표가 꼭두새벽 최고위원회를 열어 부산 금정, 경북 경주, 경기 의왕-과천, 화성을 등 4개 지역구 공천을 기습 취소하자, 이석연 공관위원장 대행이 민경욱 의원의 공천을 돌연 무효화하여 반격했다.

이에 황 대표가 이번엔 심야 최고위원회를 열어 민경욱 의원의 공천을 확정하는 재반격에 나섰다.

황 대표가 공관위 공천을 직권 무효화 한 것은 서울 강남을 최홍 후보와 부산 북-강서을 김원성 후보에 이어 이번이 세 번째다.

황 대표는 이기는 공천을 만들기 위한 재고로, 두 곳은 민경욱-민현주, 이두아-홍석준 경선지역으로 변경했다.

최고위원회가 경주의 김원길 중앙위 서민경제분과위원장, 금정의 원정희 전 금정구청장의 공천을 무효화하며 긴급 경선이 실시됐다.

정병국 의원은 "공관위가 보여준 것은 무기력한 자의 무능함과 무책임, 최고위가 보여준 것은 권력을 잡은 자의 사심과 야욕"이라고 양비론을 펼쳤다.

황 대표의 측근들이 줄줄이 낙천하자 "황 대표의 체제에선 헌신해도 얻을 게 없다"는 말이 회자되자 위기감을 느낀 황 대표가 뒤늦게 공천에서 탈락한 일부 측근을 되살리고 잠재적 반대 세력에 대한 견제 측면에서 미래한국당 공천에도 개입했다.

미래한국당 공병호 공관위원장은 "그렇게 절박했다면 사전에 얘기해야 염두에 둘 것인데 손을 놓고 있다가 이제와서 야단법석을 떨면 어쩌라는 것이냐"고 재의 요구를 일축했다.

황 대표는 "한국당 공천이 국민께 큰 실망과 염려를 안겨드리게 돼 안타깝고 송구한 마음이다. 구태정치, 나쁜정치와 단절할 것"이라고 변명했지만 "가소로운 자들", "한 줌도 안 되는 부패한 야당 권력"등은 황 대표를 겨냥한 독설들이다.

(2) **높은 현역 교체율에도 쓴소리는 쏟아지고**

미래통합당은 현역의원 118명 중 67명(57%)만이 본선에 올라 비교적 높은 현역교체율을 보였다.

"물갈이 비율은 44.4%다. 지난 20대 총선의 37.6%보다 훨씬 높다"며 안철수계 4명과 공천 불복해 탈당한 2명까지 포함하면 현역 의원은 124명이 탈락했다고 발표했다.

ING 자산운용대표 시절 금융당국으로부터 제재를 받은 것이 영향을 미쳐 최홍 후보의 공천을 철회하고, 유기준 의원의 동생 유경준 후보를 전략 공천했다.

부산 금정에선 당초 공천 배제됐던 백종헌 후보가 공천을 받게 되고 경주에서 컷오프됐던 김석기 의원이 경선 끝에 영남권 컷오프 현역 중 유일하게 기사회생하면서 공천 막판 자중지란이 이어졌다.

공관위는 김원성 최고위원의 공천을 취소하고 컷오프된 김도읍 의원을 회생 공천했다.

이은재 의원은 "민주적 절차를 밟지 않고 주먹구구식으로 공천하면 문제가 생길 것"이라며 재심 청구했다.

경기 의왕-과천에서 최고위 결정으로 공천 자격이 박탈당한 이윤정 후보는 공천취소 효력정지 가처분을 신청했다.

황 대표는 "개인적으로 억울한 부분이 있을 수 있지만 선당후사의 정신을 되새겨 달라"고 호소했다.

이석연 공관위원장 대행은 "이번 공천은 70%를 새 인물로 개혁 공천하는 등 한마디로 외연 넓히기 공천이었다고 자부하는데 막바지에 최고위가 이를 계속 뒤집은 것은 잘못"이라고 지적했다.

김세연 의원은 "현 정권이 헌정 질서를 무너뜨린다며 입만 열면 문재인 정권 심판을 외치는 사람들이 어떻게 이렇게 대놓고 법치를 무시하고 당헌·당규를 걸레 취급할 수 있느냐, 정상배 집단 수준으로 전락해버린 이상 더는 보수를 참칭하지 말라"고 당 지도부 행태를 비난했다.

(3) 홍준표, 윤상현 의원 등의 낙천에 대한 거센 반발

홍준표 전 대표는 "황교안 대표의 경쟁자 처내기와 김형오 위원장의 사감이 합작한 야비한 공천 배제"라고 혹평했다.

홍준표 전 대표는 "무소속으로 출마하더라도 당선되어서 당으로 바로 복귀할 것"이라며 "못된 협잡 공천에 관여한 사람을 나는 알고 있으니 돌아가서 용서치 않겠다"고 으름장을 놓았다.

황교안 대표는 "무소속 출마는 국민 명령을 거스르고 문재인 정권을 돕는 해당행위다. 당헌·당규를 개정해서라도 영구 입당 불허 등 강력한 조치를 하겠다"고 반격했고, 홍준표 후보는 "당 대표는 파리 목숨이다. 종로 선거에나 집중하라"고 꼬집었다.

홍준표 후보는 "탄핵에 당을 배신하고 나갔던 분들도 모두 복귀하고 공천도 우대 받았다. 그것이 정치다"라고 재반격했다.

윤상현 후보도 "이기는 공천을 해야 한다는 공언을 뒤엎고 지는 막천으로 문재인 정권을 돕는 것은 바로 황 대표"라며 "황 대표는 우선 잘못된 공천에 대해 사과부터 하는 것이 당원들에 대한 도리"라고 공격했다.

당내에서 "당을 지킨 사람보다 통합 과정에서 유입된 이들이 더욱 우대 받았다"는 불평도 쏟아졌다.

민현주 전 의원도 "공천 번복 결과 미래통합당은 미래도 없고 통합도 없는 도로 친박당이 됐다"며 "국가 위기를 핑계 삼아 사천을 통해 권력 쟁취에만 눈이 먼 황 대표는 더 이상 당의 지도자가 아니다"라고 직격탄을 날렸다.

태극기 세력 등 강경보수층에서 '탄핵 7적'으로 규정한 김무성, 유승민, 정진석, 김성태, 권성동, 이혜훈, 하태경 의원 가운데 정진석 의원만 자신의 지역구에서 공천을 받았고 이혜훈, 하태경 의원들은 경선을 치러야 했다.

'친박 핵심 10'인 정갑윤, 원유철, 유기준, 윤상현, 김재원 의원 등은 불출마하거나 컷오프됐고 김재원 의원만 서울 중랑을에서 경선을 치르게 됐다.

이정현, 조원진, 서청원, 홍문종 의원들은 지난해 탈당했고 최경환 전 의원은 수감 중이다.

황교안 대표를 지근거리에서 보좌했던 김우석 특보, 조청래 특보, 이태용 비서실장, 원용섭 조직부총장 등은 공천에서 탈락했지만 윤갑근, 유상범, 정점식 등 검사장 3인방은 살아남았다.

3. 더민주당 컷오프와 총선 주자 선정

(1) 전국 도처에서 당내 경선을 활발하게 전개

이번 총선을 앞두고 더민주당은 이해찬, 정세균, 원혜영, 추미애, 강창일, 박영선, 진영, 김현미, 백재현, 유은혜 의원과 초선인 이훈, 서형수, 표창원, 김성수, 심기준, 이용득, 이철희, 제윤경, 최운열 등 19명의 의원이 불출마 선언을 했다.

더민주당 공천관리위원회(위원장 원혜영)는 경선을 치르는 지역구 52곳을 1차로 발표했다.

심재권 의원과 이해식 전 강동구청장, 유승희 의원과 김영배 강북구청장, 강병원 의원과 김우영 전 은평구청장이 맞붙게 됐다.

이종걸 의원은 강득구 전 경기도의회 의장과 이석현 의원은 권미혁 의원, 민병덕 변호사와 3파전을 전개하고, 신경민 의원은 김민석 전 의원과 대결하게 됐다.

신경민 의원은 권양숙 여사를 방문하여 호소하자, 권 여사는 "영등포 을구는 중요한 지역인데 왜 그렇게 경선 지역이 됐나, 특정 후보를 공개 지지하기는 어렵지만 격려하겠다"고 말했다고 전했다.

정태호 전 청와대 수석은 유종필 전 관악구청장과, 김한정 의원은 김봉준 청와대 비서관과, 고영진 의원은 유송화 전 청와대 춘추관장과 한판 승부를 펼치게 됐다.

이춘석 의원은 김수홍 전 국회 사무차장과 윤영찬 비서관은 조신 전 국가교육위원회 상근위원과, 심규명 변호사는 송병기 전 울산 부시장과, 한병도 비서관은 김성중 전 익산 경찰서장과 경선을 치르게 됐다.

지역구가 통합된 군포는 이학영, 김정우 의원 간의 결투가 불가피했다.

국민과 권리당원에 대한 여론조사 결과를 각각 50% 비율로 반영한 경선에서 '문돌이' 바람은 미미했으며 21명의 현역의원 중 15명이 승리하고 6명은 경선에서 패배했다.

노웅래 의원이 김빈 청와대 행정관을, 정춘숙 의원이 이홍영 청와대 행정관을, 송옥주 의원이 조대현 청와대 행정관을, 조정식 의원이 김윤식 전 시흥시장을 꺾고 생환했지만 나주-화순의 손금주, 부천 오정의 정은혜 의원이 낙마했다.

 더구나 안양 동안갑의 6선 의원인 이석현, 안양 만안의 5선의원인 이종걸, 익산갑의 3선인 이춘석, 성북갑의 3선인 유승희 의원들도 고배를 마셨다.

그러나 조응천(남양주갑), 김병기(동작갑), 이재정(동안을), 고용진(노원갑), 서삼석(영암-무안-신안), 이상민(유성을), 설훈(부천 원미을) 의원 등은 경선에서 승리했다.

이번 경선에서 현역의원이 우세했던 건 코로나19 여파로 대면 접촉을 꺼린 탓에 정치 신인들은 얼굴을 알릴 기회가 줄어들어 선거운동이 어려웠기 때문이다.

현역의원 중 박병석, 변재일, 김영춘, 김부겸 의원 등이 단수 공천됐다. 또한 김용민, 홍정민, 고민정, 이탄희, 김주영 후보들도 전략 공천 특혜를 받았다.

오영식 재선의원이 천준호 박원순 서울시장 비서실장에게, 정은혜 의원이 서영석 부천시 호남향우회 부회장에게 무너졌다. 손금주 의원도 신기훈 청와대 비서관의 벽을 넘지 못했다.

더민주당 관계자는 "처음부터 하위 20% 명단을 공개해 신인들에게 확실한 디딤돌을 주고 경선을 치렀으면 됐을 일을 뒤늦게 인위적으로 손을 대다 보니 원칙이 무너지고 잡음이 일어났다"고 분석했다.

(2) 청와대 꼬리표 단 40명 친문재인 내걸고 질주

문재인 청와대 1기 참모진 중에는 임종석 비서실장, 한병도 정무수석, 윤영찬 국민소통수석, 진성준 정무기획비서관, 박수현 대변인 등이 등판 준비에 나섰고 2기 참모진 중에도 정태호 일자리수석, 이용선 시민사회수석, 김우영, 김영배, 민형배, 복기왕 비서관 등도 출마 선언이 예정됐다.

윤건영 국정기획상황실장, 강기정 정무수석, 고민정 대변인, 유송화 춘추관장의 출마 가능성도 거론됐다.

이밖에도 김의겸, 권혁기, 김광진, 김봉준, 나소열, 남요원, 송인배, 조한기, 최재관 등 비서관과 강정구, 백재욱, 오중기, 이신남, 임혜자, 천경득, 강화수, 김승원, 김태선, 남영희, 박남현, 박상현, 박영순, 윤영덕, 전병덕, 전진숙, 허소, 홍일표 행정관 18명도 출마에 뜻을 두고 뛰고 있는 것으로 알려졌다.

청와대 프리미엄이 주목 받은 이유는 당내 경선에서 '친문 마케팅'이 갖는 이점 때문이지만 본선에서는 선거 구도가 정권심판론으로 변질되면 청와대 명함은 오히려 악재가 될 수 있다고 우려했다.

지난 20대 총선 때에는 친박 마케팅이 실패했고 친박을 넘어 진박, 막판엔 '진박 감별사'도 등장하여 새누리당이 제2당으로 밀려났다.

이용선, 진성준, 박수현, 나소열, 복기왕, 조한기 비서관 등은 단수 공천으로 본선에 직행했지만 청와대 출신인 남요원, 김성진, 유송하, 백재욱, 김봉준, 김우영 후보들은 경선에서 패배했다.

(3) 20대 현역의원의 공천율은 73%인 94명

민주당 의원 129명 중 불출마 의사를 밝힌 20명을 제외한 109명이 도전할 기회를 얻었다.

더민주당은 20대 국회 현역의원 129명 가운데 94명을 다시 공천하여 재공천률이 73%에 달했다.

86세대인 이인영, 우상호, 윤호중, 전해철, 최인호, 황희 후보 등이 단수 공천을, 서영교, 김종민 의원 등은 당내 경선을 통과했다.

공항 갑질 논란에 휘말렸던 김정호 의원은 친문 중 유일하게 컷오프 됐다가 해당 지역구가 전략경선 지역으로 묶이면서 다시 경선 기회를 얻어 기사회생했다.

더민주당은 성추행 의혹으로 국회의원 사직서를 제출했던 민병두 의원을 컷오프했다. 신창현, 정재호, 오제세, 김정호 의원에 이어 5번째 컷오프다. 민병두 의원은 "결정이 부당하다고 보고 당헌·당규에 따라 재심을 청구하겠다"고 불복했다.

민주당은 세 차례 31명의 단수공천을 발표한 데 이어 38명의 단수공천을 실시하여 69곳의 공천이 확정됐다. 이 가운데는 이른바 '문돌이' 6명이 포함됐다.

이용선 전 시민사회수석, 진성준 전 정무비서관, 박수현 청와대 대변인, 나소열 전 자치분권비서관, 복기왕 전 정무비서관, 조한기 전 제1부속비서관, 고민정 청와대 대변인 등이다.

박병석, 변재일, 김부겸, 김영춘 의원을 공천하여 26명의 현역의원은 본선에 직행하게 됐다.

오제세 의원은 "이의 신청 뒤 받아들여지지 않으면 탈당 후 무소속으로 출마해 당선 후 복당했던 이해찬 모델을 실천할 것"이라고 선언하면서 "노영민 실장이 개입한 것이 틀림없다. 시스템 공천이 단번에 날아간 일"이라고 비분했다.

손혜원 의원은 "우리는 나중에 당이 어려울 때 부모를 부양할 마음가짐이 돼 있다"고 효자론을 내세웠다.

이해찬 대표는 "일부 탈당하거나 공천 부적격 판정으로 탈락한 분들이 민주당 이름을 사칭해 비례 후보로 나서는 바람에 여론 혼선이 빚어지고 있다"고 불평했다.

김형준 명지대 교수는 "공천 과정의 정확한 기준이나 원칙을 사전에 모두가 인정할 수 있는 방법으로 정해야 불복의 정치가 줄어든다"고 해설했다.

(4) 금태섭 의원의 경선 패배에 따른 여운

친조국 인물로 조국백서 필자인 김남국 변호사가 금태섭 의원 지역구인 강서 갑구에 공천을 신청하여 더민주당 지도부의 우려 속에 '친조국'대 '반조국'의 '조국 내전'이 불가피해졌다.

김남국 변호사는 "다윗과 골리앗의 싸움"이라며 "임전무퇴, 끝까지 간다"면서 "비겁하게 '조국 수호' 프레임 뒤에 숨지 말고 정정당당하게 선의의 경쟁을 펼쳤으면 좋겠다"고 도전했다.

김해영 최고위원은 "스스로 정치 영역에서 청년의 정신을 실현해 왔는지 되물어보기를 권한다"고 쓴 소리를 쏟아냈으나, 이해찬 대표는 "금태섭, 김남국은 당의 소중한 자산"이라며 조국 내전 중재에 나섰다.

정봉주 전 의원은 "김남국은 단 한 번도 서초동 집회 현장에 나오지 않았던 민주당 중도병에 빠진 의원들과는 결이 다른 사람"이라고 지지 의사를 밝혔다.

더민주당 지도부는 김남국 후보를 안산 단원 을구에 전략공천하고, 금태섭 의원에게 경선의 기회를 부여했다.

그러나 조국 수호 프레임을 경계하는 손절매론으로 김남국 변호사를 물리친 금태섭 의원이 더민주당 경선에서 무명의 정치 신인에게 패배하여 '친문 순혈주의 희생양'이라는 논란이 불거졌다.

중도층 표심을 대변해왔던 금 의원의 전선 이탈이 총선에 악영향을 미칠 것이라는 분석도 있지만, 일부 친문 의원들은 "당연한 결과"라고 맞섰다.

금 의원은 "제가 부족해서 패배한 것"이라며 승복했고, 조국 사태에 비판적 목소리를 냈던 조응천 의원은 "이 결과가 우리당의 소신 있는 의원들을 위축시키는 것으로 보일까 두렵다"고 말했다.

제3장 코로나와 문정부 실정에 대한 공방 치열

1. 코로나 사태로 정치와 경제가 위축

2. 적장 김종인을 영입하여 문정부를 공격

3. 문재인 정부 실정에 대한 날카로운 공격

4. 여론조사 추이와 전국적인 판세 전망

5. 21대 총선에서 잊혀져 가는 낙수(落穗)

1. 코로나 사태로 정치와 경제가 위축

(1) 코로나의 발병으로 전 세계가 갸우뚱

중국에서 발생한 이른바 우한 폐렴이 전 세계로 퍼지면서 각국은 확산을 막기 위해 비상 체제에 들어갔다.

중국은 홍콩, 마카오, 대만을 포함해 우한 폐렴 확진 환자가 하루 동안 544명이 늘었다고 발표했고, 세계보건기구는 급속한 전파의 가능성을 경고했다.

중국의 우한은 유령 도시가 됐으며 탈출 못한 시민들은 마트로 몰려가 사재기에 열중했다.

2020년 1월 28일에는 우한 폐렴 환자가 4명 발생하여 우한발 입국자 전수조사에 들어갔고, 전세기를 띄워 우한 교민 700명 철수 작전에 돌입했다.

보건사회부 당국에서는 우한 폐렴으로 알려진 코로나의 잠복 기간은 14일이며, 치사율은 메르스나 사스보다는 낮은 수준이지만 전염성은 더욱 강렬하다고 발표했다.

중국은 확진자가 1만 명에 육박하자 러시아, 몽골, 카자흐스탄의 국경을 폐쇄했고, 우리나라도 중국 후베이성 외국인의 입국을 금지했다.

세계 증시는 열흘새 3,000조 원이 증발됐고, 대중국 수출과 내수에도 모두 빨간 불이 켜졌다.

코로나 직격탄을 맞아 현대차 국내 공장이 올스톱했고, 학원가도 코로나 패닉 상태이고, 무료 급식소도 문을 닫았다.

세계 확진자 수가 1만 3,429명에 달하고 사망자가 1,873명에 달하자 문재인 대통령은 경제 상황을 비상시국으로 규정하고 모든 수단을 동원하여 특단의 대책을 강구하라고 지시했다.

무관중 프로야구 경기를 허용하고, 일본의 코로나 확진자와 사망자가 한국을 앞질렀다.

전국의 유치원과 초·중·고 개학을 무기한 연기했고, 공정성에 의문을 갖게 되는 온라인 시험이 검토됐다.

한국인 입국 금지 제한 국가가 102개 국가로 전 세계 국가의 절반이 넘었다

코스피 1,900선이 붕괴되어 패닉 상태가 됐고, 김포공항 국제선에 뜨고 내린 비행기가 한 대도 없었다.

차라리 실업급여를 타라며 중소 제조업체에서는 직원들을 해고하고 생산, 소비, 금융 모두가 코로나 중병으로 몸살을 앓게 됐다.

코스피 1,600선이 무너졌고 유가도 4년 만에 30달러선이 붕괴됐다.

일본은 1년 연기 때 7조 원의 손실이 불가피한 도쿄올림픽 연기를 검토했고, IOC는 도쿄올림픽의 1년간 연기를 결정했다.

코로나 해외 유입을 차단하기 위해 모든 입국자를 2주 격리하기로 했고 한국의 코로나 진단키트가 미국으로 수출됐다.

코로나 사태에 대한 발 빠른 대응에 여권 지지율이 반등했고, 정은경 질병본부장이 "한국 코로나 위기속 진짜 영웅"으로 평가됐다.

전세계 코로나 환자가 200만 명이 넘어선 상황에서 문재인 정부는 21대 총선을 강행하기로 결정하여 세계의 이목을 집중시켰다.

투표장 입장 때에는 발열체크를 하고 투표자는 1m 이상의 거리를 두고 비닐장갑을 끼고 투표하는 기현상으로 투·개표를 성공적으로 마무리했다.

(2) 교회의 밀집 예배 등으로 코로나가 확산

2020년 2월 20일 경북 청도 대남병원에서 코로나 첫 사망자가 나왔으며 전국적으로 확진자도 100명이 넘어섰고, 마스크가 동이 난 대구는 전쟁을 방불한 비상사태가 일어났다.

코로나가 신천지교회 동선 따라 전국으로 확산되어 대구 예배 후 하루 새 103명의 확진자가 폭증하고 모든 학교의 개학이 연기됐다.

이스라엘 성지순례 28명이 확진자로 판명되고, 부산 확진자 16명은 온천교회 신도였다.

전광훈 목사는 "하나님이 보호하사 우리는 코로나에 걸리지 아니하고 걸렸던 병도 낫는다"면서 야외 집회를 강행했다.

신천지 교회에서 14명을 전파시켜 국내 환자가 53명이며 대구-경북이 20명으로 모든 유치원에 휴업령을 내려 패닉 상태가 됐다.

신천지 교회 코로나 피해자 연대가 신천지 교회 이만희 회장을 고발했고, 이만희 회장은 대국민 사과 회견을 가졌다.

이만희 회장은 국민들께 사죄한다며 두 번 큰 절했고, 중대본의 신천지교회 강제 수사는 방역에 도움이 안 된다며 검찰이 압수수색 영장을 반려했다.

미래통합당은 신천지 이만희 회장이 새누리당 작명을 했다고 주장한 것은 거짓이라며 이만희 회장을 고소했다.

신천지교회 9,163명이 조사 불응한 가운데 유증상자가 대구 지역 외에서도 8,946명에 이르렀으며, 신천지교회 1,777명이 격리 치료를 거부하여 정부에서는 구상권 청구를 검토했다.

성남 은혜의강 교회에서 사회적 거리두기를 하지 않고 밀집 예배를 해 집단 감염으로 하루 43명의 추가 확진자가 발생했고, 서울 구로구에 있는 만민중앙교회에서 코로나 확진자가 급증하자 교회를 폐쇄하고 방역 작업에 들어갔다.

여의도 순복음교회가 주일 예배를 취소하고 온라인 예배로 대체했다.

2. 적장 김종인을 영입하여 문 정부를 공격

(1) 미래통합당은 적을 알고 있는 김종인을 영입

2012년 19대 총선 때는 새누리당에서 활동했고, 2016년 20대 총선 때는 민주당을 이끌었던 김종인이 선거를 20일 앞두고 다시 보수 정당의 선거사령탑이 됐다.

김종인 카드는 "적을 제일 잘 아는 전략가를 영입하면 승리한다"는 의도였다.

박형준 선대위원장은 "김종인 전 대표는 문재인 정부의 실정에 대해 국민들의 올바른 선택을 이끌어야 한다는 고심 끝에 미래통합당 합류를 결정했다"고 밝혔다.

김종인 위원장은 "문재인 대통령이 입만 열면 '사람이 먼저다'라고 얘기하는데, 문 대통령에게 '먼저'라는 것은 조국밖에 없다"며 "이런 엄중한 경제 상황에서 조국을 살려야 하나, 경제를 살려야 하나"고 조국을 선거 이슈로 대두시켰다.

김종인 위원장은 "코로나 바이러스균이 자기네들 실정을 덮어줄 것이란 사고에 빠진 것 같다"며 '정권무능론'을 부각시켰다.

김종인 위원장은 "다들 마스크를 쓰고 다니니까 정부도 마스크를 쓰면 지난 잘못이 다 감춰진다고 생각하는 것 같다"며 "조국이 마스크 쓴다고 윤석열로 변하지는 않는다. 윤석열이 법을 엄격히 하려고 애를 쓰니까 윤석열을 두려워하는 것"이라고 윤석열 총장을 옹호했다.

김종인 선대위원장은 이인영 더민주당 원내대표가 "고민정 후보가 당선되면 전 국민에게 긴급재난지원금을 지급하겠다"고 말한 것과 관련해 "'탄돌이'가 '코돌이'를 지원하려고 온 것 같다"고 꼬집었다.

김 위원장은 "코돌이는 청와대에서 나온 돌격대다. 돌격대들이 국회에 들어가면 나라 경제는 더 나락에 빠지고 대한민국의 질서는 파괴될 수밖에 없다"고 덧붙였다.

김종인 선대위원장은 "2004년 총선에서 대거 국회에 들어온 소위 '탄돌이'들이 정치를 좌지우지한다. 코로나를 틈타서 '청와대 돌격대', '코돌이'들이 대거 당선되면, 국회는 바이러스에 감염되고 이 나라는 진짜 망하는 것"이라고 호소하고, "믿어지지 않는 정신세계다. 문 대통령은 한 번이라도 국민 앞에 진실한 적이 있었나"라고도 비난했다.

김 위원장은 "나이가 여든인 제가 왜 선거에 뛰어들었느냐 이 나라의 장래가 너무 한심해 보여서…"라며 울먹였다.

윤호중 더민주당 사무총장은 "김 위원장의 선거운동을 보면 세르반테스의 소설 돈키호테가 생각난다"며 '황교안 애마'를 타고 '박형준 시종'을 앞에 데리고 대통령 탄핵이라는 가상의 풍차를 향해 장창을 뽑아 든 모습이라고 묘사했다.

(2) 김종인 위원장은 미래통합당 과반 의석을 전망

공천 내홍에 위기감을 느낀 황교안 대표가 삼고초려로 김종인을 영입하여 중도층을 겨냥한 공약을 내놓고 대권 레이스에서도 탄력을 받은 것으로 예상됐다.

김종인 위원장은 "과거 선거를 돌이켜보면 대통령 임기 말에 실시된 총선거에서 이긴 적이 없다. 지금은 과거 여당들이 선거를 치렀던 것보다 상황이 더 나쁘다. 미래통합당이 과반을 차지할 수 있을 것이라 확신한다"고 말했다.

김종인 위원장은 2012년에는 새누리당에 박근혜 전 대통령과 함께 총선·대선을 이끌었고, 2016년에는 더민주당에 합류해 총선에서 123석으로 새누리당을 이겨 여소야대 지형을 만들었다.

민주당의 총선 승리 뒤 김 전 대표는 대선 때까지 당의 주도권을 쥐고 갈 계획이었으나 친문진영이 "이제 우리가 당을 이끌겠다"고 나서면서 갈등을 빚다가 결국 탈당하고 파국을 맞았다.

김 위원장은 2017년 3월 더민주당을 탈당하면서 "나는 친문진영에 속은 사람", "다시는 친문진영과 상종하지 않겠다"고 선언했다.

이진복 미래통합당 선대본부장은 "침묵하는 보수의 응집력이 폭발할 것"이라며 "남은 15일 동안 '못 살겠다 갈아보자'는 유권자의 마음을 반영해 경제 문제를 지적할 것"이라고 밝혔다.

이에 호응하여 김종인 선대위원장은 "최대한 노력하면 과반 의석도 불가능한 건 아니다"고 전망했다.

김 위원장은 "도둑 떼가 검찰을 때려 부수려고 하는 나라가 지금 대한민국"이라며 "이번 선거야말로 국민이 죽느냐 사느냐를 스스로 결정하는 날이자 조국으로 대표되는 가짜 정의, 가짜 공정을 심판하는 날"이라고 했다.

김종인 위원장은 "미래통합당은 보수란 개념조차 모르면서 보수통합만 부르짖었다"며 "이러고도 위기의식을 느끼지 못한다면 앞으로도 희망이 없을 것"이라고 충고했다.

그는 "또 보수, 보수 찾으면 희망이 없다. 시대가 변하면서 보수니 진보니 하는 이데올로기가 작용을 안 한다. 사람들이 뭘 원하는지 대안을 제시해줘야 하는데, 그걸 안 하고 막연하게 보수, 보수 한다. 지금 미래통합당은 여당 비난만 했지 뭘 할 생각을 안 한다"고 쓴 소리를 쏟아냈다.

그러나 그는 "미래통합당이 정신 차리고 대처만 잘 하면 다음 대선에서 살아날 수 있는 계기가 될 수도 있다", "대선 주자가 없으니 쓸데없는 잡음이 안 생긴다. 궁지에 몰리면 누군가 나타난다. 위기의식을 느껴야 거기서 집약된 방안이 나온다"고 전망했다.

3. 문재인 정부 실정에 대한 날카로운 공격

(1) 황교안 미래통합당 대표의 공격과 한계

미래통합당 황교안 대표는 "현 정부가 나라 곳간을 쌈짓돈 쓰듯, 물 쓰듯 한다. 국가 부채가 1,700조 원"이라며 "맘대로 돈 펑펑 써가며 표 얻겠다는 문재인 정권 때문에 우리 아들딸 자손들이 빚더미에 앉게 됐다"고 공격했다.

황교안 대표는 "민주당에서 하루가 멀다 하고 차마 글로도 쓰기 민망한 여성 비하와 언어폭력이 쏟아진다"며 "심각한 상황임에도 제명도 사과도 없고 무시하며 외면하고 있다"고 문제화했다.

유시민 노무현재단 이사장의 진보진영의 180석 가능 발언에 대해 황교안 대표는 "나라를 망쳤는데도 180석이면 이 나라의 미래는 절망"이라며 "민노총, 전교조, 편향적 시민단체들이 완장 차고 더 득세하는 세상이 되고 사회주의와 연방제 통일을 가슴에 품었던 세력들이 자유민주주의를 부정하는 개헌까지 시도할 것"이라고 경고했다.

또한 황 대표는 "자기 맘대로 180석을 얻을 것이다. 얼마나 오만한가. 뭘 잘했다고 180석을 이야기하나"라며 "국민은 분노해있는데 그 분노를 잘 다듬어서 풀어갈 생각을 하지 아니하고 표 생각만 하고있다"고 목소리를 높였다.

황 대표가 'n번방' 가입자 차등 처벌에 이어 48.1cm짜리 정당 투표용지를 두고 "키 작은 사람은 듣지도 못한다"고 말하는 등 최근 잇따른 설화에 휘말리자 "사사건건 꼬투리만 잡는다"며 반박하면서 "이 오만함을 막으려면 우리에게 견제할 힘을 달라. 처절하게 낮은 곳으로 가겠다"고 호소했다.

황교안 대표는 "이 정권을 폭망정권이라고 생각한다"면서 "경제가 무너진 건 말할 것도 없고 성장률이 현저히 낮아졌다. 단기 알바만 늘고 있다. 고용이 정말 폭망하고 있다"고 폭망정권임을 재확인했다.

황교안 대표는 "민생은 도탄에 빠졌고 안보는 불안하고 외교는 고립됐다. 이제 대한민국은 바뀌어야 한다"고 역설했다.

황 대표는 "나라는 하루가 다르게 기울고 있는데 야당 대표로, 원외 정치인으로 한계가 있기에 너무나 큰 답답함을 느꼈다"고 고백했다.

황교안이 박근혜 정부 시절 총리로서 불통의 대통령에게 직언을 했는지는 알 수 없다. 그러나 "최순실씨가 청와대를 출입했다는 의혹도 전혀 사실이 아닌 것으로 알고 있다"고 국회에서 답변한 황교안은 그 자리에서 해야 할 일을 하지 못한 정치인은 수권 정당의 대표로 차기 대통령감으로 받아들이기는 어렵게 다가왔다.

(2) 미래통합당의 파상적인 문재인 정부 공격

미래통합당 이진복 본부장은 "당내 n번방 TF에서 많은 제보를 받았고 선거 중에 제시하려 한다"고 네거티브 캠페인에 불을 당겼다.

박형준 선대위원장은 "의회마저 개헌저지선까지 위협하는, 국회 선진화법이 무력화될 수 있는 의석을 여당이 가지면 민주주의에 엄청난 위기"라며 "여당의 180석 확보가 과장이 아니다"라면서 "이번 총선은 조국 살리기와 윤석열 지켜내기 대결"이라고 주장했다.

유승민 의원은 "민주당이 국회에서 180석을 차지하면 남은 문재인 대통령 임기 2년뿐 아니라 두고두고 소위 말하는 문재인 독재가 시작돼 아무도 말릴 수 없다"고 주장했다.

이진복 선대본부장은 "추락한 경제와 외교, 코로나 사태 이전 문재인 정권이 어떤 실정을 했는지 국민들을 일깨워야 한다"면서 "이번 총선은 지난 3년의 고통을 앞으로 2년 더 받을 것인가를 선택하는 의미"라고 강조했다.

미래통합당 조성은 n번방 TF 위원은 "민주당이 제 발 저린 것 같다"며 "사건 본질과 관계 없이 정치쟁점화한 이해찬 대표 등을 이 사회에서 치워내는 게 공당의 의무"라고 공격했다.

미래통합당 정원석 대변인은 "우리당을 향해 '천박하고 주책없는 당', '저열한 정당', '토착왜구'라 했던 이해찬 대표와 '돈키호테와 애마', '시종' 등이라 이름 붙이며 손가락질 했던 윤호중 사무총장의 발언은 역대급 막말"이라며 "여권 인사들의 연이은 망발은 미래통합당을 지지하는 일반 국민에 대한 모욕이자 우롱"이라고 비판했다.

"개헌 저지선을 위협하는 의석을 여당이 갖는다면 민주주의에 엄청난 위기가 올 것"이라는 박형준 선대위원장은 "보수층 가운데는 자신들의 의견을 대놓고 표현하는 게 좀 부담스러운 층이 여권보다 많다"며 "지금 여론조사에서 한 10%포인트 정도 차이나는 것들은 거의 붙어있는 것이라고 본다"고 주장했다.

더민주당 이근형 전략기획위원장은 "태극기 부대 등 본인이 보수라는 걸 드러내는 데 주저하지 않는 분위기가 만들어진 지 오래됐다"며 "샤이 보수를 감안하더라도 미래통합당의 지지도는 박스권에서 1년 동안 바뀐 적이 없다"고 반박했다.

이종걸 더시민당 의원은 "포르노처럼 공연하게 오로지 색정을 자극하는 영상물을 핑크무비 혹은 도색영화라 한다"며 "핑크의 이런 상징을 볼 때 미래통합당의 상징색을 핑크로 한 것은 놀라운 혜안", "감성과 가짜뉴스로 국민을 흥분시키는 현재의 행패와 미래의 행악(行惡)에 참 정확하게 부합한다"고 미래통합당의 핑크색을 비난했다.

(3) 미래통합당의 공격에 대한 더민주당 반격

정권 재창출을 노리는 더민주당이 '개혁의 완성'을 주장하고, 정권 교체를 노리는 미래통합당이 '폭주 견제'를 외치며 경쟁했다.

꼼수 비례당, 뒤집기 공천을 유권자가 심판해야 하지만 코로나로 정책, 이슈가 실종되어 깜깜이 선거가 되어 도대체 뭘 보고 표를 줘야할지 유권자들은 어리둥절 상태이다.

더민주당은 '1당 대세론'을 내세우면서도 "아직 2% 부족하다"고 호소했고, 미래통합당은 황교안 대표가 맨땅에서 큰절까지 하며 "정부 여당의 폭주를 견제할 힘을 달라"며 몸을 낮췄다.

"문재인 정부가 잘하고 있는데 야당이 이겨서 국회가 발목을 잡혀서는 결코 안 된다"는 이해찬 대표는 "안정적인 1당이 되려면 아직 2%가 부족하다. 박빙인 지역이 아주 많다"고 엄살 모드에 빠졌고, 박형준 선대위원장은 "개헌저지선 100석도 위태롭다는 것은 엄살이 아니다"라며 여당 견제를 역설했다.

더민주당은 유리한 판세 전망이 자칫 중도층 이탈 등의 역풍으로 이어질 수 있다는 점을 우려했다.

이해찬 대표는 "다음 대선에서 정권을 재창출하려면 이번 총선에서 승리가 간절하다"며 "당원 동지들이 조금만 더 힘을 모아 주시면 16년만의 과반 의석도 꿈만은 아니다"고 강조했다.

이해찬 대표는 "과반수 정당을 만들어야 문재인 대통령의 잔여 임기 2년 반을 안정적으로 이끌 수 있다"면서, "미래통합당이 단체로 무릎 꿇고 읍소한다고 간절함이 생기는 게 아니다. 급조한 선심성 공약을 내지르고 막말과 가짜 뉴스를 만들어내는데 진정성이 있을 수 없다"고 공격했다.

이해찬 대표는 "20대 국회 내내 삭발, 단식하는 등 국정 발목을 잡아 놓고 막상 선거가 급하니까 막말하고 터무니없는 경제 정책 이야기를 한다", "미래통합당은 일주일 전까지 과반 의석이라고 큰 소리 치다가 이제는 무릎을 꿇고 읍소한다. 정치가 추태를 부려선 안 된다"고 저격했다.

미래통합당을 겨냥해 이해찬 대표는 "토착왜구", "천박하고 주책없는 당"이라고, 백원우 전 청와대 비서관은 "국민에게 조롱으로 다가오는 정당, 쓰레기 같은 정당"이라고 비난하자, 정원석 미래통합당 대변인은 "함부로 벌린 입은 결국 재앙을 불러들이게 될 것"이라고 화답했다.

더민주당 김영춘 후보는 "부산에서 민주당 목표는 과반수인 10석"이라며 "과거 25년 보수 정당에서 쇠퇴만 거듭한 부산 경제를 되살리기 위해 민주당이 경쟁을 할 수 있는 의석을 달라는 뜻"이라고 해명했다.

(4) 코로나 방역 공방과 세계의 주목을 받은 총선

코로나 경제위기 속에서 치르는 총선에는 정부지원금과 정부심판론이 팽팽했다.

미래통합당은 중국인 입국 금지 이슈를 앞세워 정부의 방역 실패를 집중 공격했지만, 국내 확진자 수가 줄기 시작하면서 정부 여당에 대한 지지율도 반등했다.

미래통합당 곽상도 의원은 시중 약국을 대상으로 마스크를 유통하는 정부지정 업체인 '지오영'이 최근 한 달간 204억 원의 이익을 거뒀다고 주장했다. 그러나 지오영 관계자는 "950원에 사서 1,000원에 파는 구조다"라며 반박했다.

반면 더민주당은 "코로나19의 비상상황 속에서 치르는 선거"로 규정하며 조용한 선거를 콘셉트로 설정했고, 더민주당 후보들은 조용한 선거 기조에 맞춰 로고송을 크게 틀거나 선거운동원이 율동하는 것까지 자제했다.

정부의 코로나 추경 편성 계획에 황교안 대표는 "절대 선심성 낭비성이 되면 안 된다"면서 "더민주당은 선거에만 눈이 멀어 국민 혈세를 쌈짓돈으로 생각해 퍼줄 궁리를 하고 있다"면서, 반대 입장을 표명했다.

심재철 원내대표도 "지역사회 전파가 우려되는 상황인데도 대통령은 한가한 자화자찬을 늘어놓고 있다"고 지적했다.

그러나 김종인 위원장은 대학생, 대학원생에게 1인당 100만 원의 '특별재난장학금'을 지급하는 방안을 제시했다. "대한민국 국민은 1류, 정부는 2류, 청와대는 3류에 속한다는 말이 나온다"고 청와대 방역 대책을 공격했다.

재난지원금이 총선의 핫이슈로 떠올랐다. 이해찬 대표는 4인가구 100만 원을 주장하자 황교안 대표는 1인당 50만 원을 제시했다.

코로나 총선 탓에 유세장은 별 볼일 없어졌다.

문 대통령의 "총선이 끝나면 곧바로 추경안을 국회에 제출하겠다"면서 추경안 통과를 기다리지 말고 지급대상자들의 신청을 받으라고 지시한 데 대해, 김종인 위원장은 "선거 이후 지급하려 했던 재난지원금을 선거전에 지급하라는 얘기"라며 "선거에 돈을 살포해 표를 얻겠다는 심산"이라고 억지 주장을 일삼았다.

박형준 위원장도 "총선을 하루 앞두고 국민에게 재난지원금 나눠 줄 테니 줄 서라는 신호를 보내는 것을 도대체 선거 개입이 아니라고 어떻게 말할 수 있단 말인가"라고 흥분했다.

이낙연 공동선대위원장은 종로 유세에서 "정부여당이 긴밀하게 협의할 수 있는 체제가 갖춰져야 하는데, 그러자면 여당이 안정적 의석을 갖는 게 긴요하다", "코로나 19로 인한 재난을 재앙으로 키우지 않고 안정적으로 수습하려면 국정을 안정시켜야 한다"고 호소했다.

정부는 코로나 불안감에 투표소를 외면하지 않도록 투표소 입구에서 발열체크를 하고 고열이나 기침을 하는 유권자는 별도의 기표소에서 투표할 수 있도록 조치하고 마스크 착용을 의무화하고 1m 거리두기도 철저히 준수하도록 했다.

미국 CNN에서는 코로나19 확산으로 최소 47개국이 선거를 연기하거나 차질을 빚고 있으나 한국의 투표 절차 및 형식은 향후 새로운 참고 모델이 될 수 있다고 방송했다.

"사전투표나 부재자 투표 확대, 손 소독제 활용, 투표소 소독, 투표 대기 줄 3피트 간격 유지 등을 코로나 국면에서 선거에 활용할 수 있다"고 긍정적으로 평가했다.

영국의 BBC 방송은 "한국은 전쟁 때도 대선을 진행했다"며 "이번 선거가 코로나19 재확산을 촉발할지 모른다는 두려움도 있지만 현재로선 한국이 팬데믹(대유행) 속에 무엇이 가능한지 또 한번 증명하려는 듯하다"고 극찬했다.

이탈리아 라스탐파 일간지는 "코로나19에 대한 모범방역 체계를 제시한 것처럼 한국은 현 상황에서 어떻게 선거를 치러야 할 지를 보여줬다"고 평가했다.

4. 여론조사 추이와 전국적인 판세 전망

(1) 지역별 접전 상황과 전망

서울에서는 동작을(이수진-나경원), 광진을(고민정-오세훈), 송파을(최재성-배현진), 중-성동을(박성준-지상욱)을 초접전지역으로 꼽고 있다.

경기권에서는 고양정(이용우-김현아), 성남 분당갑(김병관-김은혜), 용인정(이탄희-김범수) 등이 대표적인 초접전지역이다.

수도권에서 더민주당은 96석, 통합당은 31~35석을 예상하고 있다.

더민주당은 부울경에서 대통령 지지율 상승세에 힘입어 막판 분위기가 올라오고 있다며 현재 의석수에 부산 사하(배재정-장제원) 등에서의 추가를 기대하고 있다.

반면 미래통합당은 36석을 기대하면서 부산진 갑에서 서병수 후보가 민주당 김영춘 후보를 꺾고 정권심판론을 구현할 수 있을 것이란 기대감이 크다.

TK 지역에서는 대구 수성을(이인선-홍준표), 호남 지역에서는 순천-광양-곡성-구례갑(소병철-노관규), 남원-임실-순창(이강래-이용호)에서 이길 경우 싹쓸이도 가능하다는 분석이다.

강원에서는 통합당이 6석을 기대하고 있는 가운데 더민주당은 춘천-철원-화천-양구갑(허영-김진태)에서 승리할 경우 당선자 3명을 낼 수 있을 것으로 기대하고 있다.

제주는 민주당이 3석 모두를, 미래통합당은 1석을 기대하고 있다.

미래통합당은 충청 일대에서 막판 상승세가 감지된 만큼 수도권에서 잃은 예상 의석을 만회할 수 있을 것이라는 기대감도 갖고 있다.

더민주당 이해찬 대표는 "더시민당 비례 의석만 17석이 넘으면 제1당은 틀림없고, 어쩌면 16년 만에 과반을 넘을 수 있을 것 같다"고 예상했다.

(2) 여론조사 추이와 주요 정당의 의석 전망

여론조사에서 서울 종로는 이낙연 58.4%, 황교안 30.1%로 오차범위를 벗어났고, 광진을은 고민정 38.1%, 오세훈 41.3%로, 동작을은 이수진 53.6%, 나경원 37.9%로, 강남을은 전현희 44.8%, 박진 40.7%로 더민주당 후보들이 우세를 유지하고 있다.

지방의 격전지는 6곳으로 부산 남을은 박재호 46.9%, 이언주 43%이고 대구 수성을은 홍준표 32.6%, 이인선 30.5%, 이상식 24.5%이다.

세종 을구는 강준현 50.2%, 김병준 29.5%로 격전지 예상을 빗나갔고 고양갑은 심상정 40.1%, 문명순 24.2%, 이경환 22.7%이다.

강원 원주갑은 이광재 47.6%, 박정하 26.6%, 권성준 7.9%이고 경남 김해을은 김정호 46.8%, 장기표 27.8%이다.

여론조사 결과를 바탕으로 중앙일보가 예측한 의석수는 지역구에서는 민주당 149석, 미래통합당 94석, 정의당 1석, 무소속 8석으로 예상했다.

비례대표 예상 득표율은 더시민당 31.5%, 미래한국당 31.9%, 열린민주당 11.9%, 정의당 11.3%, 국민의당 6.9%로 더시민당과 미래한국당이 각각 16석, 열린민주당 6석, 정의당 5석, 국민의당 4석이 가능할 것을 분석됐다.

그리하여 더민주당은 165석, 미래통합당 110석을 확보하여 민주당이 단독 과반을 훌쩍 넘어설 것으로 전망했다.

동아일보는 전국 주요 격전지 20곳을 선정하여 여론 추이를 분석, 발표했다.

여기에는 서울 종로(이낙연 55.1%-황교안 34.5%), 구로을(윤건영 48.3%-김용태 30.2%), 광진을(고민정 47.1%-오세훈 38.4%), 동작을(이수진 48.5%-나경원 36.6%), 인천 동-미추홀을(남영희 30.5%-윤상현 29.8%), 남동갑(맹성규 37.1%-유정복 46.9%), 경기 고양갑(심상정 34.5%-문명순 33.5%), 고양정(이용우 46.8%-김현아 37.9%), 안양 동안을(이재정 46.8%-심재철 33.6%), 성남 중원(윤영찬 42.0%-신상진 30.2%), 전남 목포(김원이 38.3%-박지원 31.0%), 전북 전주병(김성주 60.1%-정동영 27.4%), 대구 수성갑(주호영 53.4%-김부겸 34.8%), 수성을(이인선 34.6%=홍준표 29.1%), 부산 부산진갑(김영춘 40.9%-서병수 39.0%), 남구을(박재호 51.4%-이언주 39.2%), 충남 공주-부여-청양(박수현44.6%-정진석 34.4%), 충북 보은-옥천-영동-괴산(박덕흠 47.1%-곽상언 38.4%), 강원 강릉(김경수 24.8%-권성동 24.6%), 제주 제주갑(송재호 34.8%-장성철 28.0%)이며 이 가운데 인천 동-미추홀을(윤상현), 충남 공주-부여-청양(정진석), 대구 수성을(홍준표), 부산 부산진갑(서병수), 강원 강릉(권성동)에서 선두가 뒤바뀌었다.

더민주당은 서울 36~38석, 인천·경기 45~47석, 충청권 14~15석, 강원·제주 4~6석, TK 0~1석, PK 6~7석, 호남권 25석으로 81~85석을 예상하고, 미래통합당은 서울 16~17석, 인천·경기 25~27석, 충청권 18석, 강원·제주 6석, TK 23~25석, PK 35석, 호남권 0석으로 41~44석을 전망했다.

그리하여 비례정당을 포함할 경우 더민주당은 130~139석, 미래통합당은 123~128석을 전망했다.

더민주당은 지역구에서 '130+a'란 틀을 예상하며 위성정당의 비례대표 의석수를 더하면 과반을 할 수 있다는 계산이다.

미래통합당은 지역구에서 125~130석을 자체 전망했다. 성동규 여의도 연구원장은 최대 145석까지 가능하다고 분석했다.

접전 지역구의 여론조사 결과는 청주 흥덕은 도종환 44.3% 대 정우택 38.3%, 목포는 김원이 42.8%, 박지원 30.2%, 윤소하 16.7%이고 대구 수성갑은 주호영 46.2%, 김부겸 39.7%이고 수성을은 홍준표 32.4%, 이인선 30.4%, 이상식 26.2%로 나타났다.

부산 남구을은 박재호 46.5%, 이언주 42.3%로, 양산을은 나동연 45.0%, 김두관 41.5%로 발표됐으나 전 경남도지사인 김두관 후보가 전 양산시장인 나동연 후보에게 역전승했을 뿐이다.

(3) 역시나 총선은 여론조사의 무덤

21대 총선 사전 투표율이 역대 최고치인 26.7%, 1,174만 2,677명을 기록하면서 표심 향배에 대한 다양한 관측이 나오고 있다.

사전 투표는 출구조사 표본에서 제외된 만큼 이번 출구조사의 정확성에 대한 유권자들의 관심도 집중됐다.

최근 총선 출구조사 예측은 적지 않게 어긋났다. 18대 총선에서는 제1당을 맞히지 못했고, 19대 총선은 새누리당과 민주통합당 의석수 예측을 모두 틀렸다.

다만 20대 총선에선 의석수 확보 예상 범위를 늘려 의석수는 맞췄을 뿐이다.

홍형식 한길리서치 소장은 "사전투표자와 본 투표자의 성향 차이를 분석할 수 없어 결과를 제대로 맞히기 힘들 것"이라고 우려했다.

72억 원 들인 출구조사에서 KBS는 더민주당 155~178석, 미래통합당 107~130석을 예견했고, MBC는 더민주당 153~170석, 미래통합당 116~133석을, SBS는 더민주당 154~177석, 미래통합당 107~131석을 예상했다.

투표 결과는 더민주당 180석, 미래통합당 103석으로 세 방송사의 출구조사는 실제와의 오차가 극심했다.

방송 3사는 유례없이 높은 사전투표율과 코로나19로 인한 대면조사 기피, 샤이보수 등의 이유를 내세웠지만 변명의 여지는 적다.

KEP 측은 "지난 10년간 여러 선거에서 축적된 선거구 경향성과 인물에 대한 평가 등 각종 데이터와 노하우를 활용하면서 정확도가 향상될 수 있었다"고 밝혔다.

19대 총선 때는 새누리당과 민주통합당이 비슷한 의석을 확보할 것으로 예측했고, 20대 총선에서는 새누리당이 제1당을 차지할 것으로 예상했다.

그러나 19대 총선에선 새누리당이 152석, 민주통합당이 127석으로 25석의 격차를 보였고, 20대 총선에는 새누리당 122석, 더민주당이 123석을 차지했다.

총선은 '여론조사의 무덤'이라는 말이 퍼질 정도로 정치권과 일반 대중은 여론조사 기관의 예측을 불신했다.

그러나 이번 21대 총선 여론조사는 지난 20대 총선과 비교하면 오차가 많이 줄어든 것으로 나타났다.

이는 집 전화번호에 기반한 조사를 탈피하여 안심번호를 활용해 조사하는 방식으로 바뀌었기 때문이다.

여론조사 예측인 플랩팀의 예측치는 더민주당 152석, 미래통합당 93석이었으나 실제 투표 결과는 더민주당 163석, 미래통합당 84석이었다.

더민주당은 11석을 과소 추정했고, 미래통합당은 9석을 과대 추정한 것으로 나타났다.

여론조사 기관에서는 대전 동구 통합당 이장우 의원과 인천 부평 갑구 통합당 정유섭 의원의 낙승을 예상했으나 민주당 장철민, 이성만 후보들에게 패배했다.

이밖에도 서울 강동갑(이수희 47.5%, 진선미 41.0%), 경기 분당을(김민수 42.0%, 김병욱 33.4%), 경기 용인병(이상일 44.9%, 정춘숙 37.0%), 경기 이천(김용진 45.7%, 송석준 38.8%), 충북 증평-진천-음성(경대수 47.1%, 임호선 40.5%), 충남 공주-부여-청양(박수현 44.6%, 정진석 37.2%), 충남 아산갑(복기왕 46.9%, 이명수 49.8%), 전남 순천-광양-곡성-구례갑(노관규 41.4%, 소병철 35.2%)에서 여론조사 열세 후보들이 당선됐다.

선거 결과 왜곡에 대한 우려 때문에 선거 일주일 전부터는 여론조사 결과를 공개할 수 없는 소위 '깜깜이 구간'을 없애야 한다는 의견이 많다.

많은 여론조사 전문가들은 SNS 등을 통해 정보 접근성이 높아진 요즘 시대에 맞지 않는 제도라는 비판의 목소리가 높아지고 있다.

미국, 영국, 독일, 스웨덴, 호주 등 민주주의가 성숙한 많은 선진국은 상당수가 여론조사 공표 금지 기간을 두지 않고 있다.

공표 금지 조항이 있는 나라들의 평균 금지 기간도 우리보다 짧은 4~5일이다.

한규섭 서울대 언론정보학과 교수는 "매체 환경이 많이 달라진 요즘은 SNS를 통해 잘못된 정보, 가짜뉴스, 일부 정치인의 악의적이고 의도적 목적의 발언 등이 유통될 가능성이 더 커졌다"면서 "공신력 있는 기관이 여론 조사만을 특별히 제한한 명분이 부족하다"고 공표 금지 기간 폐지를 주장했다.

4. 21대 총선에서 잊혀져 가는 낙수(落穗)

(1) 선거 변수로 떠오른 여야 10대 사건

이번 선거 정국을 뒤흔들었던 여야의 결정적 장면은 더민주당은 "선거에서 더민주당을 빼고 찍어야 한다"는 취지의 칼럼을 쓴 임미리 고려대 교수를 공직선거법 위반으로 검찰에 고발했다가 역풍을 맞았고, 홍익표 대변인의 '대구-경북 봉쇄' 발언은 가뜩이나 들끓었던 '코로나 민심'에 기름을 부었다.

"이번 총선을 조국 수호 선거로 치룰 수 없다"는 금태섭 의원에게 '조국백서' 공동 저자인 김남국 변호사가 도전하여 조국 공천 논란에 지도부는 김남국 변호사를 경기 안산 단원을구에 전략 공천했으나 금태섭 의원은 당내 경선에서 패배했다.

비례대표용 위성정당을 꼼수라고 비판했던 더민주당이 총선을 한 달 남겨두고 위성정당을 출범시켜 야권은 물론 정계에서 호된 비판의 대상이 됐다.

더민주당 공천에서 부적격 판정을 받은 정봉주 전 의원이 손혜원 의원과 열린민주당을 창당하여 더불어시민당과 친문 정통 경쟁을 벌이며 '진짜가 나타났다'라고 주장했다.

자유한국당은 연동형 비례대표제 강행 처리를 무력화하기 위해 사상 초유의 비례대표 전용 위성정당 창당 작업에 돌입했다.

미래한국당 황교안 대표는 총선 불출마를 선언한 한선교 의원에게 비례 위성정당을 맡겼으나 비례대표 후보 선정에서 '황선교 난'을 일으켜 사퇴하면서 "참으로 가소로운 자들이 개혁을 막았다"고 주장했다.

김형오 미래통합당 공천관리위원장은 중진들의 용태와 영남권에 대한 물갈이를 이끌어냈지만, 사천 논란 등 당 안팎의 반발에 부딪히며 사퇴했고, 황교안 대표는 6개 지역구 공천을 뒤바꾸는 '막판 뒤집기'를 감행했다.

황교안 대표는 김형오 공천관리위원장과의 갈등으로 무산됐던 김종인을 삼고초려 끝에 영입하여 총괄선대위원장을 맡겼다.

미래통합당은 노인비하 논란에 휩싸인 김대호, 세월호 유족 성적 비하 논란을 일으킨 차명진 후보들을 제명조치했으나 수도권 지지율이 크게 빠지는 등 막말 논란이 총선의 최대 변수로 떠올랐다.

(2) 여·야 합의로 선거구를 최소한으로 조정

선거관리위원회는 인구 하한 13만 6,565명, 상한 27만 3,129명을 제시했다. 하한에 해당하는 지역구는 3곳, 상한에 해당하는 지역구는 15곳으로 18곳의 조정이 불가피했다.

인구 하한 미달은 부산 남구을, 전남 여수갑 등이고 인구 상한 초과는 수도권 10곳, 세종, 춘천, 전북 전주병, 경남 김해갑 등이다.

중앙 선거관리위원회 선거구 확정위원회는 세종, 경기 화성, 강원 춘천, 전남 순천을 분구하되 노원 3구를 2개구로, 안산 4구를 3개구로 축소하고 강원과 전남에서 1개구 감축안을 국회에 제출했다.

이 확정안에 따르면 강원도 속초-철원-화천-양구-인제 선거구는 서울의 8배에 달하는 공동선거구가 탄생하고 전남의 영암-무안-신안 선거구도 해체하여 인근 선거구에 병합되는 것으로 조정됐다.

그러나 더민주당, 미래통합당, 민주통합의원 모임 원내 대표는 선거구 확정위원회가 제출한 확정안이 공직선거법의 취지와 정신을 훼손했다고 주장하며 거부하고, 세종시를 분구하고 경기도 군포 갑·을구를 단일구로 하되 다른 선거구는 현행을 유지하기로 합의하여 21대 총선의 선거구가 확정됐다.

선관위는 '투표로 100년 친일 청산하자'는 구호는 허용하되, '민생 파탄 투표로 막아주세요', '거짓말 OUT 투표가 답이다'를 선거법 위반으로 해석한 데 대해 미래통합당 김우석 대변인은 "심판이 장내에 들어와 한쪽 편 선수의 손발을 잡아 방해하고 있다"며 "이런 선거, 이런 선관위는 군사독재 시절에도 없었다"고 반발했다.

(3) 유시민 노무현재단 이사장의 180석 논란

미래통합당의 기존의 심판론 대신 견제론으로 선회한 데는 최근 범여권 인사들의 잇따른 총선 압승 발언이 계기가 됐다.

유시민 노무현재단 이사장이 "비례 의석을 합쳐서 범진보 180석이 불가능한 것이 아니다"는 발언이 논란이 됐다.

김종인 위원장은 "지금까지 180석 운운한 정당 중에 선거에서 성공한 정당은 없었다", "조국 바이러스와 밀착된 사람들은 이번 총선에서 반드시 사회에서 격리해야 한다"고 비난했다.

이낙연 선대위원장은 "누가 국민의 뜻을 안다고 그렇게 함부로 말할 수가 있는가"라고 공개적으로 비판했다.

양정철 민주연구원장도 "더 절박하고 더 간절하게 몸을 낮추고 국난 극복을 호소해야 겨우 이길까 말까 하는 상황"이라고 엄살 모드에 빠졌다.

황교안 대표는 "이 정부, 자기들의 목적을 위해 무슨 짓을 할지도 모릅니다. 이미 한 거 보시지 않았습니까"라고 비난했다.

양정철 민주연구원장은 유시민 이사장의 발언과 관련하여 "우리가 다 이긴 것처럼 의석수를 예상하며 호언하는 사람들의 저의를 의심해 볼 필요가 있다"고 비난했다.

이에 손혜원 의원은 "양정철 원장이 그런 이야기를 한다는 것은 부적절하다고 생각해 '많이 컸다'는 얘기를 하지 않을 수 없다"고 반박했다.

유시민 이사장은 "보수 쪽에서 악용할 빌미를 준 것이 현명하지 못했다"면서 "범진보가 180석이 되면 좋겠다"는 이야기를 했고, "박형준 미래통합당 선대위원장이 맨 먼저 발언을 낚아챘다"고 변명했다.

유시민 이사장은 "민주당이 180석이 안 될까요, 비례 포함에서"라는 질문에 "불가능하다. 과한 욕심이다. 그런데 투표를 열심히 하면 범진보를 다 합쳐 180석이 불가능한 일은 아니지 않냐"며 희망사항을 이야기한 것이라고 해명했다.

유 이사장은 "범진보가 국가 위기 극복을 위해 최대한 의석을 가져보자는 희망을 얘기하는 게 무엇이 오만이고 폭주인지 잘 모르겠다"고 항변했다.

김우석 미래통합당 대변인은 "유 이사장의 발언은 요설의 끝을 보여준다. 오만한 발언 후의 무책임한 발뺌"이라고 비판했다.

유시민 이사장은 '범여권 180석 발언'과 관련하여 "보수 쪽에서 악용할 빌미를 준 것이 현명하지 못했다"고 사과했다.

(4) 차명진, 김대호 후보들의 막말 퍼레이드

미래통합당 부천 병구 차명진 후보는 "세월호 유가족이 문란한 행위를 했다"는 발언으로 탈당 권유 처분을 받았다.

미래통합당 윤리위로부터 탈당 권유를 받았지만 그 이후에도 "당장 세월호 텐트의 진실, 검은 진실, 연애질 여부를 밝혀라"라고 말하는 등 공세를 멈추지 않자, 미래통합당 최고위가 윤리위 결의 없이 제명하는 강수를 두었다.

미래통합당은 최고위원회를 열어 '세월호 텐트' 발언으로 물의를 빚은 차명진 후보를 제명했다.

그러나 차명진 후보는 제명 결정에 반발해 서울 남부지법에 '효력정지 가처분 신청'을 냈고 법원이 인용했다.

법원은 "미래통합당은 중앙윤리위를 열고 의결한 사실이 없고, 정당한 사유 없이 제명자에게 소명 기회를 부여하지 않은 것으로 보인다"며 "차 후보가 제명으로 인해 공무담임권을 박탈당하는 등 불이익 정도를 고려할 때 소명기회 박탈은 절차상 중대한 하자에 해당한다"고 밝혔다.

차명진 후보는 "당 지도부가 저의 바른 말을 막말로 매도하는 자들의 준동에 놀아나지 않을 것"이라며 "선거운동을 더 열심히 하겠다"고 밝혔다.

황교안 대표는 "가처분에 대한 법원 결정일 뿐 저희는 차 후보를 공식 후보로 인정하지 않는다"고 말했다.

김종인 위원장은 "선대위원장으로서 나는 그 사람을 후보로 인정 안 한다"고 했고, 현근택 더민주당 대변인은 "결국 차 후보를 국회의원 자리에 앉히고 말겠다는 속내를 드러냈다"며 "인면수심이란 비판도 아깝다"고 비판했다.

미래통합당 김대호 후보는 "60,70대는 대한민국이 열악한 조건에서 발전을 이룩했는지 잘 아는데 30대 중반부터 40대는 잘 모르는 것 같다", "50대들의 문제의식에는 논리가 있는데 30대 중반, 40대는 논리가 없다. 거대한 무지와 착각"이라고 발언한 데 대해 황교안 대표는 "아주 부적절한 발언"이라고 무마했다.

그러나 김대호 후보는 "저 어둠 속에서 음흉한 미소를 지으며 작업 대성공에 쾌재를 부르는 놈들이 뒤통수를 갈기는 방법은 당선"이라고 선거운동을 지속했다.

더욱이 김대호 후보는 "장애인들은 다양하다. 1급, 2급, 3급… 나이가 들면 다 장애인이 된다"면서 "장애인과 비장애인이 모두 이용하는 다목적 시설이 돼야 한다"고 역설했다.

미래통합당은 최근 세대 비하 논란과 세월호 유가족에 대한 성적 표현 등 막말 논란이 확산되면서 수도권 판세에 빨간불이 켜졌다.

(5) 언론에 회자된 인물들의 언행(言行)

더민주당 김해영 최고위원은 "청년정치에서 생물학적 나이보다 중요한 게 청년정신"이라며 "김남국 변호사가 스스로 정치 영역에 청년의 정신을 실현해왔는지 되물어보길 권한다"고 공격하자, 박용진 의원도 "정봉주, 김의겸, 문석균에 대한 부정적인 민심을 절감했던 당의 균형 감각이 최근 왜 흔들리는지 모르겠다. 공든 탑이 와르르 무너질 수 있다", "국민에게 오만과 독선, 아집으로 비칠 수 있는 일은 용납돼선 안 된다"고 화답했다.

김남국 변호사는 "금태섭 의원님, 비겁하게 조국 수호 프레임 뒤에 숨지 마십시오", "반성하고 되돌아봐야 할 분은 김해영 최고위원"이라고 반격했다.

'조국 공천' 논란 당사자인 더민주당 김남국 후보가 과거 성인 팟캐스트에 출연한 사실이 뒤늦게 밝혀져 논란이 되고 있다.

미래통합당 박순자 후보는 김 후보가 출연한 '쓰리연고전' 일부 내용을 공개하면서 "대화가 저급하고 적나라해 차마 입에 담기 힘든 정도"라며 "텔레그램 'n번방'에서 성착취 영상물을 본 것과 무엇이 다르냐"고 비판했다.

김남국 후보는 "박순자 후보가 문제 삼고 있는 저급하고 적나라한 발언들은 제가 직접 한 바 없다"며 "진행자가 아닌 연애 상담을 듣는 청년으로 출연했고, 다른 출연자 발언에 대한 제지는 진행자의 권한"이라고 해명했다.

미래통합당은 "노인 폄훼 발언으로 물의를 일으킨 김 후보를 당장 제명하라"며 "김 후보 측 행태는 '노인은 투표할 필요가 없다'는 민주당의 고질적인 세대 폄하 인식으로부터 기인한 것"이라고 비판했다.

김 후보는 "해당 글을 쓴 사람은 공식 선거운동원이 아니다"라며 "캠프에서 참여자들이 올리는 내용을 사전에 관리할 수 없었다"고 해명했다.

더불어시민당 우희종 대표는 "촛불 시민은 힘을 모아 여의도에서 이제 당신의 거취를 묻고 있다. 그토록 무소불위의 권력을 지닌 당신, 이제 어찌할 것인가"라고 윤석열 검찰총장을 겨냥했다.

우희종 대표는 "검찰권력, 헌법권력 등 모든 것을 손아귀에 넣고 좌지우지하겠다는 제왕적 발상"이라고 공격했다.

이에 미래통합당 김성원 대변인은 "여당에서 국민의 뜻을 왜곡하며 무소불위의 권력을 가진 것처럼 생각하는 위험한 발언이 나오고 있다"고 비판했고, 김용태 의원도 "기다렸다는 듯이 윤석열 총장의 목을 베겠다고 나선 당신의 후안무치에는 준엄히 경고한다"면서 "전쟁에 이겼다고 전쟁 전에 저지른 범죄는 다 무죄가 되는가. 거짓을 진실이라 우기는 것에 대해선 결단코 용납할 수 없다"고 옹호했다.

그냥 고언(苦言)하면 내부 총질이 돼 버려 불출마를 선언했다는 자유한국당 김세연 의원은 "한국당은 수명이 다했다. 존재 자체가 민폐다. 황교안 대표를 포함해 의원 전원이 내년 총선에 불출마하자"고 제안했다.

이에 황교안 대표는 "총선에서 국민에게 제대로 평가받지 못하면 나부터 책임지고 물러나겠다"고 응답했다.

"진박 감별사가 판치던 2016년 총선 직전보다 더 처참하다"는 김용태 의원은 "공천이 곧 당선이란 환상에 빠져 지도부를 비판않고 공천에만 관심을 갖는 108명의 한국당 의원들은 물갈이 돼야 한다"면서 "미래한국당이 희생하는 모습을 보여야 한다"고 강조했다.

김무성 전 새누리당 대표는 청와대 현기환 정무수석이 찾아와 박근혜 대통령이 넘기라고 했다며 살생부를 건네받았으며 여기에는 유승민, 서청원, 이재오, 정두언, 김용태 등 40명의 명단이 포함됐고, 옥새파동은 친박 측의 가짜뉴스로 부산에 갔지만 대표 직인은 새누리당 금고에 있었으며 박근혜 대통령이 탄핵 아닌 공천 갈등 때 이미 더민주당으로 정권 교체가 시작된 셈이라고 회고했다.

황교안 대표의 박찬주 영입을 놓고 "비슷한 성향만 골라 영입하여 신선감이 없다"고 호된 비판을 받았다.

YS는 재야운동권을 파격 영입하여 필패로 몰린 신한국당이 제1당을 사수할 수 있었고, DJ는 이인영, 우상호 등 386 운동권을 대거 영입하여 현재 더민주당 주요 세력으로 자리 잡도록 했다.

18대 총선 때는 뉴타운 광풍으로 한나라당이 대폭 물갈이 한 통합민주당을 대파했고, 19대 총선에서는 '나꼼수' 김용민의 잘못된 영입으로 민주통합당이 곤혹을 치뤘다.

(6) 총선 전망에 대한 전문가들의 소론

가상준 단국대 교수는 "코로나 때문에 문재인 정부의 경제, 외교 실정 이슈가 다 묻혀버렸다"며 "표 차이는 적더라도 민주당이 앞설 것"이라고 전망했다.

윤종빈 명지대 교수는 "집권 3년차 선거로 여당에 유리한 구도가 아닌데 야당이 유권자들을 사로잡지 못했다. 심판론이 작동하지 않는 것은 야당 탓이 크다"면서도 "진보진영이 과반을 하겠으나 한쪽으로 크게 쏠리지 않을 것"이라고 예단했다.

임성학 서울시립대 교수, 박명호 동국대 교수도 각각 "진보진영이 턱걸이로 절반을 넘길 것 같다", "민주당이 약간 우세할 것"이라는 의견을 제시했다.

정치 컨설팅 '민'의 박성민 대표는 "어디가 이길지 모르겠다", 신창운 인하대 교수도 "코로나 정국이라 누가 이길지 가늠이 어렵다"고 판단을 유보했다.

김형준 명지대 교수는 "조국 사태 이후 정권의 정체성이 훼손됐고 경제는 어렵고, 젊은 층은 이탈하였지만, 민주당이 과반을 넘지 못할지라도 범여권이 160석 안팎을 차지할 것이다"고 전망했다.

박성민 정치컨설팅 민 대표는 "위기를 인정해야 해법을 받아들일 수 있다. 하지만 아직도 자기들이 주류라고 생각하고 '보수표가 뭉치면 이긴다'고 하고 있다"고 비판했다.

연초만해도 통합당에서는 경제실정에 이어 지난해 조국 사태의 후폭풍으로 심판론이 득세할 거란 기대감이 있었다. 더구나 1대1의 진검승부라는 선거구도 역시 불리하지 않다고 전망했다.

그리하여 "보수 지지층이 결집했다"며 '숨은 보수'가 있다는 믿음에 기댔다.

제4장 진보진영이 사상 최대인 190석을 석권

1. 리더십 부재, 공천 잡음, 막말 겹쳐 패배

2. 이번 총선에서 쏟아져 나온 화제들의 모음

3. 21대 국회에 등원하는 영광의 얼굴들

1. 리더십 부재, 공천 잡음, 막말 겹쳐 패배

(1) 코로나 국난 극복에 힘을 실어준 민심

21대 총선의 투표 결과 더민주당이 지역구에서 163석을 석권한 반면, 미래통합당은 84석을 차지했고 정의당 심상정 대표와 무소속 홍준표, 윤상현, 권성동, 이용호, 김태호 후보들이 당선됐다.

비례대표 47석은 미래통합당의 자매정당인 미래한국당이 19석을, 더민주당의 자매정당인 더시민당이 17석을 배분받았고, 정의당이 5석, 안철수의 국민의당이 3석, 친문세력이 주축이 된 열린민주당이 3석을 나눠가졌다.

더민주당 163석, 더시민당 17석, 정의당 6석, 열린민주당 3석에 무소속 이용호 의원을 합산하면 진보진영이 190석을 석권했고, 안철수의 국민의당과 무소속 4명을 병합해도 보수진영은 110석에 불과했다.

승패의 갈림길인 수도권은 더민주당 103석 대 미래통합당 16석으로 더민주당이 석권했고, 서울의 득표율에 있어서도 더민주당이 27.5%로 미래통합당의 21.5%를 압도했다.

중도보수는 문재인 정부에 비판적이지만 미래통합당을 수권정당으로 인정 안 한 것으로 나타났다.

그러나 윤성이 경희대 교수는 비례대표 투표 결과 범진보진영의 득표율이 48.5%인데 비해, 범보수진영의 득표율이 40.6%임을 들어 "보수정당이 완패한 것은 맞지만 보수가 실패한 것은 아니다"라고 분석했다.

윤 교수는 "보수의 지지층은 여전히 공고하지만 미래통합당이 수권정당으로서 인정받지 못한 것이 원인"이라며 "여당이 압승한 것은 맞지만 이는 유권자가 여당을 압도적으로 지지했다기보다는 대안 세력으로서 미래통합당이 인정받지 못한 것"이라고 해석했다.

윤성이 교수는 "보수 정당이 지역주의와 진영논리를 넘어설 수 있는 새로운 대결구도를 만들지 못했다"며 "그 결과 중도보수 성향의 유권자들을 끌어오는 데 실패했다"고 지적했다.

진중권 전 동양대 교수는 "일본은 자민당이 1당이고 다른 정당을 다 합쳐 0.5당이다. 한국은 이제 민주당이 1당"이라며 민주당은 오만에 빠져서는 안 된다고 경고했다.

윤광일 숙명여대 교수는 "제1야당이 예전과 달리 영남 축소판이 돼버렸다. 수도권과 젊은 층에서 패배했기 때문에 미래가 암울한 상황"이라며 "해법이 잘 보이지 않는다"라고 분석했다.

이번 총선에선 전통적 지역구도가 부활했다. 영남에선 미래통합당이, 호남에선 더민주당이 압승을 거뒀다.

'보수의 심장'으로 불리는 TK 지역에선 전체 25개 지역구 가운데 24곳에서 미래통합당이 승리했다.

반면 호남권 28개 지역구는 무소속 후보에게 1개 지역구를 내어주고 27개 지역구를 더민주당이 석권했다.

김종인 미래통합당 총괄 선대위원장은 "국민의 지지를 얻기에 미래통합당의 변화가 모자랐다는 걸 인정한다"며 "자세도 갖추지 못한 정당을 지지해달라고 요청한 것에 대해 송구스럽게 생각한다"고 자책했다.

국민의당 안철수 대표를 만난 김종인은 "이제 내 역할은 끝났다. 앞으로 정치 관여는 절대로 안 하겠다"고 확약했다.

(2) 비례정당 투표에서는 미래한국당이 신승

사상 최초로 연동제가 실시되어 위성정당과 꼼수정당이 난무한 비례정당 투표에서는 미래한국당이 33.84%로 33.35%인 더불어시민당을 이겼다.

정의당이 9.67%, 국민의당이 6.79%, 열린민주당이 5.42%를 득표하여 의석 배분을 받았으나 제3당인 민생당은 2.71%의 득표율로 의석 배정에서 제외됐다.

미래한국당은 경북(56.76%), 대구(54.79%), 경남(44.6%), 부산(43.75%) 등에서 상대적으로 많은 표를 얻었고, 더불어시민당은 광주(60.95%)와 전남(60.34%), 전북(56.02%)에서 절반이 넘는 득표율을 기록했다.

비례대표 선거 결과를 진보와 보수 진영 관점에서 분석하면 범진보진영(더불어시민당, 정의당, 열린민주당, 민생당, 민주당)이 52.2%이고, 범보수진영(미래한국당, 국민의당, 우리공화당, 한국경제당)의 득표는 41.5%로 진보 진영이 10.7% 포인트 높다.

한규섭 서울대 교수는 "그동안 한국 선거에선 유권자 구성이 보수가 진보보다 많거나 적어도 비슷하다는 것이 상식이었다. 그러나 이번 비례대표 선거 결과는 한국에서 이미 정치 질서의 재편이 이뤄졌다는 것을 확인시켜 준 것"이라고 분석했다.

(3) 승리한 더민주당의 환호와 승리 요인

문재인 대통령은 "위대한 국민의 선택에 기쁨에 앞서 막중한 책임을 온몸으로 느낀다"면서 "국민들께서 선거를 통해 보여주신 것은 간절함으로, 그 간절함이 국난 극복을 위해 사력(死力)을 다하고 있는 정부에 힘을 실어 주셨다"고 총선 결과를 평가했다.

더민주당 총선 압승의 주역 양정철 민주연구원장은 "너무 엄중한 결과를 만들어주셔서 무섭기도, 두렵기도 하고 국민들이 주신 명령이 얼마나 엄중한지를 새삼 깨닫는다"며 "새 술을 새 부대에 담아야 하기 때문에 새로운 분들이 역할을 잘 해 주실 것으로 믿고 편안하게 당을 떠난다"면서 원장직에서 물러났다.

"지면 역적, 이기면 공신"을 양정철 민주연구원장과 이근형 전략기획위원장을 두고 더민주당 내에서 회자됐다.

전략의 바탕이 됐던 시스템 공천과 정확한 판세 분석은 여론조사 및 정치컨설팅 회사 대표 출신인 이근형 위원장의 공으로 평가된다.

더민주당이 진보진영의 가장 아픈 기억 중 하나인 열린우리당을 공개적으로 거론하며 연일 낮은 자세를 강조했다.

민주당의 전신인 열린우리당이 총선 압승을 거두고도 여야 협치를 무시하고 독주 탓에 지지율이 폭락하고 결국 창당 후 4년 만에 해체해야 했던 과오를 되풀이하지 말자는 것이다.

조진만 덕성여대 교수는 "총선 결과를 근거로 공수처, 검찰 개혁 등 정부가 추진하려고 했던 아젠다를 단기간에 강도 높게 밀어붙일 가능성이 크다"고 전망했다.

더민주당 이해찬 대표는 선대위 해단식에서 당선자들을 향해 "정치를 하면서 제일 중요한 것이 '내가 어항 속에 살고 있다'는 생각이다. '누구나 지나가는 손님이 항상 보는 어항 속에 투명하게 살고 있다'라고 생각하는 것이 공직자의 기본 도리"라고 역설했다.

이낙연 전 국무총리도 "모든 강물이 바다에 모이는 것은 바다가 낮기 때문"이라며 "조금이라도 오만, 미숙, 성급함, 혼란을 드러내면 안 된다. 항상 안정되고 신뢰감과 균형감을 드러내야 한다"고 강조했다.

2004년 노무현 전 대통령 탄핵사태 속에서 이른바 '탄돌이'로 불렸던 의원들이 대거 당선되면서 과반 의석을 차지했다.

하지만 국가보안법 폐지법안, 사립학교법 개정안, 언론개혁법안, 과거사 진상규명법안 등 이른바 4대 개혁 입법을 밀어붙이는 과정에서 여야 갈등이 폭발했고 정부 여당의 지지율이 급락하면서 노무현 정부는 개혁 동력을 상실했다.

수도권의 한 중진의원은 "180석이면 교섭단체를 9개 만들 수 있을 정도의 인원인 만큼 구성원의 목소리가 다양해질 것"이라며 "그만큼 당이 한 목소리를 내고 일사분란하게 이끄는 내치가 중요해졌다"고 말했다.

(4) 총선에서 참패한 미래통합당을 향한 쓴 소리

미래통합당 김용태 의원은 유권자들은 "문재인 정권이 잘못하는 건 맞지만 당신네 당은 차마 표를 줄 수 없다", "당신네 당은 우리의 현재와 미래를 책임지지 못할 것 같다는 얘기들을 들었다"면서 뼈아픈 직언을 쏟아냈다.

김용태 의원은 "문재인 정권을 심판해달라며 '투표로 국민의 무서움을 보여 달라'고 호소했는데 그 표에 우리가 심판을 당했다"며 "실력과 품격이 없는 당이 문재인 정권을 심판해달라고 했던 오판을 가장 반성하고 있다"고 자성했다.

미래통합당 김병준 후보는 "3040세대의 냉소나 분노가 상당해 보였는데 당이 젊은 세대에게 녹아드는 정책 대안을 내놓지 못하고 옛날식으로 꿇어앉아 잘못했다고만 했다"면서 "아무리 여당이 불공정, 부도덕하다고 두들겨도 야당 이미지가 더 안 좋다 보니 메시지 자체가 전달이 안 됐다"고 현실을 적시했다.

미래통합당 정병국 의원은 "보수는 늘 장기 플랜이 없고 그때그때 조직을 골라 쓰다 보니 위기가 닥치면 당 지도부만 바라보는 습성을 원점에서 바꿔야 한다"고 지적했다.

'자유한국당은 존재 자체가 역사의 민폐이자 좀비 정당'이라는 메시지를 던지고 불출마를 선언했던 김세연 의원은 "당이 세상이 바뀐 줄 모르고 과거에 안주하며 꼰대 짓을 계속해왔기에 평범한 시민들은 도저히 이해하지 못했을 것"이라며 "차명진 막말 논란 수습 과정에서도 무능과 탐욕에다 자체 정화할 역량을 상실한 지도부의 면모를 그대로 보여줬다"고 비판했다.

미래통합당 박인숙 의원은 "이번 선거는 현 정권의 심판이 아니라 국민의 기대와 정서를 무시하고 실망시킨 미래통합당 심판이 주 이슈가 돼 버렸다"고 개탄했다.

무소속 김세연 의원은 "우파 전체주의의 회로가 작동한 결과 변화된 시대에 적응할 수 없게 됐다. 상당수 당원은 자기들만의 환상 속에 살게 됐고, 극우 유튜브 채널들이 강화하고 증폭시켰다. 이번 총선으로 이제야 환상이 깨진 것이다"라며 미래통합당 해산이 처방이라고 주장했다.

"이미 주류에서 밀려났는데도 아직도 주인공인 줄 알고 변화의 흐름을 전혀 못 읽는 공감능력 제로의 꼰대 정당"이 미래통합당에 대한 시선의 요약이다.

김의영 서울대 교수는 "진정성, 공감, 온정 등의 사회적 가치가 보수진영에선 전혀 나오지 않았다"며 "기본 철학, 방향, 노선을 다시 설정해야 한다"고 주장했다.

미래통합당 윤상현 의원은 "통합당이 84석짜리 영남 지역정당으로 몰락했다. 지역정당으로는 정권을 재창출할 수 없다"고 규정한 뒤 "황교안 전 대표 주변에 영남 사람들만 있다 보니 수도권 민심을 전혀 몰랐던 게 문제"라고 꼬집었다.

홍준표 당선자는 "당 내부가 통합되지 못하고 당 내부가 극심한 분열 양상으로 선거를 치뤘다. 이순신 장군의 할아버지가 왔어도 이번 선거는 못 이겼을 것"이라며 "180석의 집권여당에 맞서 야당 국회의원들이 더욱 강력한 대여투쟁 전사로 거듭나야 한다"고 주장했다.

차재원 부산 가톨릭대 특임 교수는 "극우적 성향을 보였던 당 주류가 몰락하면서 상대적으로 합리적 보수를 표방하는 인물들이 목소리를 낼 수 있는 공간이 넓어질 것"이라고 진단했다.

(5) 정치학 교수들의 총선에 대한 논평

김의영 서울대 교수는 "여권에 유리하게 된 코로나 19 감염증 이슈나 미래통합당의 공천파동, 막말 논란이 총선 패배의 한 요인이 될 순 있지만 근본적인 것은 아니다"라면서 "정치 지형이 완전히 바뀌었는데 보수 정당은 자기 프레임에 갇혀 벗어나지 못했고, 결국 시민의 마음을 못 얻은 것"이라고 분석했다.

김의영 교수는 "보수 정치권은 단순한 야권 통합이니, 인물 교체를 넘어서서 시민의 마음을 읽고 제대로 포지셔닝 하는 방법을 터득해야 한다"고 지적했다.

윤평중 한신대 교수는 "이번 총선은 보수정당을 표방한 사실상의 수구정당 해체를 명령한 것이나 마찬가지"라며 "수구 세력을 퇴출하고 성숙한 민주공화정으로 나아가라는 게 한국인의 일반 의지"라고 총선 결과를 해석했다.

윤평중 교수는 "한국 보수가 합리적이고 개혁적으로 변화하지 않는 한 미래는 없다. 보수는 진정한 공화주의 세력으로 환골탈태해야만 잃어버린 국민의 신망을 회복할 수 있다"고 강조했다.

강원택 서울대 교수는 "변화된 시대에 따라 당도 변화해야 하는데 아직도 '박정희' 이야기를 하고 있으니 세상 변화에 대응이 되겠는가"라면서 박정희 전 대통령의 유산을 현재에 맞게 발전시키는 대신 정치적 텃밭을 지키는 수단으로 활용하는 데 급급한 퇴행적 행보를 보이고 있다고 진단했다.

아울러 대화와 타협의 정치 대신 강경 투쟁 일변도로 나서고 있는 전략 역시 대안정당으로서의 이미지를 심는 데 실패했다는 비판도 제기됐다.

이현출 건국대 교수는 "21대 국회는 2년 뒤 대선을 앞두고 매우 중요한 의미가 있어 각 정당에서도 총력 대응했고, 경합 지역이 많았던 이번 선거에서 유권자들 역시 '내 한 표'의 영향력을 알고 더 적극적으로 투표한 것으로 분석된다"고 말했다.

이종훈 정치평론가는 "코로나19가 한국만이 아닌 전 세계적인 문제로 확산되면서 경제 실정 이슈는 상대적으로 덜 부각됐다고 밖에 볼 수 없다"고 평가했다.

조진만 덕성여대 교수는 "코로나19 사태 속에서 미래통합당은 각종 프레임에 집중한 반면, 더민주당은 긴급재난지원금 정책, 마스크 공급 안정화 등 문제 해결에 주력하는 모습을 보인 것이 승패를 갈랐다"고 분석했다.

신율 명지대 교수는 "심판이라는 단어가 핵심 지지층에 어필한다면 견제는 중도층까지 겨냥할 수 있는 보다 확장성있는 프레임"이라며 "지금 단계에선 핵심 지지층보다 중도층에 지지를 호소할 필요성이 크다"고 옹호했다.

(6) 우리나라 보수와 진보 진영에 대한 쓴소리

한국 보수는 1950년대부터 1980년대까지는 안보보수가, 1990년대에는 시장보수가 우리 사회를 주도했다. 한반도 이슈가 통일에서 평화로 이동했는데 안보보수는 빗장을 걸어 잠갔다.

시장 보수도 부(富)가 한쪽으로 집중돼 분노하는 사람들이 늘어나는데도 여전히 '시장에 맡겨야 한다'는 레퍼토리만 반복하고 있다.

'문재인 정부와 민주당도 싫지만 황교안과 미래통합당은 더 싫다'는 이걸 이번 총선에서 극복하지 못했다.

예전엔 '부패했지만 유능한 보수, 진보는 깨끗하지만 무능하다'는 것이라도 있었지만 지금 보수는 깨끗하지도 않고 능력도 없다는 것이다.

보수들은 "문재인 정권, 이상한 놈들 때문에 나라 망하고 베네수엘라 될 거고 참 한심하다"면서, 이미 비주류가 됐는데 그들만 스스로 주류인 줄 알고 있었다.

2015년 한국사 교과서 국정화 문제가 터졌을 때 거의 보수가 정치적 자폐증으로 돌아가서 완전히 길을 잃었다.

코로나19가 정부의 실정에 대한 비판을 덮었지만 더민주당 승리의 본질적인 이유는 아니며, 공천을 이런 식으로 하지 않았다거나 막말이 아니었다면 이런 정도까지 가지 않았을 거란 분석이 나돌았다.

공천은 전략도, 원칙도, 콘셉트도 없었다. 어떤 사람은 컷오프시키고 어떤 사람은 살려서 경선시키고 옆 동네로 이동시키고, 최악의 공천이었다.

왜 우리가 선거를 네 번 연속으로 졌는가 하는 원인을 분석하고 형식적인 백서가 아니라 이 상태로는 불가능하다는 결론을 도출하고 그래서 어떤 리더십을 어떤 인물을 내세워야할지 결론이 나야 하며, 출발은 지금 완전히 보수가 비주류이고 모든 환경이 밀려 있으며 인물 경쟁, 정당 경쟁, 진영 경쟁에서 다 지고 있다. 그렇기 때문에 '우리가 야당이고 도전자다'라는 인식을 분명히 하는 것이 가장 중요하다고 충고했다.

김경률 전 참여연대 집행위원장은 "조국 전 장관과 집권 세력은 진보를 참칭했다"며 "그들에게 진보는 권력과 이권을 매개로 한 동아리가 이익을 위해 지은 이름"이라고 매도했다.

최장집 고려대 명예교수도 "민주화를 주도했던 운동권 세력들의 다수가 '운동론적 민주주의'만을 보인다"면서 "군부독재라는 절대 악이 분명했던 과거 경험에 따라 민주주의 대 권위주의, 선과 악 등의 대립 항을 통해 민주주의를 이해하는 경향이 있다"고 분석했다.

권력화 된 진보진영 내부에선 자신들의 고유한 가치를 지키는 것보다 권력 쟁취와 기득권 방어를 더 우선시하는 풍조가 생겨나기 시작했다는 진보 진영에 대한 충고도 많았다.

(7) 미래통합당의 총선 참패에 대한 좌절과 향후 나아갈 길

유승민 의원은 "민주당이 과반을 차지할 경우 윤석열도 쫓겨나고

조국이 다시 등장하는 세상이 될 것"이라며 "그런 세상에서 어떻게 경제대공황을 막아내겠느냐"고 대공황을 예고했다.

김종인 위원장도 "조국 바이러스를 뽑아내야한다. 윤석열 총장을 조국 바이러스들이 자꾸 건드리려고 한다"고 동조했다.

이석연 미래통합당 공천관리위원장 대행은 "국민의 선택에 절망했다"며 "정권의 폭주를 막지 못한 대가는 고스란히 국민에게 되돌아 올 것"이라고 주장했다.

미래통합당의 지지층 일각에선 사전 투표가 조작됐다고 의혹을 제기한다. 깊은 좌절과 무력감에 빠진 사람들의 정서적 반응을 이해하고 싶지만, 실컷 놀다가 시험을 망친 뒤 "채점이 잘못됐다"고 선생님을 호통 치는 격으로 보일뿐이다.

집권 세력의 어떤 사람들은 여전히 개싸움을 해서라도 거짓을 진실로 바꾸려고 억지를 부린다. 절대 다수가 됐으니 불법을 정의라고 이름 붙일 권리가 있다고 생각하는 듯하다.

정치적 힘을 분풀이 수단으로 사용하는 쪽으로 다수당이 흘러갈까 염려된다. 그런 방식은 오래 못 간다고 경고하기도 했다.

그러나 미래통합당 지지자들은 "당신은 이 땅의 주인이기는 하지만 정치적으로는 소수"라는 판정을 흔연히 받아들여야 한다.

지금 미래통합당은 "우리가 옳아. 국민이 멍청해"라고 외치고 있는 것은 범부(凡夫)의 판단을 무시하는 엘리트의 오만으로 "국민들의 눈에 조국이 악당이었다면 우리당은 괴물 또는 쓰레기였던 것 같다", "극우 세력과 영남 중심주의와도 단호히 결별해야 한다"고도 주장했다. 미래통합당이 '강남당', '영남당'에서 벗어나려면 당의 외연도 넓혀야 한다면서 미래통합당이 영락없이 매미를 노리다 배후의 까치에게 먹히는 사마귀 모습을 연상시키기도 했다.

2. 이번 총선에서 쏟아져 나온 화제들의 모음

(1) 초선의원이 161명으로 코돌이가 되지 않도록

21대 국회에서 새로 정치권에 유입되는 초선의원 비율은 16년 만에 전체의 절반을 넘는 151명(50.3%)이다. 반면 4선 이상의원은 33명으로 전체의 11%밖에 되지 않는다. 그만큼 중진의원들이 대거 물갈이되고 새로운 인물들이 대거 수혈됐다는 의미다.

이는 2004년 17대 총선(188명)이후 가장 많은 수치다. 18대는 134명, 19대는 148명, 20대는 132명이었다.

초선의원이 늘어난 것은 공천 과정에서 대대적인 물갈이를 진행한 영향이 가장 크다.

정치권에서는 16대 국회에서 한나라당 '미래연대'와 '남원정'을 떠올리며 "초선이 활발하게 움직여야 당에 활력이 돈다"는 게 정설처럼 여겨져 왔다.

국회 관계자는 "새 정치는 새로운 사람들이 일으켜야 하는 만큼 16년 만에 전체의 과반을 차지한 초선들의 활약이 어느 때보다 중요해 졌다"고 반겼다.

17대 국회에 대거 입성한 열린우리당 초선의원 108명은 '108 번뇌'라 부를 정도로 좌충우돌했으며 '탄돌이'라는 별칭으로 불렸다.

이번 총선에서 더민주당 초선의원 68명은 '코돌이'(코로나19에 의해 엉겁결에 당선)라는 별칭을 받지 아니하도록 전철을 밟지 아니해야 할 것이다.

(2) 더욱 깊어진 영·호남의 지역갈등

이번 총선에서 수도권 중 서울시에서 더민주당은 서울 전체 49개 지역 중 용산, 강남 갑·을·병, 서초 갑·을, 송파 갑·을 등 8개 지역구를 제외한 41개 지역구를 차지했다.

종부세 확대 등 정부의 고강도 부동산 규제 정책에 반발해 온 강남 3구 지역 유권자들만 정부 심판론에 힘을 실어주며 마치 '핑크색 외딴섬'을 만들어냈다.

더민주당은 19대에선 30석을 얻었고, 20대에선 35석, 이번에는 41석으로 의석 수를 늘렸다.

더민주당 관계자는 "이번 총선은 20대 총선에는 국민의당이 2석을 가져가는 제3의 선택지 없이 강력한 진영구도 속에 치러졌고, 미래통합당이 더민주당에 밀리면서 한 자릿수까지 의석수가 떨어졌다"고 분석했다.

경기도 59개 지역구와 인천의 13개 지역구 등 62개 지역구에서도 더민주당의 압승이 이어졌다.

미래통합당은 인천에서 중-강화-옹진에서만 승리했을 뿐이며 경기도에서도 성남 분당갑과 외곽지역인 평택을, 용인갑, 이천, 여주-양평, 포천-가평, 동두천-연천에서만 당선을 일궈냈을 뿐이다.

그리하여 수도권 전체에서 더민주당은 서울 41석, 인천 11석, 경기 51석 등 103석을 휩쓸었고, 미래통합당은 서울에서 8석, 인천과 경기에서 8석 등 16석에 불과했다.

인천 동-미추홀을에서 무소속 윤상현 후보가 당선됐을 뿐이다.

선거 때마다 표심을 예측하기 어려워 '조용한 스윙보터'로 불리는 충청권은 20대 총선에 비해 더민주당 쏠림현상이 심화됐다.

대전 대덕, 동구, 중구 등 3개 지역은 "세 지역 모두 원도심이라 상대적으로 쇠퇴하다보니 현역의 심판 분위기가 강했다"는 분석이 더민주당 싹슬이의 배경이었다.

충청권에서 미래통합당은 충북에서 충주, 제천-단양, 보은-옥천-영동-괴산 등 3곳과 충남에서 공주-부여-청양, 보령-서천, 아산갑, 서산-태안, 홍성-예산 5곳 등 8곳을 겨우 사수했을 뿐이다.

대전 7석과 세종 2석을 싹쓸이 당하고, 충·남북에서 11석을 민주통합당에 내어주었다.

그러나 강원도에서는 한기호, 이철규, 이양수, 유상범 후보들이 승전고를 올려 더민주당에 신승했으나 제주 3석은 더민주당에 넘겨줬다.

이번 총선에서 부산 지역은 미래통합당에 18석 중 15석을 몰아주며 다시 돌아온 집토끼가 됐다.

더민주당은 이번 선거에서 현역의원이 후보로 나섰던 부산진갑(김영춘), 해운대을(윤준호), 연제(김해영) 등 3개 지역구를 미래통합당에 넘겨줬다.

더민주당 관계자는 "지난해 조국 사태가 불거진 뒤로 부산 내 샤이보수가 늘어났다. 선거 막판 유시민 이사장의 180석 확보 가능 발언이 나오자 숨어있던 보수 지지층이 대거 결집해 보수 강세를 만들어냈다"고 분석했다.

대구-경북 25석은 대구 수성을을 무소속 홍준표 후보에게 내어주었을 뿐 24석을 미래통합당이 싹쓸이 했고, 경남에서도 더민주당에 3석, 산청-함양-거창-합천을 무소속 김태호 후보에게 넘겨주었을 뿐 12개 의석을 미래통합당이 모두 쓸어 담았다.

다만 울산에서 더민주당 이상헌 후보에게 북구를 넘겨주고 6개 지역을 미래통합당이 차지했다.

그리하여 영남권 65개 지역구 가운데 7석을 더민주당 등에 건네주었을 뿐, 미래통합당 관련 후보들은 58석을 휩쓸어 89%를 차지했다.

영남권의 3분의 1에 미달하는 호남권 28석은 남원-임실-순창을 무소속 이용호 후보에게 엉겁결에 넘겨주었을 뿐, 27석을 더민주당 후보들이 차지하여 96%의 점유율을 자랑했다.

이것이 우리나라 지역감정의 실상인데 이대로 정치가 지속되어야 한다고 기성정치인 묵묵부답이다.

(3) 청와대 출신 30명 후보 중 19명이 당선

청와대 출신 30명 중 19명이 당선됐다. 이준한 인천대 교수는 "윤건영 당선자는 민주당 승리의 숨은 공신 중 한명"이라며 "코로나

19 확산세에 미래통합당 중진이 대거 물갈이되며 당내 위기감기 고조됐을 때 비례정당을 모색할 필요가 있다고 이슈 전환의 물꼬를 텄던 사람"이라고 추켜세웠다.

더민주당 내 청와대 출신은 원내 교섭단체에 육박하는 18명이다.

이 가운데 핵심은 '문재인의 복심'으로 불리는 윤건영 당선자다. 윤 당선자가 '문심(文心)'을 여의도에 전하는 역할을 할 것으로 보인다.

대통령 일자리수석 비서관을 지낸 정태호, 정무수석으로 활약한 한병도, '대통령의 입'으로 활약한 고민정 당선자들도 일정한 역할을 할 것으로 기대된다.

진성준 전 정무기획비서관(강서을), 김영배 전 민정비서관(강북갑), 민형배 전 사회정책비서관(광산을), 신정훈 전 농어업비서관(나주-화순)들도 당선됐다.

행정관 출신들로는 김승원(수원갑), 박상혁(김포을), 윤영덕(광주 동-남갑), 한준호(고양을), 문정복(시흥갑), 박영순(대덕), 이원택(김제-부안), 이장섭(청주 서원) 후보들도 당선됐다.

다만 박수현(공주-부여-청양), 복기왕(아산갑), 나소열(보령-서천), 최재관(여주-양평) 후보들은 낙선했다.

행정관 출신으로는 김태선(울산동), 오중기(포항북), 허소(달서을), 박남현(창원 마산 합포), 남영희(인천 동-미추홀을) 후보들은 다음 기회를 노려야했다.

이에 따라 청와대 출신 후보 30명 중 19명이 당선됐다.

당선자들은 "문 대통령의 국정 전반에 대한 이해가 깊은 만큼 당정청 간의 소통과 협의가 제대로 이뤄지도록 역할을 해야 할 것"이라고 밝혔다.

개원 전부터 쏠리는 시선에 대해 청와대 출신 당선자들은 일단 조심스러운 모습이다.

한 당선자는 "청와대 출신이라고 우르르 몰려다니고 하는 건 문 대통령도 결코 좋아하지 않을 것"이라며 별도 모임 같은 건 더더욱 하지 않고 있다면서 과거 친문 의원들의 사조직이었던 '부엉이 모임'과 같은 구설을 경계했다.

(4) 여성 의원과 경찰 출신들의 대거 등원

이번 총선에서는 여성 의원이 57명 당선돼 역대 최다를 기록했다. 지역구 29명, 비례대표 28명으로 20대 총선의 51명을 넘어섰다.

오세훈 서울시장을 꺾은 고민정, 호남 중진인 천정배 의원을 제친 양향자, 야권의 간판인 나경원 의원을 누른 이수진, 4선의 최재성 의원을 이긴 배현진 후보들이 신데렐라로 떠올랐다.

지역구 당선자는 더민주당 20명, 미래통합당 8명, 정의당 1명이다. 이수진(동작을), 고민정(광진을), 배현진(송파을) 후보들은 나경원, 오세훈, 최재성 등 거물 정객들을 꺾었고, 영화 '우리 생애 최고의 순간(우생순)'의 실제 모델이었던 임오경 후보는 경기 광명갑에서 승리했다.

비례대표는 더시민당 10명, 미래한국당 10명, 정의당 4명, 국민의당 2명, 열린민주당 2명이며 정의당은 5명의 비례대표 당선자 중 4명을 여성들이 차지했다.

이번 총선거를 통해 역대 최다인 9명의 경찰 출신들이 국회 입성에 성공했다.

김용판 전 서울경찰청장이 대구 달서병에서, 서범수 전 경기북부경찰청장이 울산 울주에서, 임호선 전 경찰청 차장이 충북 증평-진천-음성에서, 황운하 전 대전경찰청장이 대전 중구에서 당선됐다.

미래통합당 이만희(영천-청도), 이철규(동해-태백-삼척-정선), 김석기(경주), 윤재옥(달서을) 의원들은 20대 총선에 이어 연승을 이어나갔다.

홍준표 등 수많은 검사 출신들의 정계 진출에 비해 미약했던 경찰 출신들이 대거 진출하여 검·경 수사조정권 등에서 실력을 발휘할지는 미지수이다.

(5) 공천 탈락 의원들의 생환과 최소 표차 승리

미래통합당 공천에 반발해 무소속으로 출마했던 윤상현(인천 동-미추홀을), 권성동(강원 강릉), 김태호(경남 산청-함양-거창-합천) 후보들이 생환했다.

황교안 민주통합당 대표와 대척점에 있는 홍준표 당선자는 "조속히 당으로 돌아가 당의 정상화에 큰 역할을 하겠다. 보수 우파 이념과 정체성을 바로잡고 2022년 정권을 가져올 수 있도록 다시 시작하겠다"며 기선 제압에 나섰다.

미래통합당이 충격적인 패배를 당한 상황에서 이들 거물급 무소속 당선자의 행보가 주목을 받고 있다.

남원-임실-순창의 무소속 이용호 후보가 민주당 이강래 후보와 접전 끝에 승리하여 호남 28개 지역구에서 민주당 석권을 막아내고 유일한 무소속 후보가 됐다.

이번 총선에서 가장 적은 표차로 승패가 엇갈린 곳은 인천 동-미추홀을구이다.

미래통합당에서 공천 배제된 무소속 윤상현 후보가 청와대 행정관 출신인 더민주당 남영희 후보에게 171표차로 승리했다.

충남 아산갑구에서 3선인 미래통합당 이명수 후보가 17대 의원 출신으로 아산시장, 대통령 비서관을 지낸 더민주당 복기왕 후보를 564표차(0.2%포인트)로 승리했고, 부산 사하갑구에서 더민주당 최인호 의원이 지난 20대 총선에 이어 미래통합당 김척수 후보를 697표차(0.9%포인트)로 꺾고 연승을 이어갔다.

(7) 코로나 유행으로 깜깜이 선거로 전락한 총선

연동제가 도입되면서 군소정당은 21대 총선의 복병으로 평가받았다.

그러나 거대양당의 위성정당인 미래한국당과 더시민당이 등장하면서 당초 기대치에 훨씬 미달하는 성적표를 받았다.

21대 국회에서 교섭단체를 꿈꿨던 정의당, 국민의당, 민생당 등 군소정당들은 또다시 좌절을 맛봤다.

더민주당이 더시민당과 함께 과반을 달성하면서 국회 내에서 캐스팅보트를 쥐는 것도 사실상 불가능해지면서 군소정당들의 존재감은 더욱 줄어들게 됐다.

국민의당은 창당 초기 극심한 지지율 정체를 겪다가 안철수 대표가 대구 의료봉사 활동이 호평을 받으면서 상승세를 탔으나, 선거운동 기간 국토 종주가 큰 호응을 일으키지 못하면서 상승세를 이어가지 못했다.

연동형 비례대표제 도입의 최대 수혜자가 될 것으로 예상했던 정의당은 77개 지역구 후보 중 심상정 대표만 당선되어 20대 국회의 6석을 겨우 유지하게 됐다.

호남의 맹주 자리를 차지하기 위해 호남지역 선거에 올인했던 민생당은 호남권에서 한 석도 얻지 못했고, 비례대표 선거에서도 마의 3%대 벽을 넘지 못했다.

손학규 전 바른미래당 대표는 "이번 총선이 또다시 커다란 지역구도로, 진영구도로 휩쓸려버려 앞으로 정치가 거대 양당의 싸움판으로 가지 않을까 걱정된다"고 우려했다.

미래통합당은 2월까지만 해도 문재인 정부 심판론으로 과반 의석을 자신했으나 물갈이 공천도 뒤집기로 퇴색했고 김대호, 차명진 후보들의 막말 파문으로 치명상을 입었다.

지난해 정계 입문 43일만에 제1야당 선장이 됐던 황교안 미래통합당 대표는 "국가적으로 중요한 시점에 나라가 잘못 가는 것을 막지 못했습니다. 모든 책임을 제가 지고 가겠습니다"라며 총선 패배의 책임을 지고 무대 밑으로 내려갔다.

황교안 대표는 "나라 잘못 가는 것 못 막아 일선서 물러나 내 역할을 성찰할 것"이라며 사퇴하여 비대위 전환이 불가피했다.

미래통합당이 총선에서 패배하면서 차기 당권과 보수진영의 대선 변동이 불가피해졌다.

문재인 정부 3년차 중간 평가 성격이지만 코로나 확산에 정권 심판론이 묻혔다. 코로나에 대한 발 빠른 대응에 지지율 반등이 나타났고 코로나 국난 극복에 일단 힘을 실어준 민심이다.

선거 막판 180석 발언 논란에도 양당 구도 속 야권의 잇단 실수로 더민주당이 승기를 잡았다.

오만 프레임에 비상 걸린 지지층의 막판 결집으로 20대 총선, 2017년 대통령 선거, 2018년 지방선거, 21대 총선까지 더민주당은 4연승을 이어갔다.

보수표만 뭉치면 이긴다고 착각한 미래통합당은 중도층으로 외연을 확장해야 한다는 명제를 갖게 됐다.

청년-여성-중도층을 강조하면서도 상반된 행동으로 공감을 전혀 못 얻어 실패했고, 국민의 수구정당의 해체를 명령 내려 변화하라는 마지막 경고를 보낸 것으로 해석된다.

그리하여 보수의 가치 뿌리부터 재건해야 한다는 국민들의 명령과 미래통합당엔 미래를 못 맡긴다는 3040의 불신이 뼈아팠다.

문재인 정부는 "이제부터는 획기적인 국정 운영이 필요하다"며 심상정, 박지원, 김관영 등과 협치 대상 인물 선정 움직임을 보였다.

개헌 빼고 다 할 수 있는 슈퍼 여당이 된 더민주당은 앞으로 1년 입법 속도전에 매진할 것으로 전망됐다.

이해찬 대표는 "백년에 한 번 나올법한 압승"이라며 "무겁고 무서운 책임을 느낀다"며 몸을 낮췄고, 승리를 이끈 양정철 민주연구원장과 이근형 전략기획위원장도 사의를 표명했다.

홍준표 전 자유한국당 대표는 "정치 초보자의 대권 욕심이 화를 부른 것", "우린 대안 세력으로 인정받지 못했다. 집권 세력의 폭망을 쳐다만 볼 수밖에 없는 주변 세력으로 전락했다"면서 황교안 대표를 비판했다.

총선 승리 정당에는 3대 법칙이 있다. 외연을 확장하는 혁신적 공천, 진영심판론을 벗어난 미래비전 제시, 그리고 절대 오만하지 않는 절박한 태도가 승리의 요체이다.

꽉 막힌 꼰대 이미지의 미래통합당과 황교안은 너무나 비슷해서 죽기 아니면 까무러쳐야 할 수구우파 정당이 도움이 되지 않았다. 과잉 의전을 마다하지 않는 관료 체질에 유머감각은 커녕 자신의 말실수를 비판하는 것조차 노여워하는 그릇으로는 청년과 여성, 3040 세대를 끌어들이기 어려웠다.

미래통합당은 2월 말까지만 해도 "지역구 130석과 미래한국당 비례대표 20석을 더해 과반의석 달성이 가능하다"고 공언했다.

당내에선 "리더십 부재와 막말 참극으로 끝난 총선"이라는 평가도 나왔다.

박성민 정치컨설팅 대표는 "보수 유튜버 또는 '아스팔트 태극기'의 이야기나 듣는 정당이 되면 갈수록 소수당으로 쪼그라들게 될 것"이라며 "이번엔 민심이 작심하고 통합당에 마지막 경고를 한 것"이라고 총선 결과를 분석했다.

3. 21대 국회에 등원하는 영광의 얼굴들

(1) 명암이 엇갈린 당선자와 낙선자

주요 당선인으로는 이낙연, 윤건영, 윤상현, 하태경, 권성동, 주호영, 조해진, 송영길, 윤영찬, 이탄희, 한병도, 이용우, 황운하, 김기현, 김태호, 전해철, 이해식, 김진표, 이광재, 김은혜, 정진석, 김두관, 홍준표, 윤상현 후보 등을 꼽을 수 있고 낙선자로는 황교안, 박주선, 김병준, 정동영, 천정배, 심재철, 이혜훈, 김부겸, 전희경, 안상수, 김용태, 이정미, 박지원, 정미경, 신상진, 김동철, 이정현, 김현아, 조배숙, 유성엽, 오신환, 민경욱, 김진태, 나경원 후보 등을 들 수 있다.

판사 시절 법원 내 블랙리스트 존재를 폭로했던 이탄희 당선인과 나경원 전 미래통합당 원내대표를 꺾은 이수진 당선인의 활약이 기대되고 있다.

공수처를 설계한 당사자 중 한명인 열린우리당 최강욱 당선인도 이슈메이커로 등장할 확률이 높다.

최강욱 당선인은 "검찰총장이란 직분을 가진 사람은 공수처 수사 대상"이라며 윤석열 검찰총장에게 날을 세웠다.

미래통합당 관계자는 "그동안 보수 스피커 역할을 맡았던 나경원, 이언주, 전희경 의원 등이 모두 낙선한 탓에 김은혜, 배현진 당선인의 보폭이 커질 여지가 커졌다"고 분석했다.

최창렬 용인대 교수는 "프레임과 진영 논리에 갇혀있는 보수에서 벗어나 실사구시 행보를 보이는 소장파들이 늘어날수록 보수는 물론 한국 정치의 발전에도 도움이 될 것"이라고 전망했다.

권은희(국민의당 비례) 의원은 3선 중진이 되었다.

경찰 내부에서는 검경수사권 조정 등 검찰개혁 관련 후속 대책을 마련하는 데 이들이 상당한 역할을 할 것으로 기대하고 있다.

(2) 더민주당 승리와 미래통합당 참패에 대한 되삭임

투표율은 66.2%로 1992년 14대 총선(71.9%) 이후 28년 만에 가장 높은 투표율을 기록했다.

일찌감치 양강 체제로 굳어지며 나타난 만년 지지층 결집 현상과 역대 최고치를 기록한 사전투표율(26.7%)이 전체 투표율을 끌어올리면서 60% 벽을 깬 것이다.

투표일 전에 실시하는 사전투표가 예상보다 높자, 미래통합당 관계자는 "현 정부에 대한 분노가 폭발하면서 유권자들이 본 투표일을 기다리지 않고 하루라도 빨리 민심을 보여주겠다는 것 아니냐"고 고무됐다.

전문가들은 사전투표율이 높아진 것만으로 특정 정당에 대한 유불리를 판단하기는 어렵다는 견해를 보였다.

막판에 열린 사전투표함이 박빙지역의 미래통합당 후보에게 치명

타를 안겨줬다. 출구조사에서 근소하게 리드한 미래통합당 후보가 11곳에서 더민주당은 사전투표 덕에 모두 승리했다.

유권자는 4,399만 4,247명이며 2,912만 8,040명이 투표에 참여했다.

국민 다수가 '정권 견제'보다 '국정 안정'을 선택했다.

신진식 중앙대 교수는 "이번 총선에서 보수 야권의 치명적 오류는 대다수 국민들의 관심이 바이러스에 대한 두려움으로 쏠려 있을 때 '정권 심판'이라는 오래된 부정 공세를 펼친 것"이라고 분석했다.

20대 국회 내내 지나치게 정부·여당 발목 잡기에 치중한 것도 표심에 부정적 영향을 줬다.

이재묵 한국외대 교수도 "여당에 대해 인정할 건 인정하고 도와줄 건 도와주는 모습이 있었어야 했는데 야당이 사법 개혁이든 경제 개혁이든 간에 사사건건 싸움만 붙였다"고 비판했다.

미래통합당은 탄핵 과정에서 갈라섰던 정치 세력을 뭉치기만 했을 뿐, 새로운 비전이나 자기 개혁 프로그램을 보여주지 못했다는 것이다.

그러나 이재묵 교수는 "미래통합당은 더 이상 대통령의 국정운영 발목 잡기가 힘들어지겠지만, 한편으로 민주당도 지금까지 해온 '야당탓'을 하지 못하게 되는 상황에 직면했다"면서 권력 집중이 곧 책임 집중으로 이어질 것이라고 설명했다.

이인영 더민주당 원내대표는 "비상한 시기에 적어도 국정을 주도하고 안정적으로 운영할 수 있도록 뒷받침해야겠다는 마음이 투표에 반영된 것 같다"고 진단했다.

진중권 전 동양대 교수도 "이번에 코로나19 위기가 없었어도 민주당이 고전은 좀 했겠지만 승리하는 데는 지장이 없었을 것"이라며 "이는 한국 사회의 주류가 산업화 세력에서 민주화 세력으로 교체됐다는 것을 의미한다"고 설명했다.

당의 몰락을 경고했던 김세연 의원은 "세상 바뀐 줄 모르고 과거에 안주하거나 각자의 환상에 빠져 '꼰대짓'을 계속해왔기 때문에 대통령 탄핵 등 잘못된 길로만 접어 들었다"고 비판하며, 비대위 또 만든다고 무슨 의미가 있느냐며 통합당 해산이 유일한 처방이라고 주장했다.

(3) 대권주자들의 용트림과 미래통합당 비대위

황교안 대표는 "국가적으로 중요한 시점에 나라가 잘못 가는 것을 막지 못했다"면서 "모두 대표인 제 불찰이고 제 불민이다. 모든 책임을 제가 짊어지고 가겠다"면서 당 대표직에서 전격 사퇴했다.

황교안 대표 사퇴 이후 공백을 노리는 차기 주자들의 도전과 이합집산이 잇따를 것으로 전망된다.

대권주자 1위를 달리던 황 대표가 사퇴하면서 홍준표, 유승민, 오세훈, 김태호 등 차기 대선 주자들의 움직임이 빨라질 것으로 보인다.

김태호 전 경남지사는 "빠른 시일 내 당으로 돌아가 새로운 혁신을 요구하는 국민의 준엄한 명령을 따르고 정권 창출의 중심에 서겠다"며 복당 채비에 나섰다.

적어도 외견상으로는 이낙연 대망론을 대세론으로 키워나갈 수 있는 기틀이 마련된 셈이다.

이낙연 후보는 문재인 정부 최장수 총리라는 이미지에서 종로에서 자력 당선된 과반 정당의 리더라는 이미지를 얻게 됐으며 일거양득이 된 선거였다.

이번 승리로 김두관 의원은 일약 민주당의 PK 대표주자로 발돋움하게 됐다. 김영춘 의원이 아깝게 패배하면서 대선 잠룡 중에서는 PK의 유일한 생존자로 남게 됐다.

이광재 전 강원도지사가 강원도와 친문을 발판 삼아 대선 정국에서의 입지를 적극 넓혀갈 전망이다.

안철수 국민의당 대표는 목표치에 크게 미달한 6.8% 득표율에 그쳐 안 대표가 외쳐온 중도실용 정치를 지속해 나갈 수 있을지 물음표가 붙는다.

미래통합당 주변에서는 안철수 대표와 유승민 의원이 보수주자의 대표주자가 되기 위해 조만간 승부수를 띄울 것이라는 전망이 나왔다.

바른미래당을 탈당한 유승민 의원은 "보수 통합을 위해 백의종군하겠다"며 자유한국당과의 합당과 총선 불출마를 선언했다.

그러나 미래통합당 공천에 대거 지원한 유승민계 17명이 공천을 받아 류성걸, 강대식, 김희국, 하태경, 김웅, 유의동 후보들의 당선이 확정됐다.

유승민계가 10석 이상을 차지한다면 당내 최대 계파가 돼 향후 당권과 대권 경쟁에서 유 의원이 유리한 지위를 선점할 것으로 전망됐다.

당헌 규정상 대권주자는 대선 1년 6개월 전부터 당 대표를 맡을 수 없기에 관리형 대표를 내세워 대리전을 치룰 수 있다.

심재철 원내대표는 김종인 전 선대위원장을 만나 "당이 위중하니 비대위원장을 맡아 수습해달라"고 요청한 것으로 전해졌다.

정진석 당선자는 "당이 환골탈태해 중도층에게 새 모습을 보여주려면 경제 전문성과 중도 성향에 경륜까지 갖춘 김 전 위원장이 적임자"라고 반겼다.

김종인 위원장은 "나는 이번 선거를 끝으로 완전히 원래 자리로 돌아간다"며 "구국의 일념으로 선거운동을 했다"면서 떠나갔다.

그러나 김종인 전 위원장은 당선자 총회를 거쳐 찬성하는 뜻을 모아오면 수락 여부를 결정하겠다고 수락의사를 내비쳤다.

미래통합당 고위관계자는 "당을 뿌리부터 바꿔야 하는데 이를 책임지고 수습할 만한 리더십이 있는 사람, 보수진영의 변화를 이끌 수 있을 만한 사람을 찾을 수 없다"고 자조했다.

(4) 권역별 정당분포 흐름과 당선자 면모

수도권: 121석

다양한 출신들이 혼재된 수도권은 1988년 13대 총선에서 77석은 노태우 대통령의 민주정의당이 32석, 김대중 총재의 평화민주당이 18석, 김영삼 총재의 통일민주당이 15석, 김종필 총재의 신민주공화당이 9석, 무소속 3석으로 나뉘었다.

민주정의당, 통일민주당, 신민주공화당의 3당합당이 성사되고 82석으로 증설된 1992년 14대 총선에서는 민주자유당이 39석, 김대중·이기택의 민주당이 34석, 통일국민당이 7석, 기타 2석으로 거대 여당에 대한 견제 심리를 엿볼 수 있었다.

김영삼 정부 시절인 1996년 15대 총선에서는 신한국당이 52석을 석권했고, 김대중의 국민회의가 30석, 김종필의 자민련이 4석, 이기택의 민주당이 4석, 박찬종의 신정당이 1석을 차지했다.

김대중 정부 시절인 2000년 16대 총선에서는 새천년민주당이 59석, 이회창의 한나라당이 40석, 김종필의 자민련은 1석으로, 민주당의 안방으로 선회했다.

노무현 정부 시절인 2004년 17대 총선에서는 탄핵 역풍을 타고 열린우리당이 109석의 69.7%인 76석을 석권했고, 한나라당이 33석을 차지했을 뿐이다.

이명박 정부 시절인 2008년 18대 총선에서는 뉴타운 광풍으로 한나라당이 73%인 81석으로 주인 자리를 빼앗고, 통합민주당은 26석으로 위축됐다.

박근혜 비대위원장이 진두지휘한 2012년 19대 총선에서는 민주통합당이 65석을 차지하여 43석에 머문 새누리당을 제압하고 제1당으로 복귀했다.

박근혜 정부 시절인 지난 20대 총선에서는 더민주당이 67.2%인 82석을 차지하여 제1당의 자리를 고수하고 새누리당이 35석에 머물렀다. 안철수의 국민의당도 2석을 차지했다.

이번 21대 총선에서는 더민주당이 사상 최대인 85.1%인 103석을 차지했고, 미래통합당은 13.2%인 16석을 차지하는 사상 최대의 참패를 맛보았다.

〈 더민주당:103석 〉

◆서울(41명): 이낙연(종로), 홍익표(중-성동갑), 박성준(중-성동을), 전혜숙(광진갑), 고민정(광진을), 안규백(동대문갑), 장경태(동대문을), 서영교(중랑갑), 박홍근(중랑을), 김영배(성북갑), 기동민(성동을), 천준호(강북갑), 박용진(강북을), 인재근(도봉갑), 오기형(도봉을), 고용진(노원갑), 우원식(노원을), 김성환(노원병), 박주민(은평갑), 강병원(은평을), 우상호(서대문갑), 김영호(서대문을), 노웅래(마포갑), 정청래(마포을), 황희(양천갑), 이용선(양천을), 강선우(강서갑), 진성준(강서을), 한정애(강서병), 이인영(구로갑), 윤건영(구로을), 최기상(금천), 김영주(영등포갑), 김민석(영등포을), 김병기(동작갑), 이수진(동작을), 유기홍(관악갑), 정태호(관악을), 남인순(송파병), 진선미(강동갑), 이해식(강동을)

◆인천(11명): 허종식(동-미추홀갑), 박찬대(연수갑), 정일영(연수을), 맹성규(남동갑), 윤관석(남동을), 이성만(부평갑), 홍영표(부평을), 유동수(계양갑), 송영길(계양을), 김교흥(서구갑), 신동근(서구을)

◆경기(51명): 김승원(수원갑), 백혜련(수원을), 김영진(수원병),

박광온(수원정), 김진표(수원무), 김태년(성남 수정), 윤영찬(성남 중원), 김병욱(성남 분당을), 오영환(의정부갑), 김인철(의정부을), 강득구(안양 만안), 민병덕(안양 동안갑), 이재정(안양 동안을), 김경협(부천갑), 설훈(부천을), 김상희(부천병), 서영석(부천병), 임오경(광명갑), 양기대(광명을), 홍기원(평택갑), 전해철(안산 상록갑), 김철민(안산 상록을), 고영인(안산 단원갑), 김남국(안산 단원을), 한준호(고양을), 홍정민(고양병), 이용우(고양정), 이소영(의왕-과천), 윤호중(구리), 조응천(남양주갑), 김한정(남양주을), 안민석(오산), 문정복(시흥갑), 조정식(시흥을), 이학영(군포), 최종윤(하남), 김민기(용인을), 정춘숙(용인병), 이탄희(용인정), 윤후덕(파주갑), 박정(파주을), 이규민(안성), 김주영(김포갑), 박상혁(김포을), 송옥주(화성갑), 이원욱(화성을), 권칠승(화성병), 소병훈(광주갑), 임종성(광주을), 정성호(양주)

〈 미래통합당: 16석 〉

◆서울(8명): 권영세(용산), 윤희숙(서초갑), 박성중(서초을), 태구민(강남갑), 박진(강남을), 유경준(강남병), 김웅(송파갑), 배현진(송파을)

◆인천(1명): 배준영(중-강화-옹진)

◆경기(7명): 김은혜(성남 분당갑), 유의동(평택을), 김성원(동두천-연천), 정찬민(용인갑), 송석준(이천), 최춘식(포천-가평), 김선교(여주-양평)

〈 정의당: 1석 〉

◆경기(1명): 심상정(고양갑)

〈 무소속: 1석 〉

◆인천(1명): 윤상현(동-미추홀을)

| 영남권 : 65석 |

영남권은 1988년 13대 총선 때는 노태우 대통령의 민주정의당이 38석을, 김영삼 총재의 민주통일당이 25석을 나눠가졌고, 신민주공화당 구자춘, 무소속 정몽준 후보들이 당선됐을 뿐이다.

1992년 14대 총선에서는 민자당의 75%인 53석을 차지했고, 정주영의 통일국민당이 7석을 이삭줍기했고, 11명의 무소속 후보들이 대거 등원했다.

1996년 15대 총선에서는 김영삼 대통령의 신한국당이 51석을, 김종필 총재의 자민련이 10석, 이기택의 민주당이 3석, 무소속 12석으로 경남과 경북의 응어리가 표심으로 갈라섰다.

김대중 정부 시절인 2000년 16대 총선에서는 이회창의 한나라당이 98.5%인 65석을 쓸어 담았고, 정몽준 후보가 무소속으로 유일하게 당선됐다.

노무현 정부 시절인 2004년 17대 총선에서 탄핵 역풍 속에서도 88.2%인 60석을 한나라당이 석권했고, 열린우리당은 겨우 4석을 건져 올렸을 뿐이다.

친박연대가 출범한 2008년 18대 총선에서는 영남권이 분열하여 한나라당이 67.6%인 46석을 차지했고, 비한나라당 후보들이 22석을 차지하는 이변이 일어났다.

친박연대 5석, 민주당과 민주노동당이 각각 2석, 친박 무소속 후보들이 13석이었다.

2012년 19대 총선에서도 박근혜 대표에 대한 준봉투표가 대세를 이뤄 새누리당이 94.0%인 63석을 싹쓸이했다. 문재인, 조경태, 민홍철, 김한표 후보들이 어렵게 당선됐을 뿐이다.

2016년 20대 총선에서는 새누리당이 72.7%인 48석만을 차지하고 비새누리당 후보 17명의 당선을 아쉽게 바라볼 수밖에 없었다.

더민주당이 9석, 정의당이 1석을 차지했고 장제원, 유승민, 홍의락, 주호영 후보들이 무소속으로 당선됐다.

문재인 대통령이 집권하고 있는 이번 총선에서는 더민주당에 7석을 할애하고 무소속 홍준표, 김태호 후보를 당선시켰을 뿐 65석의 86.2%인 56석을 미래통합당이 휩쓸었다.

〈 더민주당: 7석 〉

◆부산(3명): 박재호(남구을), 전재수(북-강서갑), 최인호(사하갑)

◆울산(1명): 이상헌(북구)

◆경남(3명): 민홍철(김해갑), 김정호(김해을), 김두관(양산을)

〈 미래통합당 : 56석 〉

◆부산(15명): 황보승희(중-영도), 안병길(서-동), 서병수(부산진갑), 이헌승(부산진을), 김희곤(동래), 박수영(남구갑), 김도읍(북-강서을), 하태경(해운대갑), 김미애(해운대을), 조경태(사하을), 백종헌(금정), 이주환(연제), 전봉민(수영), 장제원(사상), 정동만(기장)

◆대구(11명): 곽상도(중-남), 류성걸(동구갑), 강대식(동구을), 김상훈(서구), 양금희(북구갑), 김승수(북구을), 주호영(수성갑), 홍석준(달서갑), 윤재옥(달서을), 김용판(달서병), 추경호(달성)

◆울산(5명): 박성민(중구), 이채익(남구갑), 김기현(남구을), 권명호(동구), 서범수(울주)

◆경북(13명): 김정재(포항북), 김병욱(포항남-울릉), 김석기(경주), 송언석(김천), 김형동(안동-예천), 구자근(구미갑), 김영식(구미을), 박형수(영주-영양-봉화-울진), 김희국(군위-의성-청송-영덕), 임이자(상주-문경), 정희용(고령-성주-칠곡), 이만희(영천-청도), 전상현(경산),

◆경남(12명): 박완수(창원 의창), 강기윤(창원 성산), 최형두(창원 마산 합포), 윤한홍(창원 마산 화원), 이달곤(창원 진해), 하영제(사천-남해-하동), 조해진(밀양-의령-함안-창녕), 서일준(거제), 윤영석(양산갑), 박대출(진주갑), 강민국(진주을), 정점식(통영-고성)

〈 무소속: 2석 〉

◆대구(1명): 홍준표(수성을)

◆경남(1명): 김태호(산청-함양-거창-합천)

| 강원·충청권: 36석 |

일편단심 집권여당의 버팀목이 되어준 강원도는 13대 총선에서는 민주정의당 8석, 통일민주당 3석, 신민주공화당 1석, 무소속 2석으로 나뉘었고 14대 총선에서는 민주자유당이 8석, 통일국민당이 4석, 무소속 2석으로 분할됐다.

15대 총선에서는 신한국당이 9석을 석권했고 자민련과 민주당이 각각 2석씩 건져냈고, 16대 총선에서는 새천년민주당이 5석, 한나라당 3석, 민주국민당 1석으로 나뉘었다.

17대 총선에서 한나라당이 6석을 휩쓸었고 열린우리당이 2석을 차지했고, 18대 총선에서 한나라당이 4석을, 민주당과 무소속이 각각 2석씩 나눠가졌다.

19대 총선에선 새누리당이 9개 선거구를 독식했고, 20대 총선에도 무소속과 더민주당에 1석씩 할애하고 새누리당이 6석을 휩쓸었다.

이번 총선에는 더민주당이 3석으로 늘어나 미래통합당은 4석으로 줄어들었고, 권성동 후보가 무소속으로 당선됐다.

정치적 갈지자 행보를 보여온 충청권은 13대 총선에서는 신민주공화당이 15석을 차지했고 민주정의당 9석, 민주통일당 2석, 무소속 1석이었으나 14대 총선에서는 민주자유당이 14석, 통일국민당 6석, 민주당 4석, 무소속 4석으로 나뉘었다.

15대 총선에서는 자민련이 82%인 23석을 석권했고 신한국당이 4석, 무소속 1석이었다. 16대 총선에서는 자민련이 12석으로 줄어들었고 새천년민주당 8석, 신한국당 3석, 한국신당 1석으로 나뉘었다.

17대 총선에서는 열린우리당이 19석을 휩쓸었고 자민련은 4석, 한나라당은 1석으로 위축됐으나, 18대 총선에서는 자유선진당이 58%인 14석을 석권했고 민주당이 8석을 차지했다. 한나라당과 무소속도 1석씩 나눠가졌다.

19대 총선에서 새누리당은 12석을 차지하여 제1당이 됐고, 민주당이 10석을 건졌으나 자유선진당은 3석으로 몰락했다.

20대 총선에서도 새누리당이 14석을 확보하여 제1당이 됐고 더민주당이 13석을 확보하여 호각지세를 이뤘다. 이해찬 후보는 무소속으로 당선됐다.

이번 총선에서는 더민주당이 71.4%인 20석을 휩쓸었으며 미래통합당은 8석으로 교두보를 확보했을 뿐이다.

〈 더민주당: 23석 〉

◆강원(3명): 허영(춘천-철원-화천-양구갑), 이광재(원주갑), 송기헌(원주을)

◆대전(7명): 강철민(동구), 황운하(중구), 박병석(서구갑), 박범계(서구을), 조승래(유성갑), 이상민(유성을), 박영순(대덕)

◆세종(2명): 홍성국(세종갑), 강준현(세종을)

◆충북(5명): 정정순(청주 상당), 이장섭(청주 서원), 도종환(청주 흥덕), 변재일(청주 청원), 임호선(증평-진천-음성)

◆충남(6명): 문진석(천안갑), 박완주(천안을), 이정문(천안병), 강훈식(아산을), 김종민(논산-계룡-금산), 어기구(당진)

〈 미래통합당: 12석 〉

◆강원(4명): 한기호(춘천-철원-화천-양구을), 이철규(동해-태백-삼천-정선), 이양수(속초-인제-고성-양양), 유상범(홍천-횡성-영월-평창)

◆충북(3명): 이종배(충주), 엄태영(제천-단양), 박덕흠(보은-옥천-영동-괴산)

◆충남(5명): 정진석(공주-부여-청양), 김태흠(보령-서천), 이명수(아산갑), 성일종(서산-태안), 홍문표(홍성-예산)

〈 무소속: 1석 〉

◆강원(1명); 권성동(강릉)

호남·제주권: 31석

한결같이 야당의 정치적 고향이 되어준 호남권은 13대 총선에서는 김대중 총재의 평화민주당이 36석을 휩쓸었고 한화갑 후보의 등록

무효로 한겨레민주당 박형오 후보가 당선됐을 뿐이다.

14대 총선에서도 민주자유당에게 2석을 내어주고 민주당이 37석을 석권했다.

15대 총선에서도 김대중 총재의 국민회의가 37석 전체를 휩쓸었고, 16대 총선에서도 4개구를 강운태, 이강래, 박주선, 이정일 등 무소속 후보들에게 할애하고 26석을 새천년민주당 후보들이 차지했다.

17대 총선에서는 새천년민주당에 5석, 무소속에 1석을 할애하고 26석을 열린우리당이 휩쓸었다.

18대 총선에서도 무소속 이무영, 유성엽, 박지원, 이윤석, 김영록 후보들이 당선되어 26석이 민주당의 몫이 됐다.

19대 총선에도 통합진보당에 3석, 무소속에 1석을 내어주고 26석을 민주당 후보들이 차지했고, 20대 총선에서는 더민주당이 3석으로 전락하고 새누리당 이정현, 정윤천 후보들이 당선되고 23석을 안철수의 국민의당 후보들이 휩쓸었다.

그러나 이번 총선에서는 무소속 이용호 후보에게 1석을 할애하고 27석을 더민주당이 석권하여 지역주의의 극치를 보여줬다.

제주도는 13대 총선 때는 무소속 고세진, 이기빈 후보들과 통일민주당 강보성 후보가 당선됐으나 14대 총선에서는 무소속 현경대, 양정규, 변정일 후보들이 현역의원들을 꺾고 당선됐다.

15대 총선에서는 신한국당 현역의원들이 싹쓸이 했고, 16대 총선에서는 한나라당 1석, 새천년민주당 2석으로 나눠가졌다.

17대 총선에서는 열린우리당 후보들이, 18대 총선에서 민주당 현역의원들이 싹쓸이 했다.

19대 총선에서도 민주당의 강창일, 김우남, 김재윤 후보들이 3선 의원이 됐고, 20대 총선에서는 더민주당 후보들이 싹쓸이 했다.

이번 총선에서도 송재호, 오영훈, 위성곤 더민주당 후보들이 제주 전역을 휩쓸었다.

〈 더민주당: 30석 〉

◆광주(8명): 윤영덕(동-남갑), 이병훈(동-남을), 송갑석(서구갑), 양향자(서구을), 조오섭(북구갑), 이형석(북구을), 이용빈(광산갑), 민형배(광산을)

◆전북(9명): 김윤덕(전주갑), 이상직(전주을), 김성주(전주병), 신영대(군산), 김수흥(익산갑), 한병도(익산을), 윤준병(정읍-고창), 이원택(김제-부안), 안호영(완주-진안-무주-장수)

◆전남(10명): 김원이(목포), 주철현(여수갑), 김회재(여수을), 소병철(순천-광양-곡성-구례갑), 서동용(순천-광양-곡성-구례을), 신정훈(나주-화순), 이개호(담양-함평-영광-장성), 김승남(고흥-보성-장흥-강진), 유재갑(해남-완도-진도), 서삼석(영암-무안-신안)

◆제주(3명): 송재호(제주갑), 오영훈(제주을), 위성곤(서귀포)

〈 무소속: 1석 〉

◆전북(1명); 이용호(남원-임실-순창)

〈인용·참고자료〉

○ 제20대 총선이야기(선암각, 2018년 5월)

○ 제21대 국회의원 선거 총괄(중앙선거관리위원회, 2020년 12월)

○ 동아일보(2016. 1. 1. ~ 2020. 4. 30.)

○ 조선일보(2016. 1. 1. ~ 2020. 4. 30.)

○ 중아일보(2016. 1. 1. ~ 2020. 4. 30.)